U0716976

元史

明宋濂等撰

第十四册

卷一七六至卷一九三（傳）

中華書局

元史卷一百七十六

列傳第六十三

曹伯啓

曹伯啓字士開，濟寧碭山人。弱冠，從東平李謙游，篤於問學。至元中，歷仕爲蘭溪主簿，尉獲盜三十，械徇諸市，伯啓以無左驗，未之信；俄得眞盜，尉以是黜。累遷常州路推官，豪民黃甲，恃財殺人，賂佃客誣伏，伯啓讞得其情，遂坐甲殺人罪。遷河南省都事、台州路治中，御史潘昂霄、廉訪使王俁交薦，擢拜西臺御史，改都事。關陝自許衡倡道學，敎多士，伯啓請建祠立學，以表其績，朝議是之。涇陽民誣其尹不法，伯啓覈實，抵民罪。四川廉訪僉事闊闊木，〔一〕以苛刻聞，伯啓糾黜之。

延祐元年，陞內臺都事，遷刑部侍郎。丞相鐵木迭兒專政，一日，召刑曹官屬問曰：「西僧訟某之罪，何爲久弗治？」衆莫敢對，伯啓從容言曰：「犯在赦前。」丞相雖甚怒，莫之奪也。

宛平尹盜官錢，鐵木迭兒欲併誅守者，伯啓執不可，杖遣之。八番帥擅殺，起邊釁，朝廷已用帥代之矣，命伯啓往詰其事。次沅州，道梗，伯啓恐兵往則彼驚，將致亂，乃遣令史楊鵬，單騎往喻新帥，備得其情，止奏坐前帥擅興罪，邊民以安。大同宣慰使法忽魯丁，撲運嶺北糧，歲數萬石，肆爲欺罔，累贓鉅萬，朝廷遣使督徵，前後受賂，皆反爲之游言，最後伯啓往，其人已死，喻其子弟曰：「負官錢，雖死必徵，與其納賂於人，曷若償之於官。第條汝父所賂之數，官爲徵之。」諸受賂者皆懼，而潛歸賂於其子，爲鈔五百餘萬緡，民之逋負而無可理者，即列上與免之。出爲眞定路總管，治尚寬簡，民甚安之。

延祐五年，遷司農丞，奉旨至江浙議鹽法，罷檢校官，置六倉於浙東、西，設運鹽官，輸運有期，出納有次，船戶、倉吏盜賣漏失者有罰。歸報，著爲令。尋拜南臺治書侍御史，因言：「揚清激濁，屬在臺憲，諸被枉赴愬者，實則直之，妄則加論可也。今訟寃一切不問，豈風紀定制乎？」俄去位。

英宗立，召拜山北廉訪使，時敕建西山佛宇甚亟，御史觀音（奴）〔保〕等，〔二〕以歲饑，請緩之，近臣激怒上聽，遂誅言者。伯啓曰：「主上聰明睿斷，是不可以不諍。」迺劾臺臣緘默，使昭代有殺諫臣之名，帝爲之悚聽。俄拜集賢學士、御史臺侍御史。有詔同刊定大元通制，伯啓言：「五刑者，刑異五等，今黥杖徒役於千里之外，百無一生還者，是一人身備五刑，非五刑各底於人也。法當改易。」丞相是之，會伯啓除浙西廉訪使，不果行。

泰定初，引年北歸，優游鄉社，碭人賢之，表所居爲曹公里。伯啓性莊肅，奉身清約，在中臺，所奬借名士尤多；爲侍讀學士，考試國子，首取呂思誠、姚紱。雲南僉事范震言宰臣欺上罔下，不報，范飲恨死，伯啓具其事，書于太史。眞州知州呂世英以剛直獲罪，伯啓白其枉，進擢風憲。其好彰善率類此。

天曆中，起伯啓爲淮東廉訪使、陝西諸道行御史臺中丞，使驛敦遣，伯啓喟然曰：「吾年且八十，尙忘知止之戒乎！」終不起，一時被命者，因相繼去位，天下之士高之。至順三年，長子震亨，卒于毗陵，伯啓往拊之；明年二月，卒于毗陵，年七十九。有詩文十卷，號漢泉漫藁，續集三卷，行世。子六人，孫十人，皆顯仕。

李元禮

李元禮字庭訓，眞定人。資性莊重，燕居不妄言笑。歷易州、大都路儒學教授，遷太常太祝，陞博士。定撰世祖聖德神功文武皇帝、昭睿順聖皇后、裕宗文惠明孝皇帝尊諡議，稱頌功德，體製溫雅。請諡圜丘，升祔太室，禮文多其所詳定。

元貞元年，擢拜監察御史，彈劾無所回撓。二年，有旨建五臺山佛寺，皇太后將臨幸，元禮上疏曰：

古人有言曰：生民之利害，社稷之大計，惟所見聞而不係職司者，獨宰相得行之，諫官得言之。今朝廷不設諫官，御史職當言路，卽諫官也，烏可坐視得失而無一言，以裨益聖治萬分之一哉！伏見五臺創建寺宇，土木旣興，工匠夫役，不下數萬，附近數路州縣，供億煩重，男女廢耕織，百物踊貴，民有不聊生者矣。

伏聞太后親臨五臺，布施金幣，廣資福利，其不可行者有五：時當盛夏，禾稼方茂，百姓歲計，全仰秋成，扈從經過，千乘萬騎，不無蹂躪，一也。太后春秋已高，親勞聖體，往復暑途數千里，山川險惡，不避風日，輕冒霧露，萬一調養失宜，悔將何及，二也。今上登寶位以來，遵守祖宗成法，正當兢業持盈之日，上位舉動，必書簡册，以貽萬世之則，書而不法，將焉用之，三也。夫財不天降，皆出於民，今日支持調度，方之曩時百倍，而又勞民傷財，以奉土木，四也。佛本西方聖人，以慈悲方便爲教，不與物競，雖窮天下珍玩奇寶供養，不爲喜；雖無一物爲獻而一心致敬，亦不爲怒。今太后爲國家、爲蒼生崇奉祈福，福未獲昭受，而先勞聖體，聖天子曠定省之禮，軫思親之懷，五也。伏願中路回轅，端居深宮，儉以養德，靜以頤神，上以循先皇后之懿範，次以盡聖天子之孝心，下以慰元元之望。如此，則不祈福而福至矣。

臺臣不敢以聞。

大德元年，侍御史萬僧與御史中丞崔彧不合，詣架閣庫，取前章封之，入奏曰：「崔中丞私黨漢人李御史，爲大言謗佛，不宜建寺。」帝大怒，遣近臣齎其章，敕右丞相完澤、平章政事不忽木等鞫問，不忽木以國語譯而讀之，完澤曰：「其意正與吾同，往吾嘗以此諫，太后曰：『我非喜建此寺，蓋以先皇帝在時，嘗許爲之，非汝所知也。』」彧與萬僧面質於完澤，不忽木抗言曰：「他御史懼不肯言，惟一御史敢言，誠可賞也。」完澤等以章上聞。帝沉思良久曰：「御史之言是也。」乃罷萬僧，復元禮職。未幾，改國子司業，以疾卒，贈亞中大夫、翰林直學士、輕車都尉，追封隴西郡侯。子端，仕至禮部尚書。

王壽

王壽字仁卿，涿郡新城人。幼穎敏嗜學，長以通國字，爲中書掾。既而用朝臣薦，入侍裕宗，眷遇特異。至元十九年，授兵部員外郎。二十二年，陞吏部郎中。二十四年，分置尚書省，遂革。二十八年，罷尚書省歸中書，復任吏部郎中。以壻康里不忽木柄用當道，卽自免去。明年，授大司農丞，不赴。

元貞二年，出爲燕南河北道廉訪副使。大德二年，不忽木爲中執法，復棄官歸。三年，授集賢直學士，秩滿，就陞侍讀學士，俄擢御史臺侍御史，論事剴切。六年二月，召壽奉香江南，徧祠嶽鎮海瀆。密旨：去歲風水爲災，百姓艱食；凡所經過，採聽入對。使還，具奏：「民之利病，繫於官吏善惡，在今宜選公廉材幹、存心愛物者專撫字，剛方正大、深識治體者居風憲。天災代有，賑濟以時，無勞聖慮。惟是豪右之家，仍據權要，當罷其職，處之京師，以保全之，此長久之道也。」

初，壽與臺臣奏：「宰相內統百官，外均四海，位尊任重，不可輕假非人。三代以降，國之興衰，民之休戚，未有不由相臣之賢否也。世祖初置中書省，以忽魯不花、塔察兒、線眞、安童、伯顏等爲丞相，史天澤、劉秉忠、廉希憲、許衡、姚樞等，實左右之，當時稱治比唐貞觀之盛。迨至阿合馬、郝禎、耿仁、盧世榮、桑哥、忻都等，壞法黷貨，流毒億兆。近者，阿忽台、伯顏、八都馬辛、阿里等專政，煽惑中禁，幾搖神器。君子小人已試之驗，較然如此。臣願推愛君思治之心，邪正互陳，成敗對舉，庶幾上悟天衷，懲其既往，知所進退，天下之事，可從而理也。」九年，參議中書省事。十年，改吏部尚書。

十一年，武宗卽位，首拜御史中丞，未幾，更拜左丞，俄復拜御史中丞。至大二年三月，臥疾求代。三年夏，遷太子賓客、集賢大學士。秋九月卒，年六十。明年，贈銀靑榮祿大夫、平章政事、上柱國、薊國公，謚文正。

王倚

王倚字輔臣，其先東萊人也。父永福，金末避地徙燕，爲宛平著姓，富雄閭里。倚爲人孝友樂易，重然諾；與人交，不苟合；讀書務躬行，不專事章句。世祖選良家子入侍東宮，時倚年弱冠，在衆中儀觀獨偉，太保劉秉忠深器重之，卽以充選。倚服勤守恪，遂見信任。有詔皇太子裁決天下事。凡時政所急，民瘼所係，倚知無不言。是時，官職未備，而湯沐分邑，地廣事繁，當有統屬，乃拜倚工部尙書，行本位下隨路民匠都總管。

至元二十一年，詔立東宮官屬，以倚爲家丞。又置儲用司，掌貨幣出納，令倚兼之。後以疾辭職，仍給太子家丞祿，以優養之。倚上言：「不事事而苟竊祿食，臣心誠所未安。」不許，力辭再四，方許之。二十六年，皇孫出鎭懷孟，帝爲選老成練達舊臣護之，乃以屬倚，陛辭，帝目之良久，謂侍臣曰：「倚，修潔人也，左右皇孫，得人矣。」及行，營幕所在，軍政肅然。未幾，召還。

二十八年，授禮部尙書，以疾辭。明年卒，年五十三。贈正議大夫、禮部尙書，追封太原郡侯，謚忠肅。子二人，鵬，異樣總管府總管。

劉正

劉正字清卿，清州人也。年十五，知讀書，習吏事，初辟制國用使司令史，遷尚書戶部令史。至元八年，罷諸路轉運司，立局考核逋欠，正掌其事。大都運司負課銀五百四十七錠，逮繫倪運使等四人徵之，視本路歲入簿籍，實無所負，辭久不決。正察其冤，遍閱吏牘，得至元五年李介甫關領課銀文契七紙，適合其數，驗其字畫，皆司庫辛德柔所書也。辛貧窶，時已富實，交結權貴，莫敢誰何。正廉得其實，始白尚書捕鞫之，悉得課銀。辛既伏辜，而四人得釋，正由是知名。轉樞密院令史，辟掾中書。

十四年，分省上都，會諸王昔里吉叛，至居庸關，守者告前有警急，使姑退，正曰：「職當進而弗往，後至者益怯矣。」馳出關，至上都。邊將請黃白金符充戰賞，主者告乏，中書檄工部造給之，後帝以為欺罔，欲詰治。正曰：「軍賞貴速，先造符印而後稟命，豈不可乎！」帝釋之。

十五年，擢左司都事。時阿合馬當國，與江淮行省阿里伯、崔斌有隙，誣以盜官糧四十萬，命刑部尚書李子忠，與正馳驛往按其事，獄弗具。阿合馬復遣北京行省參知政事張澍等四人雜治之，竟置二人于死，正乃移疾還家。

十八年，徵為左司員外郎。十九年春，阿合馬併中書左右司為一，遂為左右司員外郎。

三月，阿合馬敗，火魯霍孫爲右丞相，復爲左司員外郎，謁告歸。九月，中書傳旨捕正，與參政咱喜魯丁等偕至帝前，問曰：「汝等皆黨於阿合馬，能無罪乎？」正曰：「臣未嘗阿附，惟法是從耳。」會日暮，車駕還內，俱械繫于闕東隙地。踰數日，姦黨多伏誅，復械繫正于拱衞司，火魯霍孫曰：「上嘗謂劉正衣白衣行炭穴十年，可謂廉潔者。」乃免歸。

二十年春，樞密院奏爲經歷，陞參議樞密院事。二十五年，桑哥既立尚書省，擢爲戶部侍郎，陞戶部尚書。嘗舉覈河間鹽運官虧課事，幾陷于罪，乃移疾歸。二十八年，桑哥敗，完澤爲丞相，復擢爲戶部尚書，陞參議。尚書省罷，仍參議中書省事。湖南馬宣慰庶子，因爭廕不得，誣告其兄匿亡宋官金。正知其誣，罪之，仍官其兄。濟南張同知子求爲兩淮運使，正知其不稱，弗與。張遂作飛語搆其事，帝召正詰之曰：「匿金事在右司，爭廕事在左司，參議乃幕長，寢右而舉左，寧無私乎？」正辨折明，事遂釋。

三十年，御史臺奏爲侍御史，中書省奏爲吏部尚書，已而復留爲侍御史，遷江南行御史臺中丞。大德元年，改同僉樞密院事，尋出爲雲南行中書省左丞。右丞忙兀突魯迷失請征緬，正以爲不可，俄俱被徵，又極言其不可，不從，師果無功。雲南民歲輸金銀，近中慶城邑戶口，則詭稱逃亡，甸寨遠者，季秋則遣官領兵往徵，人馬芻糧，往返之費，歲以萬計；所差官必重賂省臣，乃得遣，徵收金銀之數，必十加二，而拆閱之數又如之；其送迎饋贐，亦如納官之數，所遣者又以銅雜銀中納官。正首疏其弊，給官秤，俾土官身詣官輸納，其弊始革。始至官，儲𧴩二百七十萬索、白銀百錠，比四年，得𧴩一千七十萬索、金百錠、銀三千錠。

七年秋，還清州。八年六月，以左丞行省江西。冬十月，改江浙。武宗卽位，召爲中書左丞，陞右丞。二年，立尚書省，〔三〕懇辭還家。仁宗卽位，召諸老臣入議國事，正詣闕言八事：一曰守成憲，二曰重省臺，三曰辨邪正，四曰貴名爵，五曰正官符，六曰開言路，七曰愼賞罰，八曰節財用。會行赦改元，集議行之。

仁宗初政，風動天下，正與諸老臣陳贊之力居多。累乞致仕不許，拜榮祿大夫、平章政事，議中書省事。時議經理河南、淮、浙、江西民田，增茶鹽課額，正極言不可，弗從。歲大旱，野無麥穀，種不入土。臺臣言，燮理非其人，姦邪蒙蔽，民多寃滯，感傷和氣所致。有旨會議。平章李孟曰：「燮理之責，儒臣獨孟一人，請避賢路。」平章忽都不丁曰：「臺臣不能明察奸邪，臧否時政，可還詰之。」正言：「臺省一家，當同心獻替，擇善而行，豈容分異耶！」孟搖首，竟如忽都不丁言。右丞相帖木迭兒傳旨：廉訪司權太重，故按事失實，自今不許專決六品以下官。平章忽都不丁、李孟將議行之，正言：「但當擇人，法不可易也。」事遂寢。延祐六年卒，後贈宣力贊治功臣、光祿大夫、司徒、柱國、趙國公，諡忠宣。

子秉德，官祕書監丞，歷兵、工二部侍郎，出爲安慶路總管；秉仁，以廕爲中書架閣管勾，累官工部尚書，致仕。

謝讓

謝讓字仲和，潁昌人。祖義，有材勇，金貞祐間，爲義軍千戶。讓幼穎悟好學，及壯，推擇爲吏，補宣慰司令史。國兵取宋，立行中書省於江西，讓以選爲令史，調河間等路都轉運鹽司經歷。

先是，竈戶在軍籍者，悉除其名，以丁多寡爲額輸鹽，其後多顧舊戶代爲煑鹽，而顧錢甚薄。讓言：「軍戶既落籍爲民，當與舊竈戶均役，既令代役，豈宜復薄其傭，使重困乎？自今顧人，必厚與直，乃聽。」先是，逃亡戶率令見戶包納其鹽，由是豪强者以計免，而貧弱愈困。讓令驗物力多寡，比次甲乙以均之。

擢南臺御史，舉湖廣行省平章政事哈剌哈孫答剌罕可爲御史大夫，山東廉訪使陳天祥可爲御史中丞，右司員外郎高昉可任風憲。劾江浙省臣聽詔不恭及不法事，帝遣使雜問，旣款服，詔令讓與俱來，人皆危之，讓恬然若無事者，臺綱以之益振。

大德間，詔立陝西行御史臺，以讓爲都事，凡御史封章及文移，其可否一決于讓。入爲中書省右司都事，遷戶部員外郎。時東勝、雲、豐等州民饑，乞糴鄰郡，憲司懼其販鬻爲利，閉其糴，事聞于朝。讓設法立禁，閉糴者有罪，三州之民賴以全活者甚衆。

四年，授宗正府郎中，擢監察御史，遷中書省右司員外郎，出爲湖廣行省左右司郎中。時廣西兩江岑雄、黃聖許等，屢相讎殺，爲邊患。讓謂：「此曹第可懷柔，不宜力競，寬其法以羈縻之，使不至跳梁可也。若乃舍中國有用之民，爭炎荒不毛之地，非長策也。」因書榜招諭，以攜其黨。湖廣宣慰使張國紀建言科江南夏稅，讓極言其非便。遷河南行省左右司郎中。是時，江淮屯戍軍二十餘萬，親王分鎭揚州，皆以兩淮民稅給之，不足，則漕於湖廣、江西。是歲會計兩淮，僅少三十萬石，讓請以淮鹽三十萬引鬻之，收其價鈔以給軍食，不勞遠運，公私便之。

至大元年，轉戶部侍郎。時京倉主計吏，以倉廩多罅漏，惟久雨米壞，請覆糠粃其上，因揉諸米中，以給內外工人及宿衞者。讓察其奸，以藁秸易之，奸弊悉除。二年，拜西臺治書侍御史。三年，拜治書侍御史，未上，改同僉樞密院事，尋拜戶部尚書。仁宗在東宮，以讓先朝舊人，召見賜酒，以示眷注。四年，改刑部尚書。

仁宗卽位，加讓正議大夫，入謝，賜以巵酒，讓痛飲之。帝曰：「人言老尚書不飲，何飲耶？」讓曰：「君賜，不敢違也。」少頃，醉不能立，命扶出之。翼日，讓謝，帝曰：「老尚書誠不飲也。」初，尙書省柄臣搆殺留守鄭阿爾思蘭，籍其家，中外寃之；尙書省罷，未有直其寃者。

讓明其事，以所籍貲產給還之。有旨：六部事疑不決者，須讓共議，而後上聞。於是戶部更定鈔法，禮部議正禮文，讓皆與焉。刑部有案，讓未署字，而誤用印，吏懼，遂私效讓署。事覺，度無損於事，且憐吏以罪廢，遂視之曰：「吾署也。」其寬厚多類此。讓上言：「古今有天下者，皆有律以輔治。堂堂聖朝，詎可無法以準之，使吏任其情、民罹其毒乎！」帝嘉納之。乃命中書省纂集典章，以讓精律學，使爲校正官，賜青鼠裘一襲、侍宴服六襲。

二年，朝廷以吏多滯事，〔四〕責曹案不如程者，令下，讓曰：「刑獄，非錢穀、銓選之比，寬以歲月，尚慮失實，豈可律以常法乎！」乃入白于宰相，曰：「尚書言是也。」由是刑曹獨得不責稽違。拜陝西行省參知政事，未幾，拜西臺侍御史，命甫下，詔罷西臺，復立，就拜侍御史。四年十月，卒于官，年六十有六。贈正奉大夫、河南行省參知政事，追封陳留郡公，謚憲穆。子好古，奉政大夫、覆實司提舉。

韓若愚

韓若愚字希賢，保定滿城人。由武衞府史授通惠河道所都事，開河有功，詔賜錦衣一襲。遷留守司都事，尋陞經歷，出知薊州，改中書左司都事。時監燒昏鈔者欲取能名，概以所燒鈔爲僞鈔，使管庫者誣服。獄既具，若愚知其寃，覆之，得免死者十餘人。遷刑部郎中，提舉諸路寶鈔庫，擢吏部郎中。

仁宗卽位，故事，凡潛邸官吏，不次遷轉，若愚以歲月定其資品，遂著爲令。皇慶元年，遷內臺都事，改刑部侍郎，尋擢中書左司郎中。時議禁民田獵，犯者抵死。若愚曰：「昔齊宣王之囿，方四十里，殺其麋鹿者，如殺人之罪，孟子非之。」衆以爲然，遂輕其刑。時參政曹鼎新辭職，帝曰：「若效韓若愚廉勤足矣，何用辭爲！」繼命若愚參議中書省事。鐵木迭兒爲右丞相，以憎愛進退百官，恨若愚不附己，羅織以事，帝知其枉，不聽。拜戶部尙書。延祐六年，命理河間等路囚，輕重各得其情，復拜參議中書省事。丞相鐵木迭兒復入相，以舊憾誣若愚罪，欲殺之，帝不從，復奏奪其官，除名歸鄉里。

至治三年，詔雪其冤。泰定元年，命復其官，尋拜刑部尙書，遷湖廣省參知政事，未行，改僉事丞。八月，命宣撫江浙，復留爲侍御史。時左丞相倒剌沙擅威福，以事誣侍御亦憐珍等，下樞密獄，無敢言其冤，若愚以計奏左丞相倒剌沙爲右大夫，其事遂解。三年，擢浙西廉使，未行，拜河南省左丞。會文宗平內難，若愚畫策中機，帝嘉之，進資政大夫。天曆三年，遷淮西江北道廉訪使。九月，以疾卒，年六十八。贈資德大夫、江浙等處行中書省左丞、上護軍，追封南陽郡公，謚貞肅。

趙師魯

趙師魯字希顏，霸州文安縣人。父趾，祕書少監，贈禮部尚書。師魯爲人風采端莊，在太學，力學如寒士。延祐初，爲興文署丞。五年，遷將作院照磨。七年，辟爲御史臺掾，後補中書省掾，於朝廷典章故實、律令文法，無不練習。臨事明敏果斷，執政奇之。及典銓選，平允無私，人無不服。擢工部主事，遷中書省檢校官，咸著能名。

泰定中，拜監察御史。時大禮未舉，師魯言：「天子親祠郊廟，所以通精誠，逆福釐，生烝民，阜萬物，百王不易之禮也。宜鑒成憲，講求故事，對越以格純嘏。」帝嘉納焉。元夕，令出禁中，命有司張燈山爲樂，師魯上言：「燕安怠惰，肇荒淫之基；奇巧珍玩，發奢侈之端。觀燈事雖微，而縱耳目之欲，則上累日月之明。」疏聞，遽命罷之，賜師魯酒一上尊，且命御史大夫傳旨，以嘉忠直。

是時，宰相倒剌沙密專命令，不使中外預知，師魯又上言：「古之人君，將有言也，必先慮之於心，咨之於衆，決之於故老大臣，然後斷然行之，渙若汗不可反，未有獨出柄臣之意，不咨衆謀者也。」不報。倒剌沙雖剛狠，亦服其敢言。有朝士年未及致仕，其子請預蔭其官，而執政者爲之地，師魯駁其非，事遂止。遷樞密院都事，改本院經歷。致和初，陞奉政大夫、參議樞密院事。天曆中，遷樞密院判官，改兵部侍郎。丁父憂，特旨起爲同僉樞密院事，師魯固辭不就。服除，復爲樞密判官，持節治四川軍馬，諭上威德，大閱于郊，寬簡有法，士卒懷其恩信。未幾，遷中順大夫、刑部侍郎，樞密院復奏爲其院判官。久之，出爲河間路轉運鹽使，除害興利，法度修飭，絕巡察之奸，省州縣廚傳贈遺之費，竈戶商人，無不便之，歲課遂大增。暇日，又割己俸，率僚吏新孔子廟，命吏往江右製雅樂，聘工師，春秋釋奠，士論稱之。師魯由從官，久典金穀，每鬱鬱不樂，疾篤，棄官歸京師，至元三年九月卒，年五十有三。贈嘉議大夫、禮部尚書、天水郡侯，謚文清。

劉德溫

劉德溫字純甫，大興人，起家中書省宣使。大德十一年，以年勞，授從仕郎、內宰司照磨，監建興聖宮；又調承務郎、掌儀署令；未幾，陞奉訓大夫、內宰司丞。奉中旨，徵河南民逋糧，德溫輒平其價，令出鈔以償，民甚便之。復陞朝列大夫、延福司丞，奉旨代祠嶽瀆。比還，遷中憲大夫、同知大都路都總管府事。輦轂之下，供億浩繁，德溫措置有法，民用不擾。遷甄用少監，陞亞中大夫、禮部侍郎，復陞嘉議大夫、同知上都留守司事。省檄和糴糧，民以價不時得，遞相觀望，德溫下令曰：「糧入價出，吏有敢爲弊者，罪之。」於是糧不踰期而集。轉大司農丞。耕籍之儀，取具一時，德溫欲考訂典禮，集爲成書，未畢，俄授通議大夫、永平路總管。

永平當天曆兵革之餘，野無居民，德溫爲政〔一〕年，〔五〕而戶口增，倉廩實，遂興學校以育人材，庶事畢舉。歲大旱，禱而雨，歲以不歉。灤、漆二水爲害，有司歲發民築堤。德溫曰：「流亡始集，而又役之，是重困民也。」遂罷其役，而水亦不復至。有豪民武斷于鄉里，前吏莫敢治，德溫按得其罪，論如法，杖之，書其過于門，後竟以不道伏誅。永平，古孤竹國也，國初，郡守楊阿台請于朝，〔六〕謚伯夷曰清惠，叔齊曰仁惠，爲廟以祠之，而祠禮猶未具也。德溫請命有司春秋具牢禮致祭，從之，著爲式，賜廟額曰聖清，士論韙之。至順四年卒，年六十九。贈正議大夫、禮部尙書、上輕車都尉、彭城郡侯，謚清惠。

尉遲德誠

尉遲德誠字信甫，絳州人。祖天澤，仕金爲庫官，郡王帶孫拔絳州，天澤在俘中，道見兵死者，輒涕泣收瘞之，帶孫令佩金符，授雲州御衣局人匠總管。〔七〕父鼐，仕至潞州知州。德誠歷官太子率更丞。至大元年，改詹事院都事。二年，遷家令司丞。仁宗以爲謹恪，常賜酒帛，得侍左右，數薦士，出則未嘗語人。廳事前有粟苗，不種而萌偶出，一莖雙穗，衆以爲嘉禾，陞家令。四年，遷爲河東山西道宣慰司同知，擊姦吏，寬稅斂，上計京師。入見，帝方食，賜以餕餘，擢工部尚書，未拜，改陝西行臺治書侍御史。

延祐元年，遷京畿都漕運使。二年，拜遼東道肅政廉訪使，上疏言事，其略曰勞諸王以懷其心，防出入以嚴宮禁，立諫官以遠讒佞，崇科舉以求人材，立常平以備荒年，汰僧道以寬民力，舉賢良以勵忠孝，抑奢侈以厚風俗，及拯鈔法、裁冗官等事。未報而卒，年五十三。

秦起宗

秦起宗字元卿，其先上黨人，後徙廣平（深）〔洺〕水縣。〔八〕曾大父當金季兵起，竄山麓爲洞，奉其親以居，傍竄大洞，匿其里中百人閉之，具牛酒，出待兵，兵入索，惟見其親屬，曰：「孝士也。」釋之去。里人曰：「秦父生我。」

起宗生長兵間，學書無從得紙，父順削柳爲簡，寫以授之；成誦，削去更書。年十七，會立蒙古學，學輒成，辟武衛譯史。御史中丞塔察兒愛其才，遷中臺〔譯〕史。〔九〕是時，尚書省專制更張，起宗持文嚴密無所泄。

仁宗卽位，罷尙書省，轉中書〔譯〕史，〔一〇〕累遷太子家令司典簿官，上言：「東宮官屬，輔導德義，財賦非所治也。」朝廷是之。遷南臺御史。建康多水，或實災而有司抑之，或無災而訴災，起宗微行得實，人以爲神明。

文宗初立，命威順王征八番。是時，蜀省襄加台拒命未平，起宗極言武昌重鎭，當備上流之師，親王不可遠去，力止之。及王入見，帝謂曰：「八番之行，非秦元卿，幾爲失計。」其後八番師還，無敢擾於道路者。朝議以起宗治蜀，幕府忘其名，曰秦元卿，帝引筆改曰起宗，其眷注如此。拜中臺御史，劾中丞和尙受人婦人、賤買縣官屋，不報。起宗從臺官入見，跽辨久之，敕令起，起宗不起，會日暮，出，明日，立太子，有赦，起宗又奏：「不罪和尙，無以正國法。」和尙服辜。帝曰：「爲御史，當如是矣。」元會，賜只孫服，令得與大宴。又劾閭憲卜咱耳竊父妾以逃，其父憤死，瀆亂天常，流之嶺南。自是盡言無諱，皆見聽用。有御史奏議一卷。

遷都漕運使，帝召諭之曰：「漕輸事多廢闕，賴御史治之爾。」出爲撫州路總管，至官，有司供張甚盛，問其費所從出，小吏不敢隱，曰：「借辦於民。」遂亟使歸之，几席僅給而已。自是官府僚佐有宴集，成禮卽止，因諭衆曰：「我素農家，安儉約，務安靜，庶使吾民化之。」居一歲，以老去官。明年，以兵部尙書致仕，居一歲，卒，謚昭肅。

子四人：鈞，銓，鐸，鏞。鈞，西臺御史；鏞，延徽寺經歷；銓，都省掾；鐸蚤卒。

校勘記

〔一〕四川廉訪僉事闊闊木　本書卷一二二按札兒傳有「授闊闊朮漢中廉訪僉事」。按廉訪僉事係肅政廉訪司官，陝西漢中道肅政廉訪司曾隸陝西四川行省。「木」當係「朮」之訛。

〔二〕觀音（奴）〔保〕　據本書卷二七英宗紀至治元年二月丁巳、卷二九泰定帝紀至治三年十二月己未條及卷一二四塔本傳附鎖咬兒哈的迷失傳改。類編已校。

〔三〕二年立尚書省　按元武宗立尚書省，事在至大二年，此處失書年號。道光本作「至大二年，復立尚書省」。

〔四〕二年朝廷以吏多滯事　考異云：「案此傳自仁宗卽位以後，不著年號，史脫文也。」

〔五〕德溫爲政〔一〕年　原空闕，從北監本補。

〔六〕楊阿台　按本書卷一二四塔本傳，塔本，「人以其好揚人善，稱之曰揚公」。阿台係塔本孫，如冠以其祖稱，當作「揚阿台」。疑「楊」爲「揚」字之訛。

〔七〕雲州　北監本作「霍州」。

〔八〕廣平（深）〔洛〕水縣　據道園類稿卷四三秦起宗神道碑改。按本書卷五八地理志，洛水，腹里廣平路威州屬縣。

〔九〕遷中臺〔譯〕史　道園類稿卷四三秦起宗神道碑云：「以通習國語文字入官，由武衞、大都留守陞太師御史臺、中書省譯史。」據補。

〔一〇〕轉中書〔譯〕史　見本卷校勘記〔九〕。

元史卷一百七十七

列傳第六十四

張思明

張思明字士瞻，其先獲嘉人，後徙居輝州。思明穎悟過人，讀書日記千言。至元十九年，由侍儀司舍人辟御史臺掾，又辟尚書省掾。左丞相阿合馬旣死，世祖追咎其奸欺，命尚書簿問遺孽。一日，召右丞何榮祖、左丞馬紹，盡輸其贓以入，思明抱牘從，日已昏，命讀之，自昏達曙，帝聽忘疲，曰：「讀人吐音，大似侍儀舍人。」右丞對曰：「正由舍人選爲掾。」帝奇之，曰：「斯人可用。」明日，擢爲大都路治中，思明以超遷踰等，固辭，乃改湖廣行省都事。

元貞元年，召爲中書省檢校，六曹無滯案，遷戶部主事。大德初，擢左司都事，有獻西域秤法，思明以惑衆不用。初立海道運糧萬戶府于江浙，受除者憚涉險，不行，思明請升等以優之，因著爲令。五年，轉吏部郎中。九年，改集賢司直。十年，除江浙行中書省左右司郎中。十一年春，兩浙大饑，首贊發廩賑之。

至大三年，遷兩浙鹽運使，未上，入參議樞密院事，改中書省左司郎中。皇慶元年，再授兩浙鹽運使，歲課羨羸，僚屬請上增數，思明曰：「羸縮不常，萬一以增爲額，是我希一己之榮，遺百世之害。」二年，召爲戶部尚書。延祐元年，進參議中書省事；三年，拜中書參知政事。〔一〕

仁宗卽位，浮屠妙總統有寵，敕中書官其(第)〔弟〕五品，〔二〕思明執不可。帝大怒，召見切責之，對曰：「選法，天下公器。徑路一開，來者雜遝。故寧違旨獲戾，不忍隳祖宗成憲，使四方得窺陛下淺深也。」帝心然其言，而業已許之，曰：「卿可姑與之，後勿爲例。」乃爲萬億庫提舉，不與散官。久之，近臣疾其持法峭直，日構讒間，出爲工部尚書，帝問左右曰：「張士瞻居工部，得無怏怏乎？」對曰：「勤政如初。」帝嘉嘆之，命授宣政院副使。五年，除西京宣慰使，嶺北戍士多貧者，歲凶，相挻爲變，思明威惠並行，邊境乃安。因疏和林運糧不便事十一條，帝勞以端硯、上尊。

會左丞相哈散辭職，帝不允，其請益堅，帝詰之曰：「朕任卿未專邪？」曰：「非。」曰：「近臣有撓政者邪？」曰：「無有也。」「然則何爲而辭？」對曰：「臣自揆才薄，恐誤陛下國事，若必欲任臣，願薦一人爲助。」帝問：「爲誰？朕能從汝。」哈散再拜謝曰：「臣願得張思明。」卽日拜思明中書參知政事。比召至，車駕幸上都，見於道，慰勉之曰：「卿向不負朕注委，故朕用哈散言，復起汝。」未幾，升左丞。

帝崩，英宗宅憂，右丞相帖木迭兒用事，日誅大臣不附己者，中外洶洶。思明諫曰：「山陵甫畢，新君未立，丞相恣行殺戮，國人皆謂陰有不臣之心。萬一諸王駙馬疑而不至，將奈之何，不可不熟慮也。」衆皆危之，帖木迭兒大悟曰：「非左丞言，幾誤吾事。」帝造壽安山寺，監察御史觀音保、瑣咬兒哈的迷失、成珪、李謙亨强諫，帝震怒，殺觀音保、瑣咬兒哈的迷失，以成珪、李謙亨屬吏，思明白丞相曰：「言事，御史職也，祖宗已來，未嘗殺諫臣。」成、李既屬吏，當論法，丞相乃力言之，二人得從輕典。及拜住爲左丞相，與帖木迭兒各樹朋黨，賊害忠良，思明懼禍及，累表辭，不獲，後竟誣以不支蒙古子女口糧，餓死四百人，遂廢于家，杜門六年。

文宗天曆元年，起爲江浙行中書省左丞。會陝西大饑，中書撥江浙鹽運司歲課十萬錠賑之。吏白：周歲所入，已輸京師，當回咨中書。思明曰：「陝西饑民，猶鮒在涸轍，往復踰月，是索之枯魚之肆也。其以下年未輸者，如數與之，有罪，吾當坐。」朝廷韙之。二年，復以中書左丞召，入覲慈仁殿，敷陳累朝任賢使能、治民足國之道，因以衰老辭，帝未允，明日，卽移告去。重紀至元三年卒，年七十八。

思明平生不治產，不畜財，收書三萬七千餘卷；尤明於律，與謝仲和、曹鼎新同稱三絕。贈推忠翊治守義功臣，依前中書左丞、上護軍，淸河郡公，諡貞敏。

吳元珪

吳元珪字君璋，廣平人。父鼎，燕南提刑按察副使。元珪簡重，好深沉之思，凡征謀治法、律令章程，皆得於家庭之所授受。至元十四年，世祖召見，命侍左右，授後衞經歷，佩金符。十七年，從幸上都，受命取御藥於大都萬歲山，元珪乘傳，未盡一晝夜而至，帝奇其速，擢樞密都事，陞經歷。嘗從同知樞密院事俺伯進西蕃鎧甲，帝問其制度，元珪應對詳明，帝益奇之。

初，江南既定，樞密奏裁定官屬，京師五衞、行省、萬戶府設官有差，均俸祿，給醫藥，設學校，置屯田，多元珪所論建。二十六年，參議樞密院事。時繕修宮城，尙書省奏役軍士萬人，留守司主之。元珪亟陳其不便，乃立武衞，繕理宮城，以留守段天祐兼都指揮使，凡有興作，必以聞於樞府。尋陞樞密院判官。奏定萬戶用軍士八人，千戶四人，百戶二人，多役者有罰。二十八年，除禮部侍郎，遷左司郎中。三十一年，參議中書省事。

大德元年，除吏部尙書。選曹銓注，多有私其鄕里者，元珪曰：「此風不可長，川黨、朔黨之興，宋之所由衰也。」請謁悉皆謝絕。三年，宣撫燕南，劾貪吏若干人。遷工部尙書，河朔連年水旱，五穀不登，元珪言：「春秋之義，以養民爲本，凡用民力者必書，蓋民力息則生養遂，生養遂則敎化行而風俗美。」宰相嘉其言，土木之工稍爲之息。六年，僉河南行中書省事，將行，拜江浙行省參知政事。初，朱淸、張瑄以財雄江南，徧以金幣連結當路，及伏誅，籍其家，具籍所交諸公貴人，而江浙省臣爲尤甚，惟元珪一無所汚。

武宗卽位，由僉樞密院事拜樞密副使。詔元珪二十餘人議政中書，若惜人力，嚴選擧，節財用，定律令，謹賞罰，建科擧，課農桑，汰冗員，易封贈，皆切於世務者。初，詔發軍萬人屯田稱海以實邊，海都之亂，被俘者衆，至是頗有來歸者，饑寒不能存，至鬻子以活。元珪具其事以聞，詔賜錢贖之。帝在軍中，卽聞元珪名，至是，特加平章政事，賜白金二百五十兩、只孫衣四襲。

仁宗卽位，詔元珪與十六人議時政。皇慶元年，出拜江浙行省左丞。江淮漕臣言：「江南殷富，蓋由多匿腴田，若再行檢覆之法，當益田畝累萬計。」元珪曰：「江南之平，幾四十年，戶有定籍，田有定畝，一有動搖，其害不細。」執其論固爭，月餘不能止，移疾去。延祐元年，拜甘肅行省左丞。歲餘，召還，俾宣撫遼陽諸郡，復爲樞密副使，召見嘉禧殿，帝曰：「卿先朝舊臣，宜在舊服。」特加榮祿大夫，賜鈔五千緡、貂裘二襲。元珪奏曰：「昔世祖限田四百畝，以給軍需，餘田悉貢賦稅。今經理江淮田土，第以增多爲能，加以有司頭會箕斂，俾元元之民，困苦日甚，臣恐變生不測，非國之福，惟陛下少加意焉。」帝曰：「凡爾軍士之田，並遵舊制。」

至治元年，英宗卽位，元珪與知樞密院事帖木兒不花上軍民之政十餘事，大抵言：諸王近侍，不可干軍政；管軍官吏，不可漁取軍戶；軍官之材者，當遷其職；有司賦役，當務均一，而軍民不可有所偏；軍官襲職，惟傳嫡嗣，而支庶不可有所亂。帝並嘉納，卽降旨施行之。元珪以年老致仕，至治二年，起商議中書省事。三年卒。泰定元年，贈光祿大夫、河南等處行省平章政事、柱國，追封趙國公，諡忠簡。三年，復加推誠佐理功臣、光祿大夫、司徒。

張昇

張昇字伯高，其先定州人，後徙平州。昇幼警敏過人，學語時，輒能辨字音，應對異於常兒；既長，力學，工文辭。至元二十九年，用薦者授將仕郎、翰林國史院編修官，預修世祖實錄，陞應奉翰林文字，尋陞修撰，歷興文署令，遷太常博士。成宗崩，大臣承中旨，議奉徽號，饗宗廟，昇曰：「在故典，凡有事于宗廟，必書嗣皇帝名，今將何書？」議遂寢。

武宗卽位，議躬祀禮，昇據經引古，參酌時宜以對，帝嘉納之。至大初，改太常寺爲太常禮儀院，卽除昇爲判官。久之，外補知汝寧府。民有告寄束書於其家者，踰三年取閱，有禁書一編，且記里中大家姓名于上，昇亟呼吏焚其書，曰：「妄言誣民，且再更赦矣，勿論。」同列懼，皆引起，既而事聞，廷議謂昇脫姦軌，遣使窮問，卒無跡可指，乃詰以擅焚書狀，昇對曰：「事固類姦軌，然昇備位郡守，爲民父母，今斥誣訴，免寃濫，雖重得罪不避。」乃坐奪俸二月。旁郡移文報吳人侯君遠者言：「歲直壬子六月朔日蝕，其占爲兵寇；歲癸丑，其應在吳分野。」同列欲召屬縣爲備禦計，昇曰：「此訛言，久當自息，毋用惑民聽。」斥其無稽，衆論韙之。部使者舉治行爲諸郡最。歷江西行省左右司郎中，除紹興路總管。

初，大德、至大間，越大饑，且疫癘，民死者殆半，賦稅鹽課責里〔胥〕代納，〔三〕吏並緣爲姦，害富家，昇爲證于簿籍，白行省蠲之。前守有爲江浙行省參知政事者，爭代者祿米，有隙，欲內之罪，移平江歲輸海運糧布囊三萬，俾紹興製如數，民患苦之，不能堪。更數守，謂歲例如此，置弗問。昇言：「麻非越土所生，海漕實吳郡事，於越無與。」章上，卒罷之。昇既謹於繩吏，又果於去民瘼，故人心悅服。歷湖北道廉訪使、江南行臺治書侍御史，召爲參議中書省事，改樞密院判官，尋復中書參議。

至治二年，又出爲河東道廉訪使，未行，拜治書侍御史。明年，出爲淮西道廉訪使。泰定二年，拜陝西行省參知政事，加中奉大夫，尋遷遼東道廉訪使。屬永平大水，民多捐瘠，昇請發海道糧十八萬石、鈔五萬緡，以賑饑民，且蠲其歲賦，朝廷從之，民得全活者衆。明年，召拜侍御史。

天曆初，出爲山東道廉訪使，時方有警，有司請完城以爲備，昇曰：「民恃吾以生，完城是棄民也。」由是民皆安之。文宗賜尚醞文幣，以賞其功。踰年，召爲太禧院副使，兼奉贊神御殿事，除河南省左丞，復遷淮西道廉訪使。昇時年六十有九，上書乞致仕。至順二年，復起爲集賢侍講學士，文宗眷待之意甚隆。

元統元年，順帝卽位，首詔在廷耆艾，訪問治道，昇條上時所宜先者十事。尋兼經筵官，廷試進士，特命昇讀卷，事已，告省先墓。帝賜金織文袍，以寵其歸。明年，以奎章閣大學士、資善大夫、知經筵事召，賜上尊，趣就職，昇以疾辭，帝察其不可强，許之。尋命本郡月給祿半，以終其身。至正元年卒，年八十一。贈資德大夫、河南等處行中書省左丞，謚文憲。

臧夢解　陸垕

臧夢解，慶元人，宋末中進士第，未官而國亡。至元十三年，從其鄉郡守將內附，授奉訓大夫、婺州路軍民人匠提舉。未幾，例革其所司，而浙東宣慰司舉夢解才兼儒吏，可試州郡，朝廷是之，授息州知州；未行，改知海寧州。

時淮東按察副使王慶之，按行至其州，見夢解剛直廉慎，而學有淵奧，自任職以來，門無私謁，官署蕭然，凡有差役，皆當其貧富，而吏無所預。於是民以戶計者，新增七百六十有四；田以頃計者，新闢四百四十有三；桑柘榆柳，交蔭境內，而政平訟簡，爲諸州縣最。乃舉夢解才德兼備，宜擢清要，以展所蘊。而御史臺亦以其廉能，抗章薦之。

二十七年，夢解滿去者至是已五年矣。屬江陰饑，江浙行省委夢解賑之。夢解不爲文具，皆躬至其地，而人給以米，所活四萬五千餘人。江南行臺治書侍御史荀宗道，聞而韙之，舉其名上聞，除同知桂陽路總管府事。三十年，擢奉議大夫、廣西肅政廉訪副使。故事，烟瘴之地，行部者多不躬至，而夢解咸遍歷焉。遂按問賓州、藤州兩路達魯花赤，與凡貪官姦吏，置于法者無慮八十餘人。又平反邕州黃震被誣贓罪，及藤州唐氏婦被誣殺夫罪，凡兩寃獄。

大德元年，遷江西肅政廉訪副使。有臨江路總管李倜，素狡獪，而又附大臣勢，以控持省憲，夢解按其贓罪，而一道澄清。六年，遷浙東肅政廉訪副使。九年，除廣東肅政廉訪使。夢解至是，既老且病，乃納祿退居杭州，以亞中大夫、湖南宣慰副使致仕。後至元元年卒。

夢解博學洽聞，爲時名儒，然不少迂腐，而敏於政事，其操守尤爲介特。所著書，有周官考三卷、春秋徵一卷。夢解嘗自號魯山大夫，士之稱之者，不以官，皆曰魯山先生云。

同時有陸垕者，與夢解齊名。監察御史鄭鵬南，嘗以二人並薦于朝。垕字仁重，江陰人也。自幼以孝友聞。至元間，丞相伯顏以師南下，垕是時年未冠，而志强氣銳，率其鄉人見之，論議有合，兵遂不涉其境，鄉人義之。伯顏奏授爲同知徽州路總管府事，以廉能擢置臺憲，累遷至湖南肅政廉訪副使，陞浙西廉訪使。所至以黜贓吏、洗寃獄爲己任，且嘗上章奏免儒役，及舉行浙西助役法。年五十卒，賜謚莊簡。

陳顥

陳顥字仲明，其先居盧龍，有名山者，仕金爲謀克監軍，太祖得之，以爲平陽等路軍民都元帥，子孫徙清州，遂爲清州人。顥幼穎悟，日記誦千百言，稍長，游京師，登翰林承旨王磐、安藏之門。磐熟金典章，安藏通諸國語，顥兼習之。安藏乃薦顥入宿衞，尋爲仁宗潛邸說書。於是，仁宗奉母后出居懷慶，顥從行，日開陳以古聖賢居艱貞之道。

會成宗崩，仁宗入定內難，以迎武宗，顥皆預謀。及仁宗卽位，以推戴舊勳，特拜集賢大學士、榮祿大夫，仍宿衞禁中，政事無不與聞。科舉之行，顥贊助之力尤多。顥時伺帝燕閒，輒取聖經所載大經大法，有切治體者陳之，每見嘉納。帝嘗坐便殿，羣臣入奏事，望見顥，喜曰：「陳仲明在列，所奏必善事矣。」顥以父年老，力請歸養清州，帝特命顥長子孝伯爲知州以就養。顥固辭，乃以孝伯爲州判官。帝欲用顥爲中書平章政事，顥叩首謝曰：「臣無汗馬之功，又乏經濟之略，一旦置之政塗，徒速臣咎。臣願得朝夕左右，獻替可否，庶少裨萬一，亦以全臣愚忠。」帝乃允。仁宗崩，辭祿家居者十年。

文宗卽位，復起爲集賢大學士，上疏勸帝大興文治、增國子學弟子員、蠲儒之徭役，文宗皆嘉納焉。顥先後居集賢，署薦士牘累數百，有訐之者，顥曰：「吾寧以謬舉受罰，蔽賢誠所不忍。」順帝元統初，顥扈蹕行幸上都，至龍虎臺，帝命造膝前，而握其手曰：「卿累朝老臣，更事多矣，凡議政事，宜極言無隱。」顥頓首謝不敏。顥每集議，其言無不剴切，後至元四年，致政，命食全俸于家。明年卒，年七十六。至正十四年，贈攄誠秉義佐理功臣、光祿大夫、河南江北等處行中書省平章政事、柱國，追封薊國公，謚文忠。

顥出入禁闥數十年，樂談人善，而惡聞人過。大夫士因其薦拔以至顯列，有終身莫知所自者，是以結知人主，上下無有怨尤。歐陽玄爲國子祭酒，與顥同考試國子伴讀，每出一卷，顥必拾而觀之，苟得其片言善，即以置選列，爲之色喜。玄歎曰：「陳公之心，蓋篤於仁而踰於厚者，眞可使鄙夫寬、薄夫敦矣。」

次子敬伯，至正中仕爲中書參知政事，歷左丞、右丞，二十七年，拜中書平章政事。

校勘記

〔一〕三年拜中書參知政事　本證云：「案紀在四年，宰相表同。此誤。」

〔二〕官其（第）〔弟〕五品　從道光本改。

〔三〕責里〔胥〕代納　原空闕，從北監本補。

元史卷一百七十八

列傳第六十五

梁曾

梁曾字貢父，燕人。祖守正，父德，皆以曾貴，贈安定郡公。曾少好學，日記書數千言。中統四年，以翰林學士承旨王鶚薦，辟中書左三部令史，三轉爲中書省掾。至元十年，用累考及格，授雲南諸路行省都事，佩銀符。久之，陞員外郎。十五年，轉同知廣南西道左右兩江宣撫司事。明年，除知南陽府。唐、鄧二屬州爲襄陽府所奪，曾按圖經、稽國制以聞，事得復舊。南陽在宋末爲邊鄙，桑柘未成，而歲賦絲，民甚苦之，曾請折輸布，民便之。

十七年，朝廷以安南世子陳日烜不就徵，選曾使其國。召見，賜三珠金虎符、貂裘一襲，進兵部尚書，與禮部尚書柴椿偕行。至安南，語祕不傳。明年，日烜遣其叔遺愛，奉表從曾入獻方物。帝封遺愛爲安南國王，賜幣帛，遣歸。二十一年，除曾湖南宣慰司副使。居三年，以疾去。

二十九年，改淮西宣慰司副使，復以親老辭。召至京師，入見內殿，有旨令曾再使安南，授吏部尚書，賜三珠金虎符、襲衣、乘馬、弓矢、器幣，以禮部郎中陳孚爲副，十二月，改授淮安路總管而行。三十年正月，至安南。其國有三門：中曰陽明，左曰日新，右曰雲會，陪臣郊迎，將由日新門入。曾大怒曰：「奉詔不由中門，是我辱君命也。」即回館，既而請開雲會門入，曾復執不可，始自陽明門迎詔入。又責日燇親出迎詔，且講新朝尚右之禮。以書往復者三次，具宣布天子威德，而風其君入朝。世子陳日燇大感服，三月，令其國相陶子奇等從曾詣闕請罪，并上萬壽頌、金册表章、方物，而以黃金器幣奇物遺曾爲贐，曾不受，以還諸陶子奇。

八月，還京師，入見，進所與陳日燇往復議事書。帝大悅，解衣賜之，且令坐地上，右丞阿里意不然，帝怒曰：「梁曾兩使外國，以口舌息兵戈，爾何敢爾！」是日，有親王至自和林，帝命酌酒，先賜曾，謂親王曰：「汝所辦者汝事，梁曾所辦，吾與汝之事，汝勿以爲後也。」復於便殿賜酒饌，留宿禁中，語安南事，至二鼓方出。明日，陶子奇等見詔，陳其方物象、鸚鵡于庭，而命曾引所獻象，曾以袖引之，象隨曾轉，如素馴者，復命引他象，亦然。帝以曾爲福人，且問曰：「汝亦懼否？」對曰：「雖懼，君命不敢違。」帝稱善。或譏曾受安南賂者，帝以問曾，曾對曰：「安南以黃金器幣奇物遺臣，臣不受，以屬陶子奇矣。」帝曰：「苟受之，何不可也！」尋賜白金一錠、金幣二；敕中書以使安南三珠金虎符與之。仍乘傳之任淮安。到官，興學校，厲風俗，河南行省事有疑者，皆委曾議之。

大德元年，除杭州路總管，戶口復者五萬二千四百戶，請禁莫夜鞫囚、游街、酷刑，朝廷是之，著爲令。四年，丁內艱。先是，丁憂之制未行，曾上言請如禮。七年，除潭州路總管，以未終制，不赴。明年，遷兩浙都轉運鹽使。又明年，拜雲南行省參知政事，賜三珠金虎符。尋召還京，辭以母喪未葬，扶柩北歸，至長蘆，有旨賜鈔一百錠，使營葬。十年，召爲中書參議，嘗預燕，賜只孫一襲。十一年，轉正奉大夫，出爲河南行省參知政事，尋遷湖廣行省參知政事。四年，〔一〕以疾辭歸，敕賜藥物，存問備至。

皇慶元年，仁宗以曾前朝舊臣，特授昭文館大學士、資德大夫。累章乞致仕，不允，復起爲集賢侍講學士。國有大政，必命曾與諸老議之。延祐元年，奉詔代祀中岳等神。還至汴梁，以病不復職，寓居淮南，杜門不通賓客，惟日以書史自娛。至治二年卒，年八十一。卒之前十日，有大星隕于所居，流光燭地，人皆異之。

劉敏中

劉敏中字端甫，濟南章丘人。幼卓異不凡，年十三，語其父景石曰：「昔賢足於學而不求知，豈於功而不自衒，此後人所弗逮也。」父奇之。鄉先生杜仁傑愛其文，亟稱之。敏中嘗與同儕各言其志，曰：「自幼至老，相見而無愧色，乃吾志也。」

至元十一年，由中書掾擢兵部主事，拜監察御史。權臣桑哥秉政，敏中劾其奸邪，不報，遂辭職歸其鄉。既而起爲御史臺都事。時同官王約以言去，敏中杜門稱疾。臺臣請視事，敏中曰：「使約無罪而被劾，吾固不當出；誠有罪耶，則我旣爲同僚，又爲交友，不能諫止，亦不無過也。」出爲燕南肅政廉訪副使，入爲國子司業，遷翰林直學士，兼國子祭酒。

大德七年，詔遣宣撫使巡行諸道，敏中出使遼東、山北諸郡，守令恃貴倖暴橫者，一繩以法；錦州雨水爲災，輒發廩賑之。除東平路總管，擢陝西行臺治書侍御史。九年，召爲集賢學士，商議中書省事。上疏陳十事，曰：整朝綱，省庶政，進善良，剔姦蠹，顯公道，杜私門，廣恩澤，實鈔法，嚴武備，舉封贈。成宗崩，姦臣希中旨，贊其邪謀，敏中援禮力爭之。武宗卽位，召敏中至上京，庶政多所更定，授集賢學士、皇太子贊善，仍商議中書省事，賜金幣有加。頃之，拜河南行省參知政事，俄改治書侍御史，出爲淮西肅政廉訪使，轉山東宣慰使，遂召爲翰林學士承旨。詔公卿集議弭災之道，敏中疏列七事，帝嘉納焉。以疾還鄉里。

敏中平生，身不懷幣，口不論錢；義不苟進，進必有所匡救，援據今古，雍容不迫。每以時事爲憂，或鬱而弗伸，則戚形于色，中夜歎息，至淚濕枕席。爲文辭，理備辭明，有中菴集二十五卷。延祐五年卒，年七十六。贈光祿大夫、柱國，追封齊國公，謚文簡。

王約

王約字彥博，其先汴人，祖通，北徙眞定。約性穎悟，風格不凡。從中丞魏初游，博覽經史，工文辭，務達國體，時好不以動其心。至元十三年，翰林學士王磐薦爲從事，丞旨火魯火孫以司徒開府，奏授從仕郎、翰林國史院編修官，兼司徒府掾。旣而辟掾中書，除禮部主事。

二十四年，拜監察御史，授承務郎。首請建儲，及修史事。時丞相桑哥銜參政郭佑爲中丞時奏誅右丞盧世榮等，故誣以他罪，約上章直佑冤。按治成都鹽運使王鼎不法，罷官除名。轉御史臺都事。南臺侍御史程文海入言事，多斥桑哥罪。桑哥怒，又以約與之表裏，六奏殺之，上不從。約以隴西地遠，請立行臺陝西，詔從之。出賑河間饑民，均覈有方，全活甚衆。

三十一年，遷中書右司員外郎。四月，成宗卽位，言二十二事，曰：實京師，放差稅，開獵禁，錮逋負，賑窮獨，停冗役，禁鷹房，振風憲，除宿蠹，慰遠方，卻貢獻，詢利病，利農民，勵學校，立義倉，覈稅戶，重名爵，明賞罰，擇守令，汰官屬，定律令，革兩司。又請中書去繁文，一取信於行省，一責成於六部。調兵部郎中，改禮部郎中。請行贈謚之典以旌忠勳，付時政記於史館以備纂錄，立供需府以專供億，皆從而行之。拜翰林直學士、知制誥同修國史。奉詔賑京畿東道饑民，發米五十萬石，所活五十餘萬人。因條疏京東利病十事，請發米續賑之，中書用其言，民獲以甦。

高麗王昛年老，傳國子謜，有不安其政者，飛譏離間，及謜朝京師，潛使人賂用事者，留謜不遣。昛復位，乃委用小人，厚斂淫刑，國人羣愬于朝。中書令執其首惡，繫刑部，其黨復不悛，奏屬約驗問。約至，宣布明詔，而諭之曰：「天地間至親者父子，至重者君臣。彼小人知自利，寧肯爲汝家國地耶！」昛感泣，謝曰：「臣年耄，聽信憸邪，是以致此，今聞命矣。願奉表自雪，且請子謜還國，其小人黨與，悉聽使者治。」翼日，約逮捕覆按其罪，流二十二人，杖三人，黜有官者二人。命故臣洪子藩爲相，俾更弊政，罷非道水驛十三，免耽羅貢非土產物，東民大喜。還報，稱旨，除太常少卿。

尋詔約同宗正、御史讞獄京師，約辭職在清廟，帝不允。乃閱諸獄，決二百六十六人，當死者七十二人，釋無罪者八十六人，平反吳得誠冤，嫁良家入倡女十人，杖流元旦帶刀闌入殿庭者八十人。因議鬬毆殺人者宜減死一等，著爲令。又以浙民於行省、南臺互訟不決，命約訊之。約至杭，二十日而理，省、臺無異辭。特拜刑部尙書，以錄前功。

大德十一年，仁宗至自懷州，肅淸宮禁，以平章賽典赤、安西王阿難答，與左丞相阿忽台潛謀爲變，命刑曹按責其狀。約曰：「在法，謀逆不必搒掠，竟當伏誅。」由是結知仁宗。富寧庫失金，約疑番直宿衞者盜之，未幾，果得實，庫官吏獲免。監察御史言通州倉米三萬石，因雨而濕。約謂必積氣所蒸，驗且堪用，釋守者罪。宗王兄弟二人守邊，兄陰有異志，弟諫不聽，卽上馬馳去，兄遣奴挾弓矢追之，弟發矢斃其奴，兄訴囚其弟，獄當死。約慮囚曰：「兄之奴，卽弟之奴，況殺之有故。」立釋之。遷禮部尙書，請定丁憂之制，申旌表之恩，免都城煤炭之徵，皆從之。

京民王氏，仕江南而歿，有遺腹子，其女育之，年十六，乃訴其姊匿貲若干，有司責之急。約視其牘曰：「無父之子，育之成人，且不絕王氏祀，姊之恩居多。誠利其貲，寧育之至今日耶！」改前議而斥之。柴氏初無子，命張氏子後，旣得己子，張出爲僧，柴之子又歿，僧乃訟家產，詔約詰之。約問曰：「汝出家，旣分承汝師衣鉢，又何爲得柴氏業乎？」僧不能答，遂歸柴氏應後者。

至大二年正月，上武宗尊號，及册皇后，凡典禮儀注，約悉總之如制。仁宗在東宮，雅知約名，思用以自輔，擢太子詹事丞。從幸五臺山，約諫不可久留，卽日還上京。初，安西王封於秦，既以謀逆誅，國除，版賦入詹事院。至是，大臣奏請封其子，復國，仁宗以問。約曰：「安西以何罪誅？今復之，何以懲將來！」議遂寢。明年，進太子副詹事。約抗章諫節飲，辭意懇切，仁宗嘉納焉。

承制立左衞率府，統侍衞軍萬人，同列欲署軍官，約持不可，衆難之曰：「東宮非樞密使耶？」約曰：「詹事，東宮官也，預樞密事可乎？」仁宗復召問約，對曰：「皇太子事，不敢不爲；天子事，不敢爲。」仁宗悟，竟罷議。同列復傳命增立右衞率府，取河南蒙古軍萬人統之。約屛人語曰：「左衞率府，舊制有之，今置右府何爲？諸公宜深思之，不可累儲宮也。」又命取安西兵器，給宿衞士。約謂詹事完澤曰：「詹事移文數千里取兵器，人必驚疑。主上聞之，奈何？」完澤色慚曰：「實慮不及此。」又命福建取繡工童男女六人。約言曰：「福建去京師六七千里，使人父子兄弟相離，有司承風動擾，豈美事耶！」仁宗止之，稱善再三。家令薛居敬上言陝西分地五事，因被命往理之，約不爲署行，語之曰：「太子，潛龍也。當勿用之時，爲飛龍之事可乎？」遂止。薦翰林學士李謙爲太子少傅，請立故丞相淮安忠武王伯顏祠于杭，皆從之。

仁宗以詹事院諸事循軌，大喜，面賜犀帶，力辭；又賜江南所取書籍，亦辭。仁宗常字而不名，諭羣臣曰：「事未經王彥博議者，勿啓。」又謂中丞朶䚟曰：「在詹事而不求賜予者，惟彥博與汝二人耳。」一日，仁宗西園觀角觝戲，有旨取繒帛賜之。約入，遙見問曰：「汝何爲來？」仁宗遽止之。又欲觀俳戲，事已集而約至，卽命罷去，其見敬禮如此。

四年三月，仁宗正位宸極，欲用陰陽家言，卽位光天殿，卽東宮也。約言於太保曲樞曰：「正名定分，當御大內。」太保入奏，遂卽位於大明殿。中書奏約陝西行省參知政事，帝大怒，特拜河南行省右丞。約陛辭，帝賜巵酒及弓矢。

先是，至大間尚書省用建言者，冒獻河、汴官民地爲無主，奏立田糧府，歲輸數萬石，是歲詔罷之，竄建言人於海外，命河南行省復其舊業，行省方並緣爲奸，田猶未給。約至，立期檄郡縣，釐正如詔。會詔更銅錢銀鈔法，且令天下稅，盡收至大鈔。約度河南歲用鈔七萬錠，必致上供不給，乃下諸州，凡至大、至元鈔相半，衆以方詔命爲言，約曰：「吾豈不知，第歲終諸事不集，責亦匪輕。」丞相卜憐吉台贊之曰：「善。」遣使白中書，省臣大悅，遂徧行天下。南陽孛朮魯翀以書謁約，大奇之，卽署爲郡學正。旣又薦之中書，擢翰林國史院編修官。

皇慶改元元日，詔中書省曰：「汴省王右丞可卽召之。」約以三月一日至，召見，慰勞，特拜集賢大學士，推恩三世，贈謚樹碑。約首奏：「河南行省丞相卜憐吉台，勳閥舊臣，不宜久外。」召至，封河南王。約又建議行封贈、禁服色、興科舉。皆著爲令甲。上疏薦國子博士姚登孫、應奉翰林文字揭傒斯、成都儒士楊靜，請起復中山知府致仕輔惟良、前尚書參議李源、左司員外郎曹元用，皆除擢有差。辯奏故左丞竇履有遺腹子棄外，宜收養歸宗，爲竇氏後。

延祐二年，丞相帖木迭兒專政，奏遣大臣分道奉使宣撫，命約巡行燕南山東道。約至衞輝，有毆母置獄者，其母泣訴，言老妾惟此一息，死則一門絕矣。約原其情，杖一百而遣之。冠州民有兄訐其弟厭詛者，讞之，則曰：「我求嗣也。」索授時曆驗其日良信，乃立縱之使還。拜樞密副使，視事，明日召見賜酒，帝謂左右曰：「人言彥博老病，朕今見之，精力尚强，可堪大任也。」是夕，知院駙馬塔失帖木兒宿衞，帝戒之曰：「彥博非汝友，宜師事之。」

至治元年，英宗卽位，帖木迭兒復相，約辭職不出。二年，以年七十致仕。三年，丞相拜住一新政務，尊禮老臣，傳詔起約，復拜集賢大學士，商議中書省事，以其祿居家，每日一至中書省議事，至治之政，多所參酌。又嘗奉詔與中書省官，及他舊臣，條定國初以來律令，名曰大元通制，頒行天下。朝廷議罷征東省，立三韓省，制式如他省，詔下中書雜議，約對曰：「高麗去京師四千里，地瘠民貧，夷俗雜尚，非中原比，萬一梗化，疲力治之，非幸事也，不如守祖宗舊制。」丞相稱善，奏罷議不行。高麗人聞之，圖公像歸，祠而事之，曰：「不絕國祀者，王公也。」泰定元年，奉詔廷策天下士，第八剌、張益等八十五人，始增乙科員額至一十五人。

天曆元年，文宗踐祚，約入賀，賜宴大明殿，帝勞問甚歡。時年七十有七，平居襟度和粹，謙抑自持，後進謁見，必加禮貌；俸祿所入，布散姻族，外及貧士；從父居貧，月奉錢米餽肴饍，事之如父；歲時朔望，攜子姓至先塋，展拜懷戀，謹時祭及五祀，動稽古禮，邦人以爲矜式。至順四年二月己酉卒，年八十二，皇太后聞之嗟悼，以尙醞二尊，遣徽政院臣臨弔致奠，敕中書省以下賻贈有差。是月庚申，葬城西岡子原。

約平生著作，有史論三十卷、高麗志四卷、潛丘藁三十卷，行於世。子思誠，奉議大夫、祕書監著作郎。

王結

王結字儀伯，易州定興人。祖逖勤，以質子軍從太祖西征，娶阿魯渾氏，自西域徙戍秦隴，又徙中山，家焉。

結生而聰穎，讀書數行俱下，終身不忘。嘗從太史董朴受經，深於性命道德之蘊，故其措之事業，見之文章，皆悉有所本。憲使王仁見之，曰：「公輔器也。」年二十餘，游京師，上執政書，陳時政八事，曰：立經筵以養君德，行仁政以結民心，育英材以備貢舉，擇守令以正銓衡，敬賢士以厲名節，革冗官以正職制，辨章程以定民志，務農桑以厚民生。其言剴切純正，皆治國之大經大法，宰相不能盡用之。

時仁宗在潛邸，或薦結充宿衞，乃集歷代君臣行事善惡可爲鑑戒者，日陳于前，仁宗嘉納焉。武宗卽位，以仁宗爲皇太子。大德十一年，命置東宮官屬，以結爲典牧太監，階太中大夫。近侍以俳優進，結言：「昔唐莊宗好此，卒致禍敗，殿下方育德春宮，視聽宜謹。」仁宗優納之。

仁宗卽位，遷集賢直學士。出爲順德路總管，勸民務農興學、孝親弟長、戢奸禁暴，悉登于書，俾朝夕閱習之。屬邑〔巨〕〔鉅〕鹿沙河有唐魏徵、宋璟墓，〔三〕乃祠二公于學，表其言論風旨，以厲多士。遷揚州，又遷寧國，以從弟紳僉江東廉訪司事，辭不赴。改東昌路，境有黃河故道，而會通堤遏其下流，夏月潦水，壞民麥禾。結疏爲斗門以泄之，民獲耕治之利。

至治二年，參議中書省事。時拜住爲丞相，結言：「爲相之道，當正己以正君，正君以正天下；除惡不可猶豫，猶豫恐生它變；服用不可奢僭，奢僭則害及于身。」丞相是其言。未幾，除吏部尚書，薦名士宋本、韓鏞等十餘人。

泰定元年春，廷試進士，以結充讀卷官。遷集賢侍讀學士、中奉大夫，會有月食、地震、烈風之異。結昌言于朝曰：「今朝廷君子小人混淆，刑政不明，官賞太濫，故陰陽錯謬。咎徵荐臻，宜修政事，以弭天變。」是歲，詔結知經筵，扈從上都。結援引古訓，證時政之失，冀帝有所感悟。中宮聞之，亦召結等進講，結以故事辭。明年，除浙西廉訪使，中途以疾還。召歲餘，拜遼陽行省參知政事。遼東大水，穀價翔湧，結請于朝，發粟數萬石，以賑饑民。召拜刑部尚書。

天曆元年，文宗卽位，拜陝西行省參知政事，改同知儲慶司事。二年，拜中書參知政事，入謝光天殿，以親老辭，帝曰：「忠孝能兩全乎？」是時迎立明宗于朔方，明宗命文宗居皇太子位，於是遣大臣奉寶北迓。近侍有求除拜賞賚者，結曰：「俟天子至議之。」初，上都之變，失皇太子寶，更鑄新寶，近侍請視舊製宜加大，結曰：「此寶當傳儲嗣，不敢踰舊制也。」或致人于死，而籍其妻孥貲產者，結復論之。近侍益怒，譖詆日甚，遂罷政。又命爲集賢侍讀學士，丁內艱，不起。

元統元年，復除浙西廉訪使，未行，召拜翰林學士、資善大夫、知制誥同修國史，與張起巖、歐陽玄修泰定、天曆兩朝實錄。拜中書左丞。中宮命僧尼於慈福殿作佛事，已而殿災，結言僧尼褻瀆，當坐罪。左丞相疾革，家人請釋重囚禳之，結極陳其不可。先時，有罪者，北人則徙廣海，南人則徙遼東，去家萬里，往往道死。結請更其法，移鄉者止千里外，改過聽還其鄉，因著爲令。職官坐罪者，多從重科，結曰：「古者，刑不上大夫，今貪墨雖多，然士之廉耻，不可以不養也。」聞者謂其得體。至元元年，詔復入翰林，養疾不能應詔。二年正月二十八日卒，年六十有二。

結立言制行，皆法古人，故相張珪曰：「王結，非聖賢之書不讀，非仁義之言不談。」識者以爲名言。晚邃於易，著易說一卷，臨川吳澄讀而善之。及卒，公卿唁于朝，士大夫弔于家，曰：「正人亡矣。」四年五月，詔贈資政大夫、河南江北等處行中書省右丞、護軍，追封太原郡公，謚文忠。有詩文十五卷行于世。

宋衜

宋衜字弘道，潞州長子人，金兵部員外郎元吉之孫。衜善記誦，年十七，避地襄陽，已而北歸，屏居河內者，十有五年。趙璧經略河南，聞其名，禮聘之。中統三年，擢翰林修撰。李壇畔，璧行中書省事於濟南，至元五年，大兵守襄陽，璧行元帥府事，衜皆從焉，軍事多所咨訪。六年，高麗權臣林衍廢其國王，而立其弟淐，詔遣國王頭輦哥曁璧將兵討之，以衜爲行省員外郎，持詔徙江華島居民於平壤。復命，慰勞良厚，仍賜衣段，授河南路總管府判官，不赴。

十三年，入爲太常少卿，屬省官制行，兼領籍田署事。十六年，太子以耆德召見，應對詳雅，大愜睿旨，自是數蒙召問，侍講經幄，開諭爲多。十八年，除祕書監。十九年，江西分地當署郡邑守令，皆命衎銓擧。二十年，初立詹事院，首命衎爲太子賓客。每燕見，優賜容接，多所錫賚。二十三年卒，有秬山集十卷行于世。

張伯淳

張伯淳字師道，杭州崇德人。少擧童子科，以父任銓受迪功郎、淮陰尉，改揚州司戶參軍，尋擧進士，監臨安府都稅院，陞觀察推官，除太學錄，入本朝。至元二十三年，授杭州路儒學教授，遷浙東道按察司知事。

二十八年，擢爲福建廉訪司知事。歲餘，有薦伯淳於帝前者，遣使召問。明年，入見，帝問冗官、風憲、鹽筴、楮幣，皆當時大議，所對悉稱旨，命至政事堂，將重用之，固辭，遂授翰林直學士，進階奉訓大夫，謁告以歸。授慶元路總管府治中，行省檄按疑獄衢、秀，皆得其情。大德四年，即家拜翰林侍講學士。明年，造朝，扈從上都。又明年卒。有文集若干卷藏于家。

校勘記

〔一〕四年　按上文有「大德十一年」，下文有「皇慶元年」，此處當作「至大四年」。蒙史已校。

〔二〕（亘）〔鉅〕鹿　道光本與滋溪文藁卷二三王結行狀合，從改。

元史卷一百七十九

列傳第六十六

賀勝

賀勝，仁傑子也，字貞卿，一字舉安，小字伯顏，以小字行。嘗從許衡學，通經傳大義。年十六，入宿衞，凝重寡言，世祖甚器重之，大臣有密奏，輒屏左右，獨留勝，許聽之；出則參乘輿，入則侍帷幄，非休沐，不得至家。

至元二十四年，乃顏叛，帝親征，勝直武帳中，雖親王不得輒至。勝傳旨飭諸將，詰旦合戰，還侍帝側，矢交帳前，勝立侍不動。乃顏旣敗，帝還都，乘輿夜行，足苦寒，勝解衣，以身溫之。帝一日獵還，勝參乘，伶人蒙采毳作獅子舞以迎駕，輿象驚，奔逸不可制，勝投身當象前，後至者斷靷縱象，乘輿乃安。勝退，創甚，帝親撫之，遣尙醫、尙食視護。拜集賢學士，領太史院事，詔賜一品服。盧世榮、桑哥秉政，勢焰熏灼，勝父仁傑，留守上都，不肯爲之下，桑哥欲陰中之，累數十奏，帝皆不聽。

至元二十八年，桑哥敗，罷尚書省，政歸中書。帝問誰可相者，勝對曰：「天下公論，皆屬完澤。」遂相完澤，而以勝參知政事。三十年，僉樞密院事，遷大都護。

大德九年，勝父仁傑請老，以勝代爲上都留守，兼本路都總管、開平府尹、虎賁親軍都指揮使。既至，通商賈，抑豪縱，出納有法，裁量有度，供億不匱，民賴以安。諸權貴子弟奴隸有暴橫驕縱者，悉繩以法。

至大三年，進光祿大夫、左丞相，行上都留守，兼本路總管府達魯花赤。尋又加開府儀同三司、上柱國。奉聖州民高氏，籍虎賁，以貲雄鄉里，身死子幼。有達官利其財，使其部曲强娶高氏婦。勝白帝，斥之，高氏以全。歲大饑，輒發倉廩賑民，乃自劾待罪。帝報曰：「祖宗以上都之民付卿父子，欲安之也。卿能如此，朕復何憂，卿其視事。」民德之，爲立祠上都西門外。帝聞之，復命工寫其像以賜，俾傳示子孫。未幾，以足疾請老，不許，曰：「卿臥護足矣。」賜小車，出入禁闥。

初，開平人張弼，家富。弼死，其奴索錢民家，弗得，毆負錢者至死。有治其獄者，教奴引弼子，并下之獄。丞相鐵木迭兒受其賂六萬緡，終不爲直。勝素惡鐵木迭兒貪暴，居同巷，不與往來。聞弼事，以語御史中丞楊朶兒只。楊朶兒只以語監察御史玉龍帖木兒、徐元素。遂劾奏丞相，逮治其左右，得所賂事實以聞。帝亦素惡鐵木迭兒，欲誅之。鐵木迭兒走匿太后宮中，太后爲言，僅奪其印綬而罷之。及英宗卽位，在諒闇中，鐵木迭兒遂復出據相位，乃執楊朶兒只及中書平章政事蕭拜住，同日戮于市。且復誣勝乘賜車迎詔，不敬，幷殺之。勝死之日，百姓爭持紙錢，哭于屍傍甚哀。泰定初，詔雪其冤，贈推忠宣力保德功臣、太傅、開府儀同三司、上柱國，追封秦國公，諡惠愍。至正三年，加贈推忠亮節同德翊戴功臣、太師、開府儀同三司、上柱國，追封涇陽王，改諡忠宣。

子二人：惟一，開府儀同三司、中書左丞相、監修國史；惟賢，太中大夫、同知上都留守司事。孫均，太子詹事。

楊朶兒只〔不花〕〔一〕

楊朶兒只，河西寧夏人。少孤，與其兄皆幼，卽知自立，語言儀度如成人。事仁宗于藩邸，甚見倚重。大德丁未，從遷懷孟。仁宗聞朝廷有變，將北還，命朶兒只與李孟先之京師，與右丞相哈剌哈孫定議，迎武宗于北藩。仁宗還京師，朶兒只譏察禁衞，密致警備，仁宗嘉賴焉，親解所服帶以賜。旣佐定內難，仁宗居東宮，論功以爲太中大夫、家令丞，日夕侍側，雖休沐，不至家，衆敬憚之。會兄卒，涕泣不勝哀，仁宗憐之，存問優厚。事寡嫂有禮，待兒子不異己子，家人化之。進正奉大夫、延慶使。武宗聞其賢，召見之，仁宗曰：「此人誠可任大事，然剛直寡合。」武宗顧視之，曰：「然。」

仁宗始總大政，執誤國者，將盡按誅之，朶兒只曰：「爲政而尚殺，非帝王治也。」帝感其言，特誅其尤者，民大悅服。帝他日與中書平章李孟論元從人材，孟以朶兒只爲第一，帝然之，拜禮部尚書。初，尚書省改作至大銀鈔，視中統一當其二十五，又鑄銅爲至大錢，至是議罷之。朶兒只曰：「法有便否，不當視立法之人爲廢置。銀鈔固當廢，銅錢與楮幣相權而用之，昔之道也。國無棄寶，民無失利，錢未可遽廢也。」言雖不盡用，時論是之。遷宣徽副使，御史請遷爲臺官，帝以宣徽膳用，素不會計，特以委之，未之許也。

有言近臣受賄者，帝怒其非所當言，將誅之，時張珪爲御史中丞，叩頭諫，不聽。朶兒只言于帝曰：「誅告者，失刑；違諫者，失誼。世無諍臣久矣，張珪，眞中丞也。」帝喜，竟用珪言，拜朶兒只爲侍御史。帝宴閒時，羣臣侍坐者，或言笑踰度，帝見其正色，爲之改容，有犯法者，雖貴幸無所容貸。怨者因共譖之，帝知之深，譖不得行。拜資德大夫、御史中丞。中書平章政事張閭以妻病，謁告歸江南，奪民河渡地，朶兒只以失大體，劾罷之。江東、西奉使斡來不稱職，權臣匿其奸，冀不問，朶兒只劾而杖之，斡來愧死。

御史納璘言事忤旨，帝怒叵測，朶兒只救之，一日至八九奏，曰：「臣非愛納璘，誠不願陛下有殺御史之名。」帝曰：「爲卿，宥之，可左遷爲昌平令。」昌平，畿內劇縣，欲以是困納璘。朶兒只又言曰：「以御史宰京邑，無不可者。但以言事而得左遷，恐後之來者，用是爲戒，不肯復言矣。」帝不允。後數日，帝讀貞觀政要，朶兒只侍側，帝顧謂曰：「魏徵古之遺直也，朕安得用之？」對曰：「直由太宗，太宗不聽，徵雖直，將焉用之！」帝笑曰：「卿意在納璘耶？當赦之，以成爾直名也。」

有上書論朝政闕失，面觸宰相，宰相怒，將取旨殺之。朶兒只曰：「詔書云：言雖不當，無罪。今若此，何以示信天下！果誅之，臣亦負其職矣。」帝悟，釋之。於是特加昭文館大學士、榮祿大夫，以奬其直言。時位一品者，多乘閒邀王爵、贈先世。或謂朶兒只眷倚方重，苟言之，當可得也，朶兒只曰：「家世寒微，幸際遇至此，已懼弗稱，尙敢求多乎！且我爲之，何以風厲僥倖者！」遷中政院使。未幾，復爲中丞，遷集賢大學士，爲權臣鐵木迭兒所害而死，年四十二。

初，武宗崩，皇太后在興聖宮，鐵木迭兒爲丞相，踰月，仁宗卽位，因遂相之。居兩歲，得罪斥罷，更自結徽政近臣，復再入相，恃勢貪虐，兇穢愈甚，中外切齒，羣臣不知所爲。御史中丞蕭拜住拜中書右丞，又拜平章政事，稍牽制之。

朶兒只自侍御史拜御史中丞，慨然以糾正其罪爲己任。上都富民張弼殺人繫獄，鐵木迭兒使大奴脅留守賀伯顏出之，及强以他奸利事，不能得。一日，坐都堂，盛怒，以官事召留守，將罪之，留守昌言：「大奴所干非法，不敢從，他實無罪。」鐵木迭兒語詘，得解去。朶兒只廉得其所受弼贓鉅萬萬，大奴猶數千，使御史徐元素按得實，入奏。而御史亦輦真，又發其私罪二十餘事。帝震怒，有詔逮問，鐵木迭兒逃匿，帝爲不御酒數日，以待決獄，盡誅其大奴同惡數人，鐵木迭兒終不能得，朶兒只持之急。徽政近臣以太后旨，召朶兒只至宮門，責以違旨意者，對曰：「待罪御史，奉行祖宗法，必得罪人，非敢違太后旨也。」帝仁孝，恐誠出太后意，不忍重傷咈之，但罷其相位，而遷朶兒只爲集賢學士，帝猶數以臺事問之，對曰：「非臣職事，臣不敢與聞。所念者，鐵木迭兒雖去君側，反得爲東宮師傅，在太子左右，恐售其奸，則禍有不可勝言者。」

仁宗崩，英宗猶在東宮，鐵木迭兒復相，乃宣太后旨，召蕭拜住、朶兒只至徽政院，與徽政使失里門、御史大夫禿忒哈雜問之，責以前違太后旨之罪。朶兒只曰：「中丞之職，恨不卽斬汝，以謝天下。果違太后旨，汝豈有今日耶！」鐵木迭兒又引同時爲御史者二人，證成其獄。朶兒只顧二人唾之曰：「汝等嘗得備風憲，乃爲是犬彘事耶！」坐者皆慚俯首，卽起入奏。未幾，稱旨執朶兒只載諸國門之外，與蕭拜住俱見殺。是日，風沙晦冥，都人恟懼，道路相視以目。

英宗卽位，詔書遂加以誣罔大臣之罪，鐵木迭兒權勢旣成，毫髮之怨，無不報者，太后驚悔，而帝亦覺其所譖毁者皆先帝舊臣，未及論治，而鐵木迭兒以病死。會有天災，求直言，會議廷中，集賢大學士張珪、中書參議回回，皆稱蕭、楊等死甚寃，是致不雨。聞者失色，言終不得達。及珪拜平章，卽告丞相拜住曰：「賞罰不當，枉抑不伸，不可以爲治。若蕭、楊等寃，何可不亟昭雪也！」丞相善之，遂請於帝，詔昭雪其寃，特贈思順佐理功臣、金紫光祿大夫、司徒、上柱國、夏國公，謚襄愍。朶兒只死時，權臣欲奪其妻劉氏與人，劉氏剪髮毁容以自誓，乃免。子不花。

不花，幼有才氣，能以禮自持，好讀書，善書。初，仁宗聞而召之，應對稱旨，欲以爲翰林直學士，力辭。後遭家難，益自勵節爲學，以蔭補武備司提點，轉僉河東廉訪司事。嘗出按部民，有殺子以誣怨者，獄成，不花讞之，曰：「以十歲兒，受十一創，且彼以斧殺怨，必盡其力，何創痕之淺，反不入膚耶！」遂得其情，平反出之。河東民饑，先捐己貲以賑，請未得命，卽發公廩繼之，民遂賴不死。

天曆初，文宗入繼大統，除通政院判，將行，值陝西諸軍拒詔，郡邑守吏，率民逃之。不花獨率衆出禦，呼西人諭之曰：「民者，祖宗艱難所致，國家大事，何與於民。汝等旣昧逆順，又欲殘此無辜，吾有爲民死爾，不汝從也。」陣潰，遂見殺，二僕亦見執，曰：「吾主旣爲國死，吾縱爲人奴，今苟得生，他日何以見吾主於地下，不若死從吾主。」欲起殺讐，讐要斬之。至順二年，贈嘉議大夫、禮部尙書，以褒其忠。

蕭拜住

蕭拜住，契丹石抹氏也。曾祖醜奴，有膂力，善騎射，識見明敏，仕金爲古北口屯戍千戶。歲庚午，國兵南下，金將招燈必舍遁，醜奴於暮夜，潛領兵三千人力戰，不克，矢中其胸，遂開關，遣使納降。太祖命醜奴襲招燈必舍，追及平、灤，降之。因攻取平、灤、檀、順、深、冀等州，及昌平紅螺、平頂諸寨，又兩敗金兵於邦君甸，授檀州軍民元帥。太祖方西征，醜奴驛送竹箭弓弩弦各一萬，擢檀順昌平萬戶，仍管打捕鷹房人匠。卒于官，後追封順國公，謚忠毅。弟老瓦，始以楊城漁寨來降，爲醜奴弟充質子，多立戰功，襲檀州節度使。言安以水柵未下，〔三〕陰誘湯河川人叛去，老瓦追之不克，死焉。醜奴子青山，中統元年襲萬戶。至元十一年，從丞相伯顏平宋。還，授湖北提刑按察使。追封順國公，謚武定。青山子哈剌帖木兒，少事裕宗於東宮，典宿衞，仕爲檀州知州。追封順國公，謚康惠。

拜住，乃哈剌帖木兒之子也。嘗從成宗北征，特授檀州知州，入爲禮部郎中，擢同知大都路總管府事，出知中山府，以憂去官。屬仁宗過中山，有同官者，譖於近侍曰：「知(州)〔府〕去官，〔三〕實憚迎候煩勞耳。」帝頷之，適行田野間，見老嫗，問之曰：「府中官孰賢？」嫗對曰：「有蕭知府，餘不知也。」復過祠祠，有數老人焚香羅拜，遣問之曰：「汝輩何所禱？」合辭對曰：「蕭知府奔喪還，欲速其來，是以禱也。」帝意遂釋。

武宗卽位，起復爲中書左司郎中，出爲河間路總管，召爲右衞率使，遷戶部尙書，遂拜御史中丞。皇慶元年，遷陝西行中書省右丞。延祐三年，進中書平章政事，除典瑞院使，超授銀青榮祿大夫、崇祥院使。

英宗卽位之十有九日，右丞相鐵木迭兒怨拜住在省中牽制其所爲，又發其姦贓、專制等事，遂請依皇太后旨，幷前御史中丞楊朶兒只皆殺之。帝曰：「人命至重，刑殺非輕，不宜倉卒。二人罪狀未明，當白太后，使詳讞之，若果無寃，誅之未晚。」竟殺之，並籍其家，語見楊朶兒只及鐵木迭兒傳。泰定間，贈守正佐治功臣、太保、儀同三司、柱國，追封薊國公，謚忠愍。拜住之死，有吳仲者，潛守其尸，三日不去，竟收葬之。

校勘記

〔一〕〔不花〕據本書原目錄補。

〔二〕言安　「言安」，史無其地，蒙史改作「信安」，疑是。

〔三〕知（州）〔府〕　從道光本改。按前後文有「出知中山府」、「蕭知府」。

元史卷一百八十

列傳第六十七

耶律希亮

耶律希亮字明甫，楚材之孫，鑄之子也。初，六皇后命以赤帖吉氏歸鑄，生希亮於和林南之涼樓，曰禿忽思，六皇后遂以其地名之。憲宗嘗遣鑄覈錢糧于燕，鑄曰：「臣先世皆讀儒書，儒生俱在中土，願攜諸子，至燕受業。」憲宗從之，乃命希亮師事北平趙衍，時方九歲，未浹旬，已能賦詩。歲丙辰，憲宗召鑄還和林，希亮獨留燕。歲戊午，憲宗在六盤山，希亮詣行在所。已而鑄扈從南伐，希亮亦在行。明年，憲宗崩于蜀，希亮將輜重北歸陝右。

又明年，爲中統元年，世祖卽位，阿里不哥反，遣使召主將渾都海。鑄說渾都海等入朝，皆不從，則棄其妻子，挺身來歸。既而渾都海知鑄去，怒，遣百騎追之不及。乃使百人監視希亮母子，迫脅使從行，自靈武過應吉里城，至西涼甘州。阿里不哥遣大將阿藍答兒自和林帥師至焉支山，希亮見之。阿藍答兒問：「而父安在？」希亮曰：「不知，與吾父同任事者宜知之。」渾都海怒，詬曰：「我焉得知之，其父今亡命東見皇帝矣！」希亮曰：「若然，則何謂不知！」阿藍答兒熟視渾都海曰：「此言深有意焉。」詰希亮甚急，希亮曰：「使吾知之，亦從而去，安得獨留！」阿藍答兒以爲實，免其監涖。

既而阿藍答兒、渾都海爲大兵所殺，其殘卒北走，衆推哈剌不花爲帥。希亮潛匿甘州北黑水東沙陀中。殿兵已過十餘里，有尋馬者適至，老婢漏言，衆奄至，驅至肅州。哈剌不花與鑄有婚姻之好，又哈剌不花在蜀時，嘗疾病，鑄召醫視之，遺以酒食，因釋希亮縛，謂曰：「我受恩於汝父，此圖報之秋也。」及抵沙州北川，希亮與兄弟徒步負任，不火食者數日。是冬，涉雪踰天山，至北庭都護府。二年，至昌八里城。夏，踰馬納思河，抵葉密里城，乃定宗潛邸湯沐之邑也。

時六皇后之妹主后位，與宗王火忽皆欲東覲。希亮母密知其事，攜希亮入見，已而事不果。冬，至于火孛之地。三年，定宗幼子大名王閔其不能歸，遺以幣帛鞍馬，乃從大名王至忽只兒之地。會宗王阿魯忽至，誅阿里不哥所用鎮守之人唆羅海，欲附世祖。復從大名王及阿魯忽二王，還至葉密里城。王遺以耳環，其二珠大如榛，實價直千金，欲穿其耳使帶之。希亮辭曰：「不敢因是以傷父母之遺體也。且無功受賞，於禮尤不可。」王又解金束帶遺之，且曰：「繫此，於遺體宜無傷。」五月，又爲阿里不哥兵所驅，西行千五百里，至孛劣撒里之地。六月，又西至換扎孫之地。又從至不剌城。又西行六百里，至徹徹里澤剌之山，后妃輜重皆留于此，希亮母及兄弟亦在焉。希亮單騎從行二百餘里，至出布兒城。又百里，至也里虔城，而哈剌不花之兵奄至，希亮又從二王興師，還至不剌城，與哈剌不花戰，敗之，盡殲其衆。二王乃函其頭，遣使報捷。十月，至于亦思寬之地。四年，至可失哈里城。四月，阿里不哥兵復至，希亮又從征，至渾八升城。時希亮母從后避暑於阿體八升山。

先是，鑄嘗言于世祖：「臣之妻子皆在北邊。」至是，世祖遣不華出至二王所，因以璽書召希亮，馳驛赴闕。六月，由苦先城至哈剌火州，出伊州，涉大漠以還。八月，入覲世祖于上都之大安閣，備陳邊事，及覊旅困苦之狀。世祖憐之，賜鈔千錠、金帶一、幣帛三十，命爲速古兒〔赤〕、必闍赤。〔一〕至元八年，授奉訓大夫、符寶郎。

十二年，既平宋，〔二〕世祖命希亮問諸降將，日本可伐否。夏貴、呂文煥、范文虎、陳奕等皆云可伐。希亮奏曰：「宋與遼、金攻戰且三百年，干戈甫定，人得息肩，俟數年，興師未晚。」世祖然之。十三年，太府監令史盧贄言於監官：「各路所貢布長三丈，唯平陽加一丈，諸怯薛歹以故爭取平陽布。苟截其長者，與他郡等，則無所爭，而以其所截者，爲髹漆宮殿器皿之用，甚便。」監官從之。適左右以其事聞，帝以詰監官，監官倉皇莫知所以對，歸罪於贊，帝命斬之。希亮遇諸塗，贊以寃告。希亮命少緩，具以實入奏。有旨令董文用讞之。竟釋贊，而召御史大夫塔察兒等讓之曰：「此事，言官當言而不言，向微秃忽思，不誤誅此人耶！」

十四年，轉嘉議大夫、禮部尚書，尋遷吏部尚書。帝駐蹕察納兒台之地，希亮至，奏對畢，董文用問大都近事。〔三〕希亮曰：「囹圄多囚耳。」世祖方欹枕而臥，忽寤，問其故。希亮奏曰：「近奉旨：漢人盜鈔六文者殺。以是囚多。」帝驚問：「孰傳此語？」省臣曰：「此旨實脫兒察所傳。」脫兒察曰：「陛下在南坡，以語蒙古兒童。」帝曰：「前言戲耳，曷嘗著爲令式？」乃罪脫兒察。希亮因奏曰：「令旣出矣，必明其錯誤，以安民心。」帝善其言，卽命希亮至大都，諭旨中書。

十七年，希亮以跋涉西土，足病痿攣，謝事而去，退居濼陽者，二十餘年。至大二年，武宗訪求先朝舊臣，特除翰林學士承旨、資善大夫，尋改授翰林學士承旨、知制誥兼修國史。希亮以職在史官，乃類次世祖嘉言善行以進，英宗取其書，置禁中。久之，閑居京師，四方之士多從之游。泰定四年卒，年八十一。

希亮性至孝，困厄遐方，家貲散亡已盡，僅藏祖考畫像，四時就穹廬陳列致奠，盡誠盡敬。朔漠之人，咸相聚來觀，歎曰：「此中土之禮也。」雖疾病，不廢書史，或中夜起坐，取燭以書。所著詩文及從軍紀行錄三十卷，目之曰愫軒集。贈推忠輔義守正功臣、資善大夫、集賢學士、上護軍，追封漆水郡公，謚忠嘉。

趙世延

趙世延字子敬，其先雍古族人，居雲中北邊。曾祖黑公，爲金羣牧使，太祖得其所牧馬，黑公死之。祖按竺邇，幼孤，鞠於外大父朮要甲，譌爲趙家，因氏爲趙；驍勇善騎射，從太祖征伐，有功，爲蒙古漢軍征行大元帥，鎭蜀，因家成都。父黑梓，以門功襲父元帥職，兼文州吐蕃萬戶達魯花赤。

世延天資秀發，喜讀書，究心儒者體用之學。弱冠，世祖召見，俾入樞密院御史臺肄習官政。至元二十一年，授承事郎、雲南諸路提刑按察司判官，時年二十有四。烏蒙蠻酋叛，世延會省臣以軍討之，蠻兵大潰，卽請降。二十六年，擢監察御史，與同列五人劾丞相桑哥不法。中丞趙國輔，桑哥黨也，抑不以聞，更以告桑哥。於是五人者，悉爲其所擠，而世延獨幸免。奉旨按平陽郡監也先忽都贓鉅萬，鞫左司郎中董仲威殺人獄，皆明允。二十九年，轉奉議大夫，出僉江南湖北道肅政廉訪司事。敦儒學，立義倉，撤淫祠，修澧陽縣壞隄，嚴常、澧掠賣良民之禁，部內晏然。

元貞元年，除江南行御史臺都事，丁內艱，不赴。大德元年，復除前官，三年，移中臺都事，俄改中書左司都事。臺臣奏，仍爲都事中臺。六年，由山東肅政廉訪副使改江南行臺治書侍御史。十年，除安西路總管。安西，故京兆省臺所治，號稱會府，前政壅滯者三千牘。世延既至，不三月，剖決殆盡。陝民饑，省臺議，請于朝賑之，世延曰：「救荒如救火，願先發廩以賑，朝廷設不允，世延當傾家財若身以償。」省臺從之，所活者衆。

至大元年，除紹興路總管，改四川肅政廉訪使。蒙古軍士，科差繁重，而軍士就戍往來者多害人，且軍官或抑良爲奴，世延皆除其弊，而正其罪。又修都江堰，民尤便之。四年，陞中奉大夫、陝西行臺侍御史。先是，八百媳婦爲邊患，右丞劉深往討之，兵敗而還，坐罪棄市。及是，右丞阿忽台當繼行，世延言：「蠻夷事，在羈縻，而重煩天討，致軍旅亡失，誅戮省臣，藉使盡得其地，何補於國？今窮兵黷武，實傷聖治。朝廷第當選重臣知治體者，付以邊寄，兵宜止，勿用。」事聞，樞密院臣以爲用兵國家大事，不宜以一人之言爲興輟。世延聞之，章再上，事卒罷。

皇慶二年，拜江浙行省參知政事，尋召還，拜侍御史。延祐元年，省臣奏：「比奉詔漢人參政用儒者。趙世延其人也。」帝曰：「世延誠可用，然雍古氏非漢人，其署宜居右。」遂拜中書參知政事，居中書二十月，遷御史中丞。有旨省臣自平章以下，率送之官。其禮前所無有，由是爲權臣所忌，乃用皇太后旨，出世延爲雲南行省右丞。陛辭，帝特命仍還御史臺爲中丞。三年，世延劾奏權臣太師、右丞相帖木迭兒罪惡十有三，詔奪其官職。尋陞翰林學士承旨，兼御史中丞，世延固辭，乃解中丞。五年，進光祿大夫、昭文館學士，守大都留守，乞補外，拜四川行省平章政事。世延議即重慶路立屯田，物色江津、巴縣閑田七百八十三頃，摘軍千二百人墾之，歲得粟萬一千七百石。

明年，仁宗崩，帖木迭兒復居相位，銳意報復，屬其黨何志道，誘世延從弟胥益兒哈呼誣告世延罪，逮世延置對，至夔路，遇赦。世延以疾抵荆門，留就醫。帖木迭兒遣使督追至京師，俾其黨煅煉使成獄。會有旨，事經赦原，勿復問。帖木迭兒更以它事白帝，繫之刑曹，逼令自裁，世延不爲動，居囚再歲。胥益兒哈呼自以所訴涉誣欺，亡去。中書左丞相拜住屢言世延亡辜，得旨出獄，就舍以養疾。先是，帝獵北涼亭，顧謂侍臣曰：「趙世延，先帝所尊禮，而帖木迭兒妄入其罪，數請誅之，此殆報私怨耳，朕豈能從之。」侍臣皆叩頭稱萬歲。帖木迭兒在上京，聞世延出獄，索省牘視之，怒曰：「此左丞相罔上所爲也。」事聞，帝語之曰：「此朕意耳。」未幾，帖木迭兒死，事乃釋。世延出居於金陵。

泰定元年，召還朝，除集賢大學士。明年，出爲江南行臺御史中丞。四年，入朝，復爲御史中丞，又遷中書右丞。明年，有旨趙世延頃爲權姦所誣，中書宜徧移天下，昭雪其非辜，仍加翰林學士承旨、光祿大夫。經筵開，兼知經筵事，選揀勸講者，皆一時名流。又加同知樞密院事。

泰定帝崩，燕鐵木兒與宗王大臣議：武宗二子周王、懷王，於法當立；周王遠在朔漠，而懷王久居民間，備嘗艱險，民必歸之，天位不可久虛，不如先迎懷王，以從民望。八月，郎定策，迎之于江陵，懷王卽位，是爲文宗。當是時，世延贊畫之功爲多。文宗卽位，世延仍以御史中丞兼翰林學士承旨，以疾乞歸田里，詔不允。天曆二年正月，復除江南行臺御史中丞；行次濟州，三月，改集賢大學士；六月，又加奎章閣大學士；八月，拜中書平章政事。冬，世延至京，固辭不允，詔以世延年高多疾，許乘小車入內。至順元年，詔世延與虞集等纂修皇朝經世大典，世延屢奏：「臣衰老，乞解中書政務，專意纂修。」帝曰：「老臣如卿者無幾，求退之言，後勿復陳。」四月，仍加翰林學士承旨，封魯國公。秋，以疾，移文中書致其事，明日卽行，養疾於金陵之茅山。詔徵還朝，不能行，二年，改封涼國公。

元統二年，詔賜世延錢凡四萬緡。至元改元，仍除奎章閣大學士、翰林學士承旨、中書平章政事、魯國公。明年五月，至成都，十一月卒，享年七十有七。至正二年，贈世忠執法佐運翊亮功臣、太保、金紫光祿大夫、上柱國，追封魯國公，諡文忠。

世延歷事凡九朝，敭歷省臺五十餘年，負經濟之資，而將之以忠義，守之以淸介，飾之以文學，凡軍國利病，生民休戚，知無不言，而於儒者名教，尤拳拳焉。爲文章，波瀾浩瀚，一根於理。嘗較定律令，彙次風憲宏綱，行于世。

五子，達者三人：野峻台，黃州路總管；次月魯，江浙行省理問官；伯忽，夔州路總管，天曆初，囊加台據蜀叛，死于難，特贈推忠秉義效節功臣、資善大夫、中書右丞、上護軍，追封蜀郡公，謚忠愍。

孔思晦

孔思晦字明道，孔子五十四世孫也。資質端重，而性簡默，童丱時，讀書已識大義。及長，授業於導江張𥟖，講求義理，於詞章之習，薄而弗爲。家貧，躬耕以爲養，雖劇寒暑，而爲學未嘗懈，遠近爭聘爲子弟師。大德中，游京師，祭酒耶律有尙欲薦之，以母老，辭而歸。母臥疾，躬進藥餌，衣不解帶。居喪，勺水不入口者五日。

至大中，舉茂才，爲范陽儒學教諭。延祐初，調寧陽學。先是，兩縣校官率以廩薄不能守職，而思晦以儉約自將，教養有法，比代去，學者皆不忍舍之。於是孔氏族人相與議：思晦嫡長且賢，宜襲封爵，奉祠事。狀上政府，事未決。仁宗在位，雅崇尙儒道，一日，問：「孔子之裔今幾世，襲爵爲誰？」廷臣具對曰：「未定。」帝親取孔氏譜牒按之，曰：「以嫡應襲封者，思晦也，復奚疑！」特授中議大夫，襲封衍聖公，月俸百緡，加至五百緡，賜四品印。泰定三年，山東廉訪副使王鵬南言：「襲爵上公，而階止四品，於格弗稱，且失尊崇意。」明年，升嘉議大夫。至順二年，改賜三品印。思晦以宗祀責重，恒懼弗勝，每遇祭祀，必敬必慎。初，廟燬于兵，後雖苟完，而角樓圍牆未備，思晦竭力營度，以復其舊。金絲堂壞，又一新之，祭器禮服，悉加整飭。又以尼山乃毓聖之地，故有廟，已毀，民冒耕祭田且百年，思晦復其田，且請置尼山書院，以列于學官，朝廷從之。三氏學舊有田三千畝，占于豪民，子思書院舊有營運錢萬緡，貸於民取子錢，以供祭祀，久之，民不輸子錢，幷負其本，思晦皆理而復之。聖父舊封齊國公，思晦言于朝曰：「宣聖封王，而父爵猶公，願加褒崇。」乃詔加封聖父啓聖王，聖母王夫人。

五季時，孔末之後方盛，欲以僞滅眞，害宣聖子孫幾盡，至是，其裔復欲冒稱宣聖後。思晦以爲：「不早辨則眞僞久益不可明，彼與我不共戴天，乃列于族，與共拜殿庭，可乎？」遂會族人，稽典故斥之，旣又重刻宗譜于石，而孔氏族裔益明矣。元統元年卒，年六十七。卒之日，有鶴百餘翔其屋上，又見神光自東南落其舍北。至正中，朝廷加贈其官，而賜謚曰文肅。

子曰克堅，襲封衍聖公，階嘉議大夫，旣而進通奉大夫。至正十五年，召爲同知太常禮儀院事，拜陝西行臺侍御史，遷國子祭酒，擢山東肅政廉訪使，不赴。孫希學，襲封衍聖公。

校勘記

〔一〕速古兒〔赤〕　據危太樸續集卷二耶律希亮神道碑補。按本書卷九九兵志，掌內府尙供衣服者曰速古兒赤。蒙史已校。

〔二〕十二年旣平宋　按元滅宋在至元十三年。道光本改「十二年」作「十三年」。

〔三〕令董文用讞之至董文用問大都近事　按本書卷九世祖紀至元十四年七月壬辰條及卷一四八董俊傳附董文忠傳，「董文用」皆作「董文忠」，道光本改「用」爲「忠」。

元史卷一百八十一

列傳第六十八

元明善

元明善字復初，大名清河人。其先蓋拓跋魏之裔，居清河者，至明善四世矣。明善資穎悟絕，出讀書，過目輒記，諸經皆有師法，而尤深於春秋。弱冠游吳中，已名能文章。浙東使者薦爲安豐、建康兩學正。

辟掾行樞密院。時董士選僉院事，待之若賓友，不敢以曹屬御之。及士選陞江西左丞，又辟爲省掾。會贛州賊劉貴反，明善從士選將兵討之，擒賊三百人，明善議緩詿誤，得全活者百三十人。一日，將佐白：「宜多戮俘獲，及尸一切死者，以張軍聲。」明善固爭，以爲王者之師，恭行天罰，小醜陸梁，戮其渠魁可爾，民何辜焉。既又得賊所書贛、吉民丁十萬于籍者，有司喜，欲滋蔓爲利，明善請火其籍以滅跡，二郡遂安。

陞掾南行臺。未幾，授樞密院照磨。轉中書左曹掾，掾曹無留事。始，明善在江西時，(朱)〔張〕瑄爲其省參政，〔一〕明善有馬，駿而瘠，瑄假爲從騎，久益壯，瑄愛之，致米三十斛酬其直。後瑄敗，江浙行省籍其家，得金穀之簿，書「米三十斛送元復初」，不言以酬馬直，明善坐免；久之，有爲辨白其事者，乃復掾省曹。

仁宗居東宮，首擢爲太子文學。及卽位，改翰林待制。與修成宗、順宗實錄，陞翰林直學士。詔節尚書經文，譯其關政要者以進。明善舉宋忠臣子集賢直學士文陞同譯潤，許之。書成，每奏一篇，帝必稱善，曰：「二帝三王之道，非卿莫聞也。」興聖太后旣受尊號，廷臣請因肆赦，明善曰：「數赦，非善人之福，宥過可也。」

奉旨出賑山東、河南饑，時彭城、下邳諸州連數十驛，民餓馬斃，而官無文書賑貸，明善以鈔萬二千錠分給之，曰：「擅命獲罪，所不辭也。」還，修武宗實錄，又陞翰林侍講學士，預議科舉、服色等事。

延祐二年，始會試天下進士，明善首充考試官，及廷試，又爲讀卷官，所取士後多爲名臣。改禮部尚書，正孔氏宗法，以宣聖五十(五)〔四〕世孫思晦襲封衍聖公，〔二〕事上，制可之。擢參議中書省事，旋復入翰林爲侍讀，歲中拜湖廣行省參知政事。又召入集賢爲侍讀，議廣廟制，陞翰林學士，修仁宗實錄。英宗親祼太室，禮官進祝册，請署御名，命明善代署者三，眷遇之隆，當時莫並焉。至治二年，卒于位。泰定間，贈資善大夫、河南行省左丞，追封清河郡公，謚曰文敏。

明善早以文章自豪，出入秦、漢間，晚益精詣，有文集行世。

初在江西、金陵，每與虞集劇論，以相切劘。明善言：「集治諸經，惟朱子所定者耳，自漢以來先儒所嘗盡心者，考之殊未博。」集亦言：「凡爲文辭，得所欲言而止，必如明善云『若雷霆之震驚，鬼神之靈變』然後可，非性情之正也。」二人初相得甚驩，至京師，乃復不能相下。董士選之自中臺行省江浙也，二人者俱送出都門外，士選曰：「伯生以教導爲職，當早還，復初宜更送我。」集還，明善送至二十里外，士選下馬入邸舍中，爲席，出橐中肴，酌酒同飲，乃舉酒屬明善曰：「士選以功臣子，出入臺省，無補國家，惟求得佳士數人，爲朝廷用之，如復初與伯生，他日必皆光顯，然恐不免爲人構間。復初中原人也，仕必當道；伯生南人，將爲復初摧折。今爲我飲此酒，愼勿如是。」明善受卮酒，跪而釂之。起立，言曰：「誠如公言，無論他日，今隙已開矣。請公再賜一卮，明善終身不敢忘公言！」乃再飲而別。

眞人吳全節，與明善交尤密，嘗求明善作文。既成，明善謂全節曰：「伯生見吾文，必有譏彈，吾所欲知。成季爲我治具，招伯生來觀之，若已入石，則無及矣。」明日，集至，明善出其文，問何如，集曰：「公能從集言，去百有餘字，則可傳矣。」明善卽泚筆屬集，凡删百二十字，而文益精當。明善大喜，乃驩好如初。集每見明經之士，亦以明善之言告之。

明善一子，晦，蔭受峽州路同知，早卒。

虞集 弟槃　范梈

虞集字伯生，宋丞相允文五世孫也。曾祖剛簡，爲利州路提刑，有治績。嘗與臨邛魏了翁、成都范仲黼、李心傳輩，講學蜀東門外，得程、朱氏微旨，著易詩書論語說，以發明其義，蜀人師尊之。祖珏，知連州，亦以文學知名。父汲，黃岡尉。宋亡，僑居臨川崇仁，與吳澄爲友，澄稱其文淸而醇。嘗再至京師，贖族人被俘者十餘口以歸，由是家益貧。晚稍起家，敎授於諸生中，得孛朮魯翀、歐陽玄而稱許之，以翰林院編修官致仕。娶楊氏，國子祭酒文仲女。咸淳間，文仲守衡，以汲從，未有子，爲禱於南岳。集之將生，文仲晨起，衣冠坐而假寐，夢一道士至前，牙兵啓曰：「南嶽眞人來見。」既覺，聞甥館得男，心頗異之。

集三歲卽知讀書，歲乙亥，汲挈家趨嶺外，干戈中無書册可攜，楊氏口授論語、孟子、左氏傳、歐蘇文，聞輒成誦。比還長沙，就外傳，始得刻本，則已盡讀諸經，通其大義矣。文仲世以春秋名家，而族弟參知政事棟，明於性理之學，楊氏在室，卽盡通其說，故集與弟槃，皆受業家庭，出則以契家子從吳澄遊，授受具有源委。

左丞董士選自江西除南行臺中丞，延集家塾。大德初，始至京師。以大臣薦，授大都路儒學教授，雖以訓迪爲職，而益自充廣，不少暇佚。除國子助教，卽以師道自任，諸生時其退，每挾策趨門下卒業，他館生多相率詣集請益。丁內艱，服除，再爲助教，除博士。監祭殿上，有劉生者，被酒失禮俎豆間，集言諸監，請削其籍。大臣有爲劉生謝者，集持不可，曰：「國學，禮義之所出也，此而不治，何以爲教！」仁宗在東宮，傳旨諭集，勿竟其事，集以劉生失禮狀上之，移詹事院，竟黜劉生，仁宗更以集爲賢。

大成殿新賜登歌樂，其師世居江南，樂生皆河北田里之人，情性不相能，集親教之，然後成曲。復請設司樂一人掌之，以俟考正。仁宗卽位，責成監學，拜臺臣爲祭酒，除吳澄司業，皆欲有所更張，以副帝意，集力贊其說。有爲異論以沮之者，澄投檄去，集亦以病免。未幾，除太常博士，丞相拜住方爲其院使，閒從集問禮器祭義甚悉，集爲言先王制作，以及古今因革治亂之由，拜住歎息，益信儒者有用。

朝廷方以科舉取士，說者謂治平可力致，集獨以謂當治其源。遷集賢修撰，因會議學校，乃上議曰：「師道立則善人多，學校者，士之所受教，以至於成德達材者也。今天下學官，猥以資格授，强加之諸生之上，而名之曰師爾，有司弗信之，生徒弗信之，於學校無益也。如此而望師道之立，可乎？下州小邑之士，無所見聞，父兄所以導其子弟，初無必爲學問之實意，師友之游從，亦莫辨其邪正，然則所謂賢材者，非自天降地出，安有可望之理哉！爲今之計，莫若使守令求經明行修成德者，身師尊之，至誠懇惻以求之，其德化之及，庶乎有所觀感也。其次則求夫操履近正，而不爲詭異駭俗者，確守先儒經義師說，而不敢妄爲奇論者，衆所敬服，而非鄉愿之徒者，延致之日，諷誦其書，使學者習之，入耳著心，以正其本，則他日亦當有所發也。其次則取鄉貢至京師罷歸者，其議論文藝，猶足以聳動其人，非若泛泛莫知根柢者矣。」六年，除翰林待制，兼國史院編修官，仁宗嘗對左右歎曰：「儒者皆用矣，惟虞伯生未顯擢爾。」會晏駕，不及用。

英宗卽位，拜住爲相，頗超用賢俊，時集以憂還江南，拜住不知也。乃言於上，遣使求之於蜀，不見；求之江西，又不見；集方省墓吳中，使至，受命趨朝，則拜住不及見矣。泰定初，考試禮部，言於同列曰：「國家科目之法，諸經傳注各有所主者，將以一道德、同風俗，非欲使學者專門擅業，如近代五經學究之固陋也。聖經深遠，非一人之見可盡，試藝之文，推其高者取之，不必先有主意，若先定主意，則求賢之心狹，而差自此始矣。」後再爲考官，率持是說，故所取每稱得人。

泰定初，除國子司業，遷祕書少監。天子幸上都，以講臣多高年，命集與集賢侍讀學士王結，執經以從。自是歲嘗在行，經筵之制，取經史中切於心德治道者，用國語、漢文兩進讀，潤譯之際，患夫陳聖學者未易於盡其要，指時務者尤難於極其情，每選一時精於其學者爲之，猶數日乃成一篇，集爲反覆古今名物之辨以通之，然後得以無忤，其辭之所達，萬不及一，則未嘗不退而竊歎焉。拜翰林直學士，俄兼國子祭酒，嘗因講罷，論京師恃東南運糧爲實，竭民力以航不測，非所以寬遠人而因地利也。與同列進曰：「京師之東，瀕海數千里，北極遼海，南濱青、齊，萑葦之場也，海潮日至，淤爲沃壤，用浙人之法，築堤捍水爲田，聽富民欲得官者，合其衆分授以地，官定其畔以爲限，能以萬夫耕者，授以萬夫之田，爲萬夫之長，千夫、百夫亦如之，察其惰者而易之。一年，勿征也；二年，勿征也；三年，視其成，以地之高下，定額於朝廷，以次漸征之；五年，有積蓄，命以官，就所儲給以祿；十年，佩之符印，得以傳子孫，如軍官之法。則東面民兵數萬，可以近衞京師，外禦島夷；遠寬東南海運，以紓疲民；遂富民得官之志，而獲其用；江海游食盜賊之類，皆有所歸。」議定于中，說者以爲一有此制，則執事者必以賄成，而不可爲矣。事遂寢。其後海口萬戶之設，大略宗之。

文宗在潛邸，已知集名，既卽位，命集仍兼經筵。嘗以先世墳墓在吳、越者，歲久湮沒，乞一郡自便，帝曰：「爾材何不堪，顧今未可去爾。」除奎章閣侍書學士。時關中大饑，民枕籍而死，有方數百里無孑遺者，帝問集何以救關中，對曰：「承平日久，人情宴安，有志之士，急於近效，則怨讟興焉。不幸大菑之餘，正君子爲治作新之機也，若遣一二有仁術、知民事者，稍寬其禁令，使得有所爲，隨郡縣擇可用之人，因舊民所在，定城郭，修閭里，治溝洫，限畎畝，薄征斂，招其傷殘老弱，漸以其力治之，則遠去而來歸者漸至，春耕秋斂，皆有所助，一二歲間，勿征勿徭，封域既正，友望相濟，四面而至者，均齊方一，截然有法，則三代之民，將見出於空虛之野矣。」帝稱善。因進曰：「幸假臣一郡，試以此法行之，三五年間，必有以報朝廷者。」左右有曰：「虞伯生欲以此去爾。」遂罷其議。有敕諸兼職不過三，免國子祭酒。

時宗藩暌隔，功臣汰侈，政教未立，帝將策士於廷，集被命爲讀卷官，乃擬制策以進，首以「勸親親，體羣臣，同一風俗，協和萬邦」爲問，帝不用。集以入侍燕閒，無益時政，且媢嫉者多，乃與大學士忽都魯都兒迷失等進曰：「陛下出獨見，建奎章閣，覽書籍，置學士員，以備顧問。臣等備員，殊無補報，竊恐有累聖德，乞容臣等辭職。」帝曰：「昔我祖宗，睿智聰明，其於致理之道，生而知之，朕早歲跋涉難阻，視我祖宗，既乏生知之明，於國家治體，豈能周知？故立奎章閣，置學士員，以祖宗明訓、古昔治亂得失，日陳於前，卿等其悉所學，以輔朕志。若軍國機務，自有省院臺任之，非卿等責也。其勿復辭。」

有旨采輯本朝典故，倣唐、宋會要，修經世大典，命集與中書平章政事趙世延，同任總裁。集言：「禮部尚書馬祖常，多聞舊章，國子司業楊宗瑞，素有曆象地理記問度數之學，可共領典；翰林修撰謝端、應奉蘇天爵、太常李好文、國子助教陳旅、前詹事院照磨宋褧、通事舍人王士點，俱有見聞，可助撰錄。庶幾是書早成。」帝以嘗命修遼、金、宋三史，未見成績，大典令閣學士專率其屬爲之。既而以累朝故事有未備者，請以翰林國史院修祖宗實錄時百司所具事蹟參訂。翰林院臣言於帝曰：「實錄，法不得傳於外，則事蹟亦不當示人。」又請以國書脫卜赤顏增修太祖以來事蹟，承旨塔失海牙曰：「脫卜赤顏非可令外人傳者。」遂皆已。俄世延歸，集專領其事，再閱歲，書乃成，凡八百帙。既上進，以目疾丐解職，不允，乃擧治書侍御史馬祖常自代，不報。

御史中丞趙世安乘間爲集請曰：「虞伯生久居京師，甚貧，又病目，幸假一外任，便醫。」帝怒曰：「一虞伯生，汝輩不容耶！」帝方嚮用文學，以集弘才博識，無施不宜，一時大典册咸出其手，故重聽其去。集每承詔有所述作，必以帝王之道、治忽之故，從容諷切，冀有感悟，承顧問及古今政治得失，尤委曲盡言，或隨事規諫，出不語人，諫或不入，歸家悒悒不樂。家人見其然，不敢問其故也。時世家子孫以才名進用者衆，患其知遇日隆，每思有以間之。既不效，則相與摘集文辭，指爲譏訕，賴天子察知有自，故不能中傷，然集遇其人，未嘗少變。一日，命集草制封乳母夫爲營都王，使貴近阿（營）〔榮〕、（巙巙）〔巎巎〕傳旨。〔三〕二人者，素忌集，繆言制封營國公，集具藁，俄丞相自榻前來索制詞甚急，集以藁進，丞相愕然問故，集知爲所紿，卽請易藁以進，終不自言，二人者愧之。其雅量類如此。

論薦人材，必先器識，心所未善，不爲牢籠以沽譽；評議文章，不折之於至當不止，其詭於經者，文雖善，不與也。雖以此二者忤物速謗，終不爲動。光人龔伯璲，以才俊爲馬祖常所喜，祖常爲御史中丞，伯璲游其門，祖常亟稱之，欲集爲薦引，集不可，曰：「是子雖小有才，然非遠器，亦恐不得令終。」祖常猶未以爲然。一日，邀集過其家，設宴，酒半，出薦牘求集署，集固拒之，祖常不樂而罷。文宗崩，集在告，欲謀南還，弗果。幼君崩，大臣將立妥歡帖穆爾太子，用至大故事，召諸老臣赴上都議政，集在召列。祖常使人告之曰：「御史有言。」乃謝病歸臨川。

初，文宗在上都，將立其子阿剌忒納答剌爲皇太子，乃以妥歡帖穆爾太子乳母夫言，明宗在日，素謂太子非其子，黜之江南，驛召翰林學士承旨阿隣帖木兒、奎章閣大學士忽都魯篤彌實書其事于脫卜赤顏，又召集使書詔，播告中外。時省臺諸臣，皆文宗素所信用、同功一體之人，御史亦不敢斥言其事，意在諷集速去而已。伯璲後以用事敗，殺其身，世乃服集知人。

元統二年，遣使賜上尊酒、金織文錦二，召還禁林，疾作不能行，屢有敕，卽家撰文，褒錫勳舊、侍臣。有以舊詔爲言者，帝不懌曰：「此我家事，豈由彼書生耶！」至正八年五月己未，以病卒，年七十有七。官自將仕郎，十二轉爲通奉大夫。贈江西行中書省參知政事、護軍，封仁壽郡公。

集孝友，方二親以故家令德，中遭亂亡，僑寓下邑，左右承順無違。弟槃，早卒，教育其孤，無異己子。兄采，以筦庫輸賦京師，虧數千緡，盡力營貸代償之，無難色。撫庶弟，嫁孤妹，具有恩意。山林之士知古學者，必折節下之，接後進，雖少且賤，如敵己。當權門赫奕，未嘗有所附麗，集議中書，正言讜論，多見容受，屢以片言解疑誤，出人於瀕死，亦不以爲德。張珪、趙世延尤敬禮之，有所疑必咨焉。

家素貧，歸老後食指益衆，登門之士相望於道，好事爭起邸舍以待之。然碑板之文，未嘗苟作。南昌富民有伍眞父者，貲產甲一方，娶諸王女爲妻，充本位下郡總管。旣卒，其子屬豐城士甘慤求集文銘父墓，奉中統鈔五百錠準禮物，集不許，慤愧歎而去。其束脩羔雁之入，還以爲賓客費，雖空乏弗恤也。

集學雖博洽，而究極本原，研精探微，心解神契，其經緯彌綸之妙，一寓諸文，藹然慶曆乾淳風烈。嘗以江左先賢甚衆，其人皆未易知，其學皆未易言，後生晚進知者鮮矣，欲取太原元好問中州集遺意，別爲南州集以表章之，以病目而止。平生爲文萬篇，藁存者十二三。早歲與弟槃同闢書舍爲二室，左室書陶淵明詩於壁，題曰陶庵，右室書邵堯夫詩，題曰邵庵，故世稱邵庵先生。

子四人，安民，以蔭歷官知吉州路安福州。游其門見稱許者，莆田陳旅，旅亦有文行世。國學諸生若蘇天爵、王守誠輩，終身不名他師，皆當世稱名卿者。其交游尤厚者，曰范梈。

槃字仲常，延祐五年第進士，授吉安永豐丞。丁父憂。除湘鄉州判官，頗稱辯古。有富民殺人，使隸已者坐之，上下皆阿從，槃獨不署，殺人者卒不免死，而坐者得以不冤。有巫至其州，稱神降，告其人曰：「某方火。」卽火。又曰：「明日某方火。」民以火告者，槃皆赴救，至達晝夜，告者數十，寢食盡廢，縣長吏以下皆迎巫至家，厚禮之。又曰：「將有大水，且兵至。」州大家皆盡室逃，槃得刼火卒一人，訊之，盡得巫黨所爲，坐捕盜司，召巫至，鞫之，無敢施鞭箠者，槃謂卒曰：「此將爲大亂，安有神乎！」急治之，盡得黨與數十人，羅絡內外，果將爲變者，同僚皆不敢出視，曰：「君自爲之。」槃乃斷巫幷其黨如法，一時吏民始服儒者爲政若此。秩滿，除嘉魚縣尹，槃已卒。

槃幼時，嘗讀柳子厚非國語，以爲國語誠可非，而柳子之說亦非也，著非非國語，時人已歎其有識。詩、書、春秋皆有論著，而春秋乃其家學，故尤善。讀吳澄所解諸經義，輒得其旨趣所在，澄亟稱之。

兄集，接方外士，必扣擊其說，嘗以爲聖人之敎不明，爲學者無所底止，苟於吾道異端疑似之間不能深知，而欲竊究夫性命之原、死生之故，其不折而歸之者寡矣。槃不然，聞諸僧在坐，輒不入竟去，其爲人方正有如此，雖集亦嚴憚之。然不幸年不及艾而卒。

范梈字亨父，一字德機，清江人。家貧，早孤，母熊氏守志不他適，長而敎之。梈天資穎異，所誦讀，輒記憶，雖癯然清寒若不勝衣，於流俗中克自樹立，無苟賤意。居則固窮守節，竭力以養親，出則假陰陽之技，以給旅食，耽詩工文，用力精深，人罕知者。

年三十六，始客京師，卽有聲諸公間，中丞董士選延之家塾。以朝臣薦，爲翰林院編修官。秩滿，御史臺擢海南海北道廉訪司照磨，巡歷遐僻，不憚風波瘴癘，所至興學敎民，雪理冤滯甚衆。遷江西湖東，長吏素稱嚴明，於僚屬中獨敬異之。選充翰林(供)〔應〕奉。〔四〕御史臺又改擢福建閩海道知事。閩俗素污，文繡局取良家子爲繡工，無別尤甚，梈作歌詩一篇述其弊，廉訪使取以上聞，皆罷遣之，其弊遂革。

未幾，移疾歸故里。天曆二年，授湖南嶺北道廉訪司經歷，以養親辭。是歲，母喪。明年十月，亦以疾卒，年五十九。所著詩文多傳於世。

榑持身廉正，居官不可干以私，疏食飲水，泊如也。吳澄以道學自任，少許可，嘗曰：「若亨父，可謂特立獨行之士矣。」爲文志其墓，以東漢諸君子擬之。

揭傒斯

揭傒斯字曼碩，龍興富州人。父來成，宋鄉貢進士。傒斯幼貧，讀書尤刻苦，晝夜不少懈，父子自爲師友，由是貫通百氏，早有文名。大德間，稍出游湘、漢，湖南帥趙淇，雅號知人，見之驚曰：「他日翰苑名流也。」程鉅夫、盧摯，先後爲湖南憲長，〔三〕咸器重之，鉅夫因妻以從妹。

延祐初，鉅夫、摯列薦于朝，特授翰林國史院編修官。時平章李孟監修國史，讀其所撰功臣列傳，嘆曰：「是方可名史筆，若他人，直謄吏牘爾。」升應奉翰林文字，仍兼編修，遷國子助教，復留爲應奉。南歸省母，旋復召還。傒斯凡三入翰林，朝廷之事，臺閣之儀，靡不閑習，集賢學士王約謂：「與傒斯談治道，大起人意，授之以政，當無施不可。」

天曆初，開奎章閣，首擢爲授經郎，以教勳戚大臣子孫。文宗時幸閣中，有所咨訪，奏對稱旨，恒以字呼之而不名。每中書奏用儒臣，必問曰：「其材何如揭曼碩？」間出所上太平政要策以示臺臣，曰：「此朕授經郎揭曼碩所進也。」其見親重如此。

富州地不產金，官府惑於姦民之言，爲募淘金戶三百，而以其人總之，散往他郡，采金以獻，歲課自四兩累增至四十九兩。其人既死，而三百戶所存無什一，又貧不聊生，有司遂責民之受役於官者代輸，民多以是破產。中書因傒斯言，遂蠲其征，民賴以甦，富州人至今德之。

與修經世大典，文宗取其所撰憲典讀之，顧謂近臣曰：「此豈非唐律乎！」特授藝文監丞，參檢校書籍事，且屢稱其純實，欲進用之，會文宗崩而止。元統初，詔對便殿，慰諭良久，命賜以諸王所服表裏各一，躬自辯識以授之，遷翰林待制，陞集賢學士，階中順大夫。先是，儒學官赴吏部銓者，必移集賢，考較其所業，集賢下國子監，監下博士，吏文淹稽，動踰累月。傒斯請更其法，以事付本院屬官，人甚便之。

奉旨祠北嶽、濟瀆、南鎮，便道西還，時秦王伯顏當國，屢促其還，傒斯引疾固辭。既而天子親擢爲奎章閣供奉學士，乃即日就道，未至，改翰林直學士，及開經筵，再陞侍講學士、同知經筵事，以對品進階中奉大夫。時新格超陞不越二等，獨傒斯進四等，轉九階，蓋異數也。經筵無專官，曰領曰知，多宰執大臣，故微辭奧義，必屬傒斯(討)〔訂〕定而後進，〔六〕其言往往寓獻替之誠，務以裨益治道。天子嘉其忠懇，數出金織文段以賜。至正三年，年七十，致其事而去，詔遣使追及于瀔南。尋復奉上尊諭旨，還撰明宗神御殿碑，文成，賜楮幣萬緡、白金五十兩，中宮賜白金亦如之。求去，不許，命丞相脫脫及執政大臣面諭毋行，傒斯曰：「使揭傒斯有一得之獻，諸公用其言而天下蒙其利，雖死于此，何恨！不然，何益之有！」丞相因問：「方今政治何先？」傒斯曰：「儲材爲先，養之於位望未隆之時，而用之於周密庶務之後，則無失材廢事之患矣。」一日，集議朝堂，傒斯抗言：「當兼行新舊銅錢，以救鈔法之弊。」執政言不可，傒斯持之益力，丞相雖稱其不阿，而竟莫行其言也。

詔修遼、金、宋三史，傒斯與爲總裁官，丞相問：「修史以何爲本？」曰：「用人爲本，有學問文章而不知史事者，不可與；有學問文章知史事而心術不正者，不可與。用人之道，又當以心術爲本也。」且與僚屬言：「欲求作史之法，須求作史之意。古人作史，雖小善必錄，小惡必記。不然，何以示懲勸！」由是毅然以筆削自任，凡政事得失，人材賢否，一律以是非之公；至於物論之不齊，必反覆辨論，以求歸於至當而後止。四年，遼史成，有旨獎諭，仍督早成金、宋二史。傒斯留宿史館，朝夕不敢休，因得寒疾，七日卒。時方有使者至自上京，錫宴史局，以傒斯故，改宴日，使者以聞，帝爲嗟悼，賜楮幣萬緡，仍給驛舟，護送其喪歸江南。六年，制贈護軍，追封豫章郡公，謚曰文安。有勳爵而無官階者，有司失之也。

傒斯少處窮約，事親菽水粗具而必得其歡心，暨有祿入，衣食稍踰於前，輒愀然曰：「吾親未嘗享是也。」故平生清儉，至老不渝。友于兄弟，終始無間言。立朝雖居散地，而急於薦士，揚人之善惟恐不及，而聞吏之貪墨病民者，則尤不曲爲之揜覆也。爲文章，敍事嚴整，語簡而當；詩尤淸婉麗密；善楷書、行、草。朝廷大典册，及元勳茂德當得銘辭者，必以命焉。殊方絕域，咸慕其名，得其文者，莫不以爲榮云。

黃溍

〔柳貫〕〔七〕　〔吳萊〕〔八〕

黃溍字晉卿，婺州義烏人。母童氏，夢大星墜于懷，乃有娠，歷二十四月始生溍。溍生而俊異，比成童，授以書詩，不一月成誦。迨長，以文名於四方。

中延祐二年進士第，授台州寧海丞。縣地瀕鹽場，亭戶恃其不統於有司，肆毒害民；編戶隸漕司及財賦府者，亦謂各有所憑，橫暴尤甚。溍皆痛繩以法，吏以利害白，弗顧也。民有後母與僧通而酖殺其父者，反誣民所爲，獄將成，溍變衣冠陰察之，具知其姦僞，卒直其冤。惡少年名在盜籍者，而謀爲劫奪，未行，邑大姓執之，圖中賞格，初無獲財左驗，事久不決，溍爲之疏剔，以其獄上，論之如本條，免死者十餘人。

遷兩浙都轉運鹽使司石堰西場監運，改諸暨州判官。巡海官舸，例以三載一新，費出于官，而責足于民。有餘，則總其事者私焉。溍撙節浮蠹，以餘錢還民，驩呼而去。奸民以僞鈔鉤結黨與，脅攘人財，官若吏聽其謀，挾往新昌、天台、寧海、東陽諸縣，株連所及數百家，民受禍至慘。郡府下溍鞫治，溍一問，皆引伏，官吏除名，同謀者各杖遣之。有盜繫於錢唐縣獄，游民賂獄吏私縱之，假署文牒，發其來爲向導，逮捕二十餘家。溍訪得其情，以正盜宜傅重議，持僞文書來者又非州民，俱械還錢唐，誣者自明。

入爲應奉翰林文字、同知制誥，兼國史院編修官，轉國子博士，視弟子如朋交，未始以師道自尊，輕納人拜，而來學者滋益恭，業成而仕，皆有聞于世。時欲增設禮殿配位四，配位合東坐而西向，學官或議分置於左右，同列不敢爭，溍獨面折之，事乃止。出爲江浙等處儒學提舉。溍年始六十七，不俟引年，亟上納祿侍親之請，絕江徑歸。俄以祕書少監致仕，未幾，落致仕，除翰林直學士、知制誥同修國史。尋兼經筵官，執經進講者三十有二，帝嘉其忠，數出金織紋段賜之。陞侍講學士、知制誥同修國史、同知經筵事。階自將仕郎七轉至中奉大夫。洊上章求歸，不俟報而行，帝聞之，遣使者追還京師，復爲前官。久之，始得謝南還，優游田里間，凡七年，卒於繡湖之私第，年八十一。贈中奉大夫、江西等處行中書省參知政事、護軍，追封江夏郡公，諡曰文獻。

溍天資介特，在州縣唯以清白爲治，月俸弗給，每鬻產以佐其費。及升朝行，挺立無所附，足不登鉅公勢人之門，君子稱其清風高節，如冰壺玉尺，纖塵弗污。然剛中少容，觸物或弦急霆震，若未易涯涘，一旋踵間，煦如陽春。溍之學，博極天下之書，而約之於至精，剖析經史疑難，及古今因革制度名物之屬，旁引曲證，多先儒所未發。文辭布置謹嚴，援據精切，俯仰雍容，不大聲色，譬之澄湖不波，一碧萬頃，魚鼈蛟龍，潛伏不動，而淵然之光，自不可犯。所著書，有日損齋藁三十三卷、義烏志七卷、筆記一卷。同郡柳貫、吳萊皆浦陽人。

貫字道傳，器局凝定，端嚴若神。嘗受性理之學於蘭溪金履祥，必見諸躬行，自幼至老，好學不倦。凡六經、百氏、兵刑、律曆、數術、方技、異教外書，靡所不通。作文沉鬱舂容，涵肆演迤，人多傳誦之。始用察舉爲江山縣儒學教諭，仕至翰林待制。與溍及臨川虞集、豫章揭傒斯齊名，人號爲儒林四傑。所著書，有文集四十卷、字系二卷、近思錄廣輯三卷、金石竹帛遺文十卷。年七十三卒。

萊字立夫，集賢大學士直方之子也，輩行稍後於貫、溍。天資絕人，七歲能屬文，凡書一經目，輒成誦，嘗往族父家，日易漢書一帙以去，族父迫扣之，萊琅然而誦，不遺一字，三易他編，皆如之，衆驚以爲神。延祐七年，以春秋舉上禮部，不利，退居深裊山中，益窮諸書奧旨，著尙書標說六卷、春秋世變圖二卷、春秋傳授譜一卷、古職方錄八卷、孟子弟子列傳二卷、楚漢正聲二卷、樂府類編一百卷、唐律删要三十卷、文集六十卷。他如詩傳科條、春秋經說、胡氏傳證誤，皆未脫藁。

萊尤喜論文，嘗云：「作文如用兵，兵法有正、有奇，正是法度，要部伍分明，奇是不爲法度所縛，舉眼之頃，千變萬化，坐作進退擊刺，一時俱起，及其欲止，什伍各還其隊，元不曾亂。」聞者服之。

貫平生極慎許與，每稱萊爲絕世之才。溍晚年謂人曰：「萊之文，嶄絕雄深，類秦、漢間人所作，實非今世之士也。吾縱操觚一世，又安敢及之哉！」其爲前輩所推許如此。萊以御史薦，調長薌書院山長，未上，卒，年僅四十有四，君子惜之。私謚曰淵穎先生。

校勘記

〔一〕（朱）〔張〕瑄　從道光本改。按朱清、張瑄同開海運，此處誤「張」爲「朱」。

〔二〕五十（五）〔四〕世孫思晦　道光本與本書卷一八〇孔思晦傳及元文類卷六七馬祖常元明善神道碑合，從改。

〔三〕阿（營）〔榮〕（㜸㜸）〔㜸㜸〕　「營」字誤，從道光本改。按本書卷一四三有阿榮傳。「㜸㜸」，見卷三四校勘記〔一〕。

〔四〕選充翰林(供)〔應〕奉　據吳文正集卷四二范梈墓誌銘改。按本書卷八七百官志，「元翰林院有應奉而無「供奉」。

〔五〕程鉅夫盧摯先後爲湖南憲長　本書卷一七二程鉅夫傳有「遷江南湖北道肅政廉訪使」，與危太樸集卷二程鉅夫神道碑銘所載同。黃金華集卷二六揭傒斯神道碑云程鉅夫、盧摯「前後持湖北使者節」。疑此處「南」爲「北」字之誤。

〔六〕(討)〔訂〕定而後進　從北監本改。黃金華集卷二六揭傒斯神道碑作「訂」。

〔七〕〔柳貫〕　據本書原目錄補。

〔八〕〔吳萊〕　據本書體例補。

元史卷一百八十二

列傳第六十九

張起巖

張起巖字夢臣。其先章丘人，五季避地禹城。高祖迪，以元帥右監軍權濟南府事，徙家濟南。當金之季，張榮據有章丘、鄒平、濟陽、長山、辛市、蒲臺、新城、淄州之地，歲丙戌，歸於太祖，始終能效忠節，迪與其子福，實先後羽翼之。福仕爲濟南路軍民鎭撫兵鈐轄，權府事，生東昌錄事判官鐸，鐸生四川行省儒學副提舉範，範生起巖。初，其母丘氏有娠，見長蛇數丈入榻下，已忽不見，乃驚而誕起巖。

幼從其父學，年弱冠，以察舉爲福山縣學敎諭，值縣官捕蝗，移攝縣事，久之，聽斷明允，其民相率曰：「若得張敎諭爲眞縣尹，吾屬何患焉。」政成，遷安丘。中延祐乙卯進士，首選，除同知登州事，特旨改集賢修撰，轉國子博士，升國子監丞，進翰林待制，兼國史院編修官。丁內艱，服除選爲監察御史。中書參政楊廷玉以墨敗，臺臣奉旨就廟堂逮之下吏。丞相倒刺沙疾其摧辱同列，悉誣臺臣罔上，欲置之重辟。起巖以新除留臺，抗章論曰：「臺臣按劾百官，論列朝政，職使然也。今以奉職獲戾，風紀解體，正直結舌，忠良寒心，殊非盛世事。且世皇建臺閣，廣言路，維持治體，陛下卽位詔旨，動法祖宗。今臺臣坐譴，公論杜塞，何謂法祖宗耶！」章三上，不報。起巖廷爭愈急，帝感悟，事乃得釋，猶皆坐罷免還鄉里。遷中書右司員外郎，進左司郎中，兼經筵官，拜太子右贊善。丁外艱，服除，改燕王府司馬，拜禮部尙書。

文宗親郊，起巖充大禮使，導帝陟降，步武有節，衣前後襜如，陪位百官，望之如古圖畫中所覩。帝甚嘉之，賜賚優渥。轉參議中書省事。寧宗崩，燕南俄起大獄，有妄男子上變，言部使者謀不軌，按問皆虛，法司謂：「唐律，告叛者不反坐。」起巖奮謂同列曰：「方今嗣君未立，人情危疑，不亟誅此人，以杜奸謀，慮妨大計。」趣有司具獄，都人肅然，大事尋定。中書方列坐銓選，起巖薦一士可用，丞相不悅，起巖卽攝衣而起，丞相以爲忤己。遷翰林侍講學士、知制誥兼修國史，修三朝實錄，加同知經筵事。

御史臺奏除浙西廉訪使，不允。已而擢陝西行臺侍御史。將行，復留爲侍講學士。拜江南行臺侍御史，召入中臺，爲侍御史。轉燕南廉訪使。搏擊豪强，不少容貸，貧民賴以吐氣。滹沱河水爲眞定害，起巖論封河神爲侯爵，而移文責之，復修其隄防，瀹其湮欝，水患遂息。陞江南行臺御史中丞，拜翰林學士承旨、知制誥兼修國史、知經筵事。右丞相別(怯里)〔里怯〕不花，〔一〕爲臺臣所糾，去位。未幾再入相，諷詞臣言臺章之非，起巖執不可，聞者壯之。俄拜御史中丞，論事剴直，無所顧忌，與上官多不合。

詔修遼、金、宋三史，復命入翰林爲承旨，充總裁官，積階至榮祿大夫。起巖熟於金源典故，宋儒道學源委，尤多究心，史官有露才自是者，每立言未當，起巖據理竄定，深厚醇雅，理致自足。史成，年始六十有五，遂上疏乞骸骨以歸，後四年卒。謚曰文穆。

起巖面如紫瓊，美髯方頤，而眉目清揚可觀，望而知爲雅量君子。及其臨政決議，意所背鄉，屹若泰山，不可回奪。或時面折人，面頸發赤，不少恕，廟堂憚之。識者謂其外和中剛，不受人籠絡，如歐陽修，名聞四裔。安南修貢，其陪臣致其世子之辭，必候起巖起居。性孝友，少處窮約，下帷教授，躬致米百里外，以養父母；撫弟如石，教之宦學，無不備至。舉親族弗克葬者二十餘喪，且買田以給其祭。凡獲俸賜，必與故人賓客共之。卒之日，廩無餘粟，家無餘財。

先是，至元乙酉三月乙亥，太史奏文昌星明，文運將興。時世祖行幸上京，明日丙子，皇孫降生於儒州。是夜，起巖亦生。其後皇孫踐祚，是爲仁宗，始詔設科取士，及廷試，起巖遂爲第一人，論者以爲非偶然也。起巖博學有文，善篆、隸，有華峯漫藁、華峯類藁、金陵集各若干卷，藏于家。子二人：琳，琛。

歐陽玄

歐陽玄字原功，其先家廬陵，與文忠公修同所自出。至曾大父新，始遷居瀏陽，故玄爲瀏陽人。幼岐嶷，母李氏，親授孝經、論語、小學諸書，八歲能成誦，始從鄉先生張貫之學，日記數千言，卽知屬文。十歲，有黃冠師注目視玄，謂貫之曰：「是兒神氣凝遠，目光射人，異日當以文章冠世，廊廟之器也。」言訖而去，亟追與語，已失所之。部使者行縣，玄以諸生見，命賦梅花詩，立成十首，晚歸，增至百首，見者駭異之。年十四，益從宋故老習爲詞章，下筆輒成章，每試庠序，輒占高等。弱冠，下帷數年，人莫見其面，經史百家，靡不研究，伊、洛諸儒源委，尤爲淹貫。

延祐元年，詔設科取士，玄以尙書與貢。明年，賜進士出身，授岳州路平江州同知。調太平路蕪湖縣尹。縣多疑獄，久不決，玄察其情，皆爲平翻。豪右不法，虐其驅奴，玄斷之從良。貢賦徵發及時，民樂趨事，教化大行，飛蝗獨不入境。改武岡縣尹。縣控制溪洞，蠻獠雜居，撫字稍乖，輒弄兵犯順。玄至踰月，赤水、太淸兩洞聚衆相攻殺，官曹相顧失色，計無從出。玄卽日單騎從二人，徑抵其地諭之。至則死傷滿道，戰鬭未已。獠人熟玄名，棄兵仗，羅拜馬首曰：「我曹非不畏法，緣訴某事於縣，縣官不爲直，反以徭役横斂掊克之，情有弗堪，乃發憤就死耳。不意煩我清廉官自來。」玄喻以禍福，歸爲理其訟，獠人遂安。

召爲國子博士，陞國子監丞。致和元年，遷翰林待制，兼國史院編修官。時當兵興，玄領印攝院事，日直内廷，參決機務，凡遠近調發，制詔書檄。既而改元天曆，郊廟、建后、立儲、肆赦之文，皆經撰述。復條時政數十事，實封以聞，多推行之。明年，初置奎章閣學士院，又置藝文監隸焉，皆選清望官居之。文宗親署玄爲藝文少監，奉詔纂修經世大典，陞太監、檢校書籍事。

元統元年，改僉太常禮儀院事，拜翰林直學士，編修四朝實錄，俄兼國子祭酒，召赴中都議事，陞侍講學士，復兼國子祭酒。重紀至元五年，足患風痹，乞南歸以便醫藥，帝不允。拜翰林學士，未幾，懇辭去位，帝復不允，免其行朝賀禮。至正改元，更張朝政，事有不便者，集議廷中，玄極言無隱，科目之復，沮者尤衆，玄尤力爭之。未幾南歸，復起爲翰林學士，以疾未行。

詔修遼、金、宋三史，召爲總裁官，發凡舉例，俾論撰者有所據依；史官中有悻悻露才、論議不公者，玄不以口舌爭，俟其呈藁，援筆竄定之，統系自正。至於論、贊、表、奏，皆玄屬筆。五年，帝以玄歷仕累朝，且有修三史功，諭旨丞相，超授爵秩，遂擬拜翰林學士承旨。及入奏，上稱快者再三。已而乞致仕，帝復不允。御史臺奏除福建廉訪使，行次浙西，疾復作，乃上休致之請，作南山隱居，優游山水之間，有終焉之志。復拜翰林學士承旨，玄屢力辭，不獲命。奉敕定國律，尋乞致仕，陳情懇切，乃特授湖廣行中書省右丞致仕，賜白玉束帶，給俸賜以終其身。將行，帝復降旨不允，仍前翰林學士承旨，進階光祿大夫。

十四年，汝潁盜起，蔓延南北，州縣幾無完城。玄獻招捕之策千餘言，鑿鑿可行，當時不能用。十七年春，乞致仕，以中原道梗，欲由蜀還鄉，帝復不允。時將大赦天下，宣赴內府。玄久病，不能步履，丞相傳旨，肩輿至延春閣下，實異數也。是歲十二月戊戌，卒於崇教里之寓舍，年八十五。中書以聞，帝賜賻甚厚，贈崇仁昭德推忠守正功臣、大司徒、柱國，追封楚國公，謚曰文。

玄性度雍容，含弘縝密，處己儉約，爲政廉平，歷官四十餘年，在朝之日，殆四之三。三任成均，而兩爲祭酒，六入翰林，而三拜承旨。修實錄、大典、三史，皆大製作。屢主文衡，兩知貢舉及讀卷官，凡宗廟朝廷雄文大册、播告萬方制誥，多出玄手。金繒上尊之賜，幾無虛歲。海內名山大川，釋、老之宮，王公貴人墓隧之碑，得玄文辭以爲榮。片言隻字，流傳人間，咸知寶重。文章道德，卓然名世。羽儀斯文，贊衛治具，與有功焉。玄無子，以從子達老後，復先玄卒。有圭齋文集若干卷傳于世。

許有壬

許有壬字可用，其先世居潁，後徙湯陰。有壬幼穎悟，讀書一目五行，嘗閱衡州淨居院碑，文近千言，一覽輒背誦無遺。年二十，暢師文薦入翰林，不報，授開寧路學正，陞教授，未上，辟山北廉訪司書吏。擢延祐二年進士第，授同知遼州事。會關中有警，鄰州聽民出避，棄孩嬰滿道上，有壬獨率弓箭手，閉城門以守，卒獲無虞。州有追逮，不許胥隸足跡至村疃，唯給信牌，令執里役者呼之，民安而事集。右族貪虐者懲之，寃獄雖有成案，皆平翻而釋其罪，州遂大治。

六年己未，除山北廉訪司經歷。至治元年，遷吏部主事。二年，轉江南行臺監察御史，行部廣東，以貪墨劾罷廉訪副使哈只蔡衍。至江西，會廉訪使苗好謙監焚昏鈔，檢視鈔者日至百餘人，好謙恐其有弊，痛鞭之。人畏罪，率剔眞爲僞，以迎其意。筦庫吏而下，榜掠無全膚，迄莫能償。有壬覆視之，率眞物也，遂釋之。凡勢官豪民，人畏之如虎狼者，有壬悉擒治以法，部內肅然。

召拜監察御史，〔三年〕八月，英宗暴崩於南坡，〔三〕賊臣鐵失遣使者自上京至，封府庫，收百官印，有壬知事急，卽往告御史中丞董守庸，守庸謂宮禁事，非子所當問。有壬卽疏守庸及經歷朶爾只班、監察御史郭也先忽都，阿附鐵失之罪以俟。十月，鐵失伏誅。泰定帝發上都，御史大夫紐澤先還京師，有壬卽袖疏上之。及帝至，復上章言：「帖木迭兒之子瑣南，與聞大逆，乞賜典刑。其兄弟勿令出入宮禁。中書平章政事王毅、右丞高昉，橫奪爵，而四川行省平章政事趙世延，受禍尤慘，皆請雪冤復職。」繼上正始十事：一曰輔翼太子，宜先訓導；二曰遴選長官，宜先培養；三曰通籍宮禁，宜別貴賤；四曰欲謹兵權，宜削兼領；五曰武備廢弛，宜加修飭；六曰賊臣妻妾，宜禁勢官徵索；七曰前赦權以止變，宜再詔以正名；八曰帖木迭兒諸子，宜籍沒以懲惡；九曰考驗經費，以減民賦；十曰撙節浮蠹，以紓國用。帝多從之。

泰定元年，初立詹事院，選爲中議，改中書左司員外郎。京畿饑，有壬請賑之。同列讓曰：「子言固善，其如虧國何！」有壬曰：「不然。民，本也，不虧民，顧豈虧國邪！」卒白於丞相，發糧四十萬斛濟之，民賴以活者甚衆。國學舊法，每以積分次第貢以出官，執政用監丞張起巖議，欲廢之，而以推擇德行爲務。有壬折之曰：「積分雖未盡善，然可得博學能文之士；若曰惟德行之擇，其名固佳，恐皆厚貌深情，專意外飾，或懵不能識丁矣。」議久不決。三年六月，陞右司郎中，其事遂行，已而復寢。獲盜例有賞，論者多疑其僞，有淹四十餘年者，羣訴於馬首，有壬曰：「盜賊方熾，求疵太甚，緩急何以使人！但經部使者覆覈者，皆予官。」俄移左司郎中，每遇公議，有壬屢爭事得失，汛掃積滯，幾無留牘。都事宋本退語人曰：「此貞觀、開元間議事也。」明年，丁父憂。

天曆三年，擢兩淮都轉運鹽司使。先是，鹽法壞，廷議非有壬不能集事，故有是命。有壬詢究弊端，立法而通融之，國課遂登。至順二年二月，召參議中書省事，未幾，以丁母憂去。元統元年，復以參議召，明年甲戌，拜治書侍御史，轉奎章閣學士院侍書學士，仍治臺事。會福達魯花赤完卜，藉丞相勢，宿衞東宮，其行頗淫穢，御史劾之，完卜藏御史大夫家，有壬捕而遣之。九月，拜中書參知政事、知經筵事。帝詔羣臣議上皇太后尊號爲太皇太后，有壬曰：「皇上於皇太后，母子也，若加太皇太后，則爲孫矣，非禮也。」衆弗之從，有壬曰：「今制，封贈祖父母，降於父母一等，蓋推恩之法，近重而遠輕，今尊皇太后爲太皇太后，是推而遠之，乃反輕矣，豈所謂尊之者邪！」弗之聽。

中書平章政事徹理帖木兒挾私憾，奏罷進士科，有壬廷爭甚苦不能奪，遂稱疾在告，帝强起之，拜侍御史。會汝寧棒胡反，大臣有忌漢官者，取賊所造旗幟及僞宣敕，班地上，問曰：「此欲何爲耶？」意漢官諱言反，將以罪中之。有壬曰：「此曹建年號，稱李老君太子，部署士卒，以敵官軍，其反狀甚明，尚何言！」其語遂塞。廷議欲行古劓法，立行樞密院，禁漢人、南人勿學蒙古、畏吾兒字書，有壬皆爭止之。

重紀至元初，長蘆韓公溥因家藏兵器，遂起大獄，株連臺若省，多以賍敗，獨無有壬名，由是忌者益甚。有壬度不可留，遂歸彰德，已而南遊湘、漢間。至元六年，召入中書，仍爲參知政事。明年，改元至正，有壬極論帝當親祠太廟，母后虛位，徽政院當罷，改元命相當合爲一詔，冗職當沙汰，錢糧當裁節，如此之類，不一而足。人皆韙之。轉中書左丞。二年，囊加慶善八及孛羅帖木兒獻議，開西山金口導渾河，踰京城，達通州，以通漕運。丞相脫脫主之甚力，有壬曰：「渾河之水，湍悍易決，而足以爲害，淤淺易塞，而不可行舟；況地勢高下，甚有不同，徒勞民費財耳。」不聽，後卒如有壬言。

先是，有壬之父熙載仕長沙日，設義學，訓諸生。既歿，而諸生思之，爲立東岡書院，朝廷賜額設官，以爲育才之地。南臺監察御史木八剌沙，緣睚眦怨，言書院不當立，幷搆浮辭，誣衊有壬，幷其二弟有儀、有孚，有壬遂稱病歸。四年，改江浙行省左丞，辭。六年，召爲翰林學士，既上，又辭。監察御史累章辨其誣。俄拜浙西廉訪使，未上，復以翰林學士承旨召，仍知經筵事。明年夏，授御史中丞，賜白玉束帶及御衣一襲，未幾，復以病歸。監察御史答蘭不花銜有壬，時短長之，奏劾甚力，事尋白。

十二年，盜起河南，聲撼河朔間，有壬畫備禦之策十五條，以授郡將，民藉以安。十三年，起拜河南行省左丞，朝廷遣將出征，環河南境，連營以百數，一切芻餉，皆仰給之，有壬從容集事，若平時然。十五年，遷集賢大學士，尋改樞密副使，復拜中書左丞。時以言爲諱，有壬力言朝廷務行姑息之政，賞重罰輕，故將士貪掠子女玉帛而無鬪志，遂倡招降之策，言多不載。有僧名闢，自高郵來，言張士誠乞降，衆幸事且成，皆大喜，有壬獨疑其妄，呼僧詰之，果語塞不能對。轉集賢大學士，兼太子左諭德，階至光祿大夫，有壬前朝舊德，太子頗敬禮之。一日入見，方臂鷙禽以爲樂，遽呼左右屏去。十七年，以老病，力乞致其事，久之始得請，給俸賜以終其身。二十四年九月二十一日卒，年七十八。

有壬歷事七朝，垂五十年，遇國家大事，無不盡言，皆一根至理，而曲盡人情。當權臣恣睢之時，稍忤意，輒誅竄隨之，有壬絕不爲巧避計，事有不便，明辨力諍，不知有死生利害，君子多之。有壬善筆札，工辭章，歐陽玄序其文，謂其雄渾閎雋，湧如層瀾，迫而求之，則淵靚深實，蓋深許之也。所著有至正集若干卷。謚曰文忠。子一人，曰楨。

宋本

宋本字誠夫，大都人。自幼穎拔異羣兒，既成童，聚經史窮日夜讀之，句探字索，必通貫乃已。嘗從父禎官江陵，江陵王奎文，明性命義理之學，本往質所得，造詣日深。善爲古文，辭必已出，峻潔刻厲，多微辭。年四十，始還燕。

至治元年，策天下士于廷，本爲第一人，賜進士及第，授翰林修撰。泰定元年春，除監察御史，首言：「逆賊鐵失等雖伏誅，其黨樞密副使阿散，身親弑逆，以告變得不死，竄嶺南，乞早正天討。」國制，範黃金爲太廟神主，仁宗室盜竟竊去，本言：「在法，民間失盜，捕之違期不獲猶治罪，太常失典守，及在京應捕官，皆當罷去。」又言：「中書宰執，日趨禁中，固寵苟安，兼旬不至中堂，壅滯機務，乞戒飭臣僚，自非入宿衞日，必詣所署治事。」皆不報。踰月，調國子監丞。夏，風烈地震，有旨集百官雜議弭災之道。時宿衞士自北方來者，復遣歸，乃百十爲羣，剽刦殺人桓州道中。既逮捕，旭滅傑奏釋之。蒙古千戶使京師，宿邸中，適民間朱甲妻女車過邸門，千戶悅之，并從者奪以入，朱泣訴於中書，旭滅傑庇不問。本適與議，本復抗言：「鐵失餘黨未誅，仁廟神主盜未得，桓州盜未治，朱甲寃未伸，刑政失度，民憤天怨，災異之見，職此之由。」辭氣激奮，衆皆聳聽。冬，移兵部員外郎。二年，轉中書左司都事。會議招撫溪洞民，故將李牢山之子嘗假兵部尙書，從諸王帥兵征欝林州傜民，李在道納妾，留不進，兵敗歸，樞密副使王卜鄰吉台言：「李平傜有功，當遷官。」本言：「李棄軍娶妾，逗撓軍期，宜亟置諸法，況可官邪！」王色沮，乃不敢言。

旭滅傑死，左丞相倒剌沙當國得君，與平章政事烏伯都剌，皆西域人，西域富賈以其國異石名曰瓓者來獻，其估鉅萬，或未酬其直；諸嘗有過，爲司憲褫官，或有出其門下者。三年冬，烏伯都剌自禁中出，至政事堂，集宰執僚佐，命左司員外郎胡彝以詔藁示本，乃以星孛地震赦天下，仍命中書酬累朝所獻諸物之直，擢用自英廟至今爲憲臺奪官者，本讀竟，白曰：「今警災異，而畏獻物未酬直者憤怨，此有司細故，形諸王言，必貽笑天下。司憲褫有罪者官，世祖成憲也，今上卽位，累詔法世祖，今擢用之，是廢成憲而反汗前詔也，後復有邪佞贓穢者，將治之邪？置不問邪？」宰執聞本言，相視嘆息罷去。明日，宣詔竟，本遂稱疾不出。

四年春，遷禮部郎中。天曆元年冬，陞吏部侍郎。二年，改禮部侍郎。是年，文宗開奎章閣，置藝文監，檢校書籍，超大監。至順元年，進奎章閣學士院供奉學士。二年冬，出爲河東廉訪副使，將行，擢禮部尚書。三年冬，寧宗崩，順帝未至，皇太后在興聖宮，正旦，議循故事，行朝賀禮，本言：「宜上表興聖宮，廢大明殿朝賀。」衆是而從之。元統元年，兼經筵官，冬，拜陝西行臺治書侍御史，不拜，復留爲奎章閣學士院承制學士，仍兼經筵官。二年夏，轉集賢直學士，兼國子祭酒，兼經筵如故。是年冬十一月二十五日卒，年五十四。階官自承務郎十轉至太中大夫。

本性高抗不屈，持論堅正，制行純白，不可干以私，而篤朋友之義，堅若金鐵，人有片善，稱道不少置，尤以植立斯文自任。知貢舉，取進士滿百人額；爲讀卷官，增第一甲爲三人。父官南中，貧，賣宅以去，居官清愼自持，饘粥至不給。本未弱冠，聚徒以養親，殆二十年，歷仕通顯，猶僦屋以居。及卒，非賻贈幾不能給棺斂，執紼者近二千人，皆縉紳大夫、門生故吏及國子諸生，未嘗有一雜賓，時人榮之。本所著有至治集四十卷，行于世。謚正獻。

弟褧，字顯夫，登泰定元年進士第，授校書郎，累官至翰林直學士，謚文清。褧嘗爲監察御史，於朝廷政事，多所建明。其文學與本齊名，人稱之曰二宋云。

謝端

謝端字敬德，蜀之遂寧人。宋末，蜀士多避兵江陵，因家焉。端幼穎異，五六歲能吟詩，十歲能作賦。弱冠，與尚書宋本同師，明性理，爲古文，又同敎授江陵城中，以文學齊名，時號謝宋。史杠宣慰荊南，數加延禮，薦之姚(樞)〔燧〕，〔三〕(樞)〔燧〕方以文章大名自負，少所許可，以所爲文眎端，端一讀，卽能指擿其用意所在，(樞)〔燧〕歎奬不已，語人：「後二十年，若謝端者，豈易得哉！」用薦者署校官，不報。

科舉法行，就試河南行省，中其舉，以內艱不會試。延祐五年，乃擢進士乙科。授承事郎、潭州路同知湘陰州事。歲滿，入爲國子博士，遷太常博士。盗入太廟，失第八室黃金主，坐罷去。端，禮官，非典守，不當坐，亦不辨。尋除翰林修撰，陞待制，以選爲國子司業，遂爲翰林直學士，階太中大夫。

端善爲政，筮仕湘陰，猾吏束手，不敢舞文法，豪民無賴者遠避去。部使者行部，旁郡滯訟，皆諉端讞，端剖決如流，績譽籍然。其文章嚴謹有法，寧約近瘠，無奢滋駁。居翰林久，至順、元統以來，國家崇號，慈極升祔先朝，加封宣聖考妣，制册多出其手。預修文宗、明宗、寧宗三朝實錄，及累朝功臣列傳，時稱其有史才。

初，文宗建奎章閣，蒐羅中外才俊置其中，嘗語阿榮曰：「當今文學之士，朕惟未識謝端。」亡何，文宗崩，竟不及用端。端又與趙郡蘇天爵同著正統論，辨金、宋正統甚悉，世多傳之。至元六年卒，年六十二。元世蜀士以文名者，曰虞集，而謝端其次云。

校勘記

〔一〕別（怯里）〔里怯〕不花　據本書卷一四〇別兒怯不花傳、卷一三九阿魯圖傳所見「別兒怯不花」語音改正。類編已校。

〔二〕〔三年〕八月英宗暴崩於南坡　從道光本補。原脫，致誤爲至治二年八月。

〔三〕姚(樞)〔燧〕　考異云：「案姚樞當爲姚燧之譌。樞本不以文章自負，且樞卒於至元十七年。是時謝端甫生兩歲，無緣得見樞也。後讀蘇天爵所撰神道碑，正作文公燧。」考異是，今據滋溪文稿卷一三謝端神道碑銘改。下同。

元史卷一百八十三

列傳第七十

王守誠

王守誠字君實，太原陽曲人。氣宇和粹，性好學，從鄧文原、虞集游，文辭日進。泰定元年，試禮部第一，廷對賜同進士出身，授祕書郎。遷太常博士，續編太常集禮若干卷以進。轉藝林庫使，與著經世大典。拜陝西行臺監察御史。除奎章閣鑒書博士。拜監察御史。僉山東廉訪司事。改戶部員外郎、中書右司郎中。拜禮部尚書。與修遼、金、宋三史，書成，擢參議中書省事。調燕南廉訪使。

至正五年，帝遣使宣撫四方，除守誠河南行省參知政事，與大都留守答爾麻失里使四川，首薦雲南都元帥述律鐸爾直有文武材。初，四川廉訪使某與行省平章某不相能，誣宣使蘇伯延行賄於平章某，瘐死獄中。至是，伯延親屬有愬。會茶鹽轉運司官亦訟廉訪使累受金，廉訪使倉皇去官，至揚州死。副使而下，皆以事罷。憲史四人、奏差一人，籍其家而竄之，餘皆斥去。

重慶銅梁縣尹張文德，出遇少年執兵刃，疑爲盜，擒執之，果拒敵。文德斬其首，得懷中帛旗，書曰南朝趙王。賊黨聞之，遂焚劫雙山。文德捕殺百餘人。重慶府官以私怨使縣吏誣之，乃議文德罪，比不即捕强盜例加四等。遇赦免，猶擬杖一百。守誠至，爲直其事。

他如以贓罪誣人，動至數千緡，與夫小民田婚之訟，殆百十計，守誠皆辨析詳讞，辭窮吐實，爲之平反。州縣官多取職田者，累十有四人，悉釐正之。因疏言：「仕於蜀者，地僻路遙，俸給之薄，何以自養。請以戶絕及屯田之荒者，召人耕種，收其入以增祿秩。」

宜賓縣尹楊濟亨欲於蟠龍山建憲宗神御殿，儒學提舉謝晉賢請復文翁石室爲書院，皆采以上聞成之，風采聳動天下，論功居諸道最。進資政大夫、河南行省左丞。未上，母劉氏歿于京師，聞喪亟歸，遂遘疾，以至正九年正月卒，年五十有四。帝賜鈔萬緡，謚文昭。有文集若干卷。

王思誠

王思誠字致道，兗州嵫陽人。天資過人，七歲，從師授孝經、論語，即能成誦。家本業農，其祖佑，詬家人曰：「兒大不敎力田，反敎爲迂儒邪！」思誠愈自力弗懈。後從汶陽曹元用游，學大進。中至治元年進士第，授管州判官，召爲國子助敎，改翰林國史院編修官。尋陞應奉翰林文字，再轉爲待制。

至正元年，遷奉議大夫、國子司業。二年，拜監察御史，上疏言：「京畿去年秋不雨，冬無雪，方春首月蝗生，黃河水溢。蓋不雨者，陽之亢，水涌者，陰之盛也。嘗聞一婦銜冤，三年大旱，往歲伯顏專擅威福，僇殺不辜，郯王之獄，燕鐵木兒宗黨死者，不可勝數，非直一婦之冤而已，豈不感傷和氣邪！宜雪其罪。敕有司行禱百神，陳牲幣，祭河伯，發卒塞其缺，被災之家，死者給葬具，庶幾可以召陰陽之和，消水旱之變，此應天以實不以文也。」

行部至檀州，首言：「采金鐵冶提舉司，設司獄，掌囚之應徒配者，釱趾以舂金鑛，舊嘗給衣與食，天曆以來，水壞金冶，因罷其給，齧草飲水，死者三十餘人，瀕死者又數人。夫罪不至死，乃拘囚至於饑死，不若加杖而使速死之愈也。況州縣俱無囚糧，輕重囚不決者，多死獄中，獄吏妄報其病月日用藥次第。請定瘐死多寡罪，著爲令。」又言：「至元十六年，開壩河，設壩夫戶八千三百七十有七，車戶五千七十，出車三百九十輛，船戶九百五十，出船一百九十艘，壩夫累歲逃亡，十損四五，而運糧之數，十增八九，船止六十八艘，戶止七百六十有一，車之存者二百六十七輛，戶之存者二千七百五十有五，晝夜奔馳，猶不能給，壩夫戶之存者一千八百三十有二，一夫日運四百餘石，肩背成瘡，顱頷如鬼，甚可哀也。河南、湖廣等處打捕鷹房府，打捕戶尙玉等一萬三千二百二十五戶，阿難答百姓劉德元等二千三百戶，可以簽補，使勞佚相資。」又言：「燕南、山東，密邇京師，比歲饑饉，（郡）〔羣〕盜縱橫，〔二〕巡尉弓兵與提調捕盜官，會鄰境以討之，賊南則會于北，賊西則會于東，及與賊會，望風先遁，請立法嚴禁之。」又言：「初開海道，置海仙鶴哨船四十餘艘，往來警邏。今弊船十數，止於劉家港口，以捕盜爲名，實不出海，以致寇賊猖獗，宜卽萊州洋等處分兵守之，不令泊船島嶼，禁鎭民與梢水爲婚，有能捕賊者，以船畀之，獲賊首者，賞以官。仍移江浙、河南行省，列戍江海諸口，以詰海商還者，審非寇賊，始令泊船。下年糧船開洋之前，遣將士乘海仙鶴於二月終旬入海，庶幾海道寧息。」朝廷多是其議。

松州官吏誣構良民以取賂，愬于臺者四十人，選思誠鞫問，思誠密以他事入松州境，執監州以下二十三人，皆罪之。還至三河縣，一囚愬不已，俾其黨異處，使之言，囚曰：「賊向盜某芝麻，某追及，刺之幾死，賊以是圖復讎，今弓手欲捕獲功之數，適中賊計。其贓，實某妻裙也。」以裙示失主，主曰：「非吾物。」其黨詞屈，遂釋之。豐潤縣一囚，年最少，械繫瀕死，疑而問之，曰：「昏暮三人投宿，將詣集場，約同行，未夜半，趣行，至一冢間，見數人如有宿約者，疑之，衆以爲盜告，不從，脅以白刃，驅之前，至一民家，衆皆入，獨留戶外，遂潛奔赴縣，未及報而被收。」思誠遂正有司罪，少年獲免。

出僉河南山西道肅政廉訪司事，行部武鄉縣，監縣來迓，思誠私語吏屬曰：「此必贓吏。」未幾，果有愬于道側者，問曰：「得無訴監縣敓汝馬乎？」其人曰：「然。」監縣抵罪。吏屬問思誠先知之故，曰：「衣弊衣，乘駿馬，非詐而何！」陝西行臺言：「欲疏鑿黄河三門，立水陸站以達於關陝。」移牘思誠，會陝西、河南省憲臣及郡縣長吏視之，皆畏險阻，欲以虛辭復命，思誠怒曰：「吾屬自欺，何以責人！何以待朝廷！諸君少留，吾當躬詣其地。」衆惶恐從之，河中灘磧百有餘里，巉石錯出，路窮，舍騎徒行，攀藤葛以進，衆憊喘汗弗敢言，凡三十里，度其不可，乃作詩歷敍其險，執政采之，遂寢其議。

召修遼、金、宋三史，調祕書監丞。會國子監諸生相率爲鬨，復命爲司業，思誠召諸生立堂下，黜其首爲鬨者五人，罰而降齋者七十人，勤者升，惰者黜，於是更相勉勵。超陞兵部侍郎，監燒燕南昏鈔，忽心悸弗寧，已而母病，事畢，馳還京師侍疾，及丁內憂，扶櫬南歸。甫禫，朝廷行內外通調法，選郡縣守令，起思誠太中大夫、河間路總管。磁河水頻溢，決鐵燈干。鐵燈干，眞定境也，召其邑吏，責而懲之，遂集民丁作堤，晝夜督工，期月而塞，復築夾堤于外，亘十餘里，命瀕河民及弓手，列置草舍於上，擊木以防盜決。是年，民獲耕藝，歲用大稔。乃募民運碎甓，治郭外行道，高五尺，廣倍之，往來者無泥塗之病。南皮民父祖，嘗瀕御河種柳，輸課於官，名曰柳課，後河決，柳俱沒，官猶徵之，凡十餘年，其子孫益貧，不能償，思誠連請于朝除之。郡庭生嘉禾三本，一本九莖，一本十六莖，一本十三莖，莖五六穗，僚屬欲上進，思誠曰：「吾嘗惡人行異政，沽美名。」乃止。所轄景州廣川鎮，漢董仲舒之里也，河間尊福鄉，博士毛萇舊居也，皆請建書院，設山長員。召拜禮部尚書。

十二年，帝以四方民頗失業，命名臣巡行勸課，思誠至河間及山東諸路，召集父老，宣帝德意，莫不感泣，緘進二麥、豌豆，帝嘉之，賜上尊二。召還，遷國子祭酒，俄復爲禮部尚書，知貢舉，升集賢侍講學士，兼國子祭酒。應詔言事：一曰置行省丞相，以專方面；二曰寬內郡徵輸，以固根本；三曰汰冗兵，以省糧運；四曰改祿秩，以養官廉；五曰罷行兵馬司，以便詰捕；六曰復倚郭縣，以正紀綱；七曰設常選，以起淹滯。尋出爲陝西行臺治書侍御史，辭以老病，不允，力疾戒行。

十七年春，紅巾陷商州，奪七盤，進據藍田縣，距奉元一舍，思誠會豫王阿剌忒納失里及省院官於安西王月魯帖木兒邸，衆洶懼無言，思誠曰：「陝西重地，天下之重輕繫焉。察罕帖木兒，河南名將，賊素畏之，宜遣使求援，此上策也。」戍將嫉客兵軋己，論久不決，思誠曰：「吾兵弱，且夕失守，咎將安歸！」乃移書察罕帖木兒曰：「河南爲京師之庭戶，陝西實內郡之藩籬，兩省相望，互爲脣齒，陝西危，則河南豈能獨安乎？」察罕帖木兒新復陝州，得書大喜，曰：「先生眞有爲國爲民之心，吾寧負越境擅發之罪。」遂提輕兵五千，倍道來援，思誠犒軍于鳳凰山，還定守禦九事，夜宿臺中，未嘗解衣。同官潛送妻子過渭北，思誠止之，分守北門，其屬聞事急，欲圖苟免，思誠從容諭之曰：「吾受國重寄，安定一方，期戮力報效，死之可也。自古皆有死，在遲與速耳。」衆乃安。旣而援兵破賊，河南總兵官果以察罕帖木兒擅調，遣人問之，思誠亟請於朝，宜命察罕帖木兒專守關陝，仍令便宜行事，詔從之。

行樞密院掾史田甲，受賂事覺，匿豫邸，監察御史捕之急，并繫其母，思誠過市中，見之，曰：「嘻！古者，罪人不孥，況其母乎！吾不忍以子而繫其母。」令釋之，不從，思誠因自劾不出，諸御史謁而謝之。初，監察御史有封事，自中丞以下，惟署紙尾，莫敢問其由，事行，始知之，思誠曰：「若是，則上下之分安在！」凡上章，必拆視，不可行者，以臺印封置架閣庫。俄起五省餘丁軍，思誠爭曰：「關中方用兵，困於供給，民多愁怨，復有是役，萬一爲變，所繫豈輕耶！」事遂寢。

十七年，召拜通議大夫、國子祭酒，時臥疾，聞命卽起，至朝邑，疾復作。十月，卒于旅舍，年六十有七。謚獻肅。

李好文

李好文字惟中，大名之東明人。登至治元年進士第，授大名路濬州判官。入爲翰林國史院編修官、國子助教。泰定四年，除太常博士。會盜竊太廟神主，好文言：「在禮，神主當以木爲之，金玉祭器，宜貯之別室。」又言：「祖宗建國以來，七八十年，每遇大禮，皆臨時取具，博士不過循故事應答而已。往年有詔爲集禮，而乃令各省及各郡縣置局纂修，宜其久不成也。禮樂自朝廷出，郡縣何有哉！」白長院者，選僚屬數人，仍請出架閣文牘，以資採錄，三年，書成，凡五十卷，〔二〕名曰太常集禮。

遷國子博士。丁內憂，服闋，起爲國子監丞，拜監察御史。時復以至元紀元，好文言：「年號襲舊，於古未聞，襲其名而不蹈其實，未見其益。」因言時弊不如至元者十餘事。錄囚河東，有李拜拜者，殺人，而行兇之仗不明，凡十四年不決，好文曰：「豈有不決之獄如是其久乎！」立出之。王傅撒都剌，以足蹋人而死，衆皆曰：「殺人非刃，當杖之。」好文曰：「怙勢殺人，甚於用刃，況因有所求而殺之，其情爲尤重。」乃置之死，河東爲之震肅。出僉河南、浙東兩道廉訪司事。

六年，帝親享太室，召僉太常禮儀院事。至正元年，除國子祭酒，改陝西行臺治書侍御史，遷河東道廉訪使。三年，郊祀，召爲同知太常禮儀院事，帝之親祀也，至寧宗室，遣阿魯問曰：「兄拜弟可乎？」好文與博士劉聞對曰：「爲人後者，爲之子也。」帝遂拜。由是每親祀，必命好文攝禮儀使。四年，除江南行臺治書侍御史，未行，改禮部尚書，與修遼、金、宋史，除治書侍御史，仍與史事，俄除參議中書省事，視事十日，以史故，仍爲治書。已而復除陝西行臺治書侍御史，時臺臣皆缺，好文獨署臺事。西蜀奉使，以私憾摭拾廉訪使曾文博、僉事兀馬兒、王武事，文博死，兀馬兒誣服，武不屈，以輕侮抵罪。好文曰：「奉使代天子行事，當問民疾苦，黜陟邪正，今行省以下，至於郡縣，未聞舉劾一人，獨風憲之司，無一免者，此豈正大之體乎！」率御史力辨武等之枉，幷言奉使不法者十餘事。六年，除翰林侍講學士，兼國子祭酒，又遷改集賢侍講學士，仍兼祭酒。

九年，出參湖廣行省政事，改湖北道廉訪使，尋召爲太常禮儀院使。於是帝以皇太子年漸長，開端本堂，命皇太子入學，以右丞相脫脫、大司徒雅不花知端本堂事，而命好文以翰林學士兼諭德。好文力辭，上書宰相曰：「三代聖王，莫不以敎世子爲先務，蓋帝王之治本於道，聖賢之道存於經，而傳經期於明道，出治在於爲學，關係至重，要在得人。自非德堪範模，則不足以輔成德性。自非學臻閫奧，則不足以啓迪聰明。宜求道德之鴻儒，仰成國家之盛事。而好文天資本下，人望素輕，草野之習，而久與性成，章句之學，而寖以事廢，驟膺重託，負荷誠難。必別加選掄，庶幾國家有得人之助，而好文免妨賢之譏。」丞相以其書聞，帝嘉歎之，而不允其辭。好文言：「欲求二帝三王之道，必由於孔氏，其書則孝經、大學、論語、孟子、中庸。」乃摘其要略，釋以經義，又取史傳，及先儒論說，有關治體而協經旨者，加以所見，倣眞德秀大學衍義之例，爲書十一卷，名曰端本堂經訓要義，奉表以進，詔付端本堂，令太子習焉。

好文又集歷代帝王故事，總百有六篇：一曰聖慧，如漢孝昭、後漢明帝幼敏之類；二曰孝友，如舜、文王及唐玄宗友愛之類；三曰恭儉，如漢文帝却千里馬、罷露臺之類；四曰聖學，如殷宗緝學，及陳、隋諸君不善學之類。以爲太子問安餘暇之助。又取古史，自三皇迄金、宋，歷代授受，國祚久速，治亂興廢爲書，曰大寶錄。又取前代帝王是非善惡之所當法當戒者爲書，名曰大寶龜鑑。皆錄以進焉。久之，陞翰林學士承旨，階榮祿大夫。

十六年，復上書皇太子，其言曰：「臣之所言，卽前日所進經典之大意也，殿下宜以所進諸書，參以貞觀政要、大學衍義等篇，果能一一推而行之，則萬幾之政、太平之治，不難致矣。」皇太子深敬禮而嘉納之。後屢引年乞致仕，辭至再三，遂拜光祿大夫、河南行省平章政事，仍以翰林學士承旨一品祿終其身。

孛朮魯翀 子遠附

孛朮魯翀字子翬，其先隆安人。金泰和間，定女直姓氏，屬望廣平。祖德，從憲宗南征，因家鄧之順陽，以功封南陽郡侯。父居謙，用翀貴，封南陽郡公。初，居謙辟掾江西，以家自隨，生翀贛江舟中，釜鳴者三，人以爲異。翀稍長，卽勤學，父歿，家事漸落，翀不恤，而爲學益力，乃自順陽復往江西，從新喻蕭克翁學。克翁，宋參政燧之四世孫也，隱居不仕，學行爲州里所敬。嘗夜夢大鳥止其所居，翼覆軒外，舉家驚異，出視之，冲天而去。明日，翀至。翀始名思溫，字伯和，克翁爲易今名字，以夢故。後復從京兆蕭𣂏游，其學益宏以肆，翰林學士承旨姚燧，以書抵𣂏曰：「燧見人多矣，學問文章，無足與子翬比倫者。」於是𣂏以女妻之。

大德十一年，用薦者，授襄陽縣儒學教諭，陞汴梁路儒學正。會修世皇實錄，燧首以翀薦。至大四年，授翰林國史院編修官。延祐二年，擢河東道廉訪司經歷，遷陝西行臺監察御史，賑濟吐蕃，多所建白。五年，拜監察御史。時英皇未出閤，翀言：「宜擇正人以輔導。」帝嘉納之。尋劾奏中書參議元明善，帝初怒，不納，明日，乃命改明善他官，而傳旨慰諭翀。巡按遼陽，有旨給以弓矢環刀。後因爲定制。還往淮東覈憲司官聲跡，淮東憲臣，惟尙刑，多置獄具，翀曰：「國家所以立風紀，蓋將肅清天下，初不尚刑也。」取其獄具焚之。時有旨凡以吏進者，例降二等，從七品以上不得用。翀言：「科舉未立，人才多以吏進，若一概屈抑，恐未足盡天下持平之議。請吏進者，宜止於五品。」許之，因著爲令。除右司都事，時相鐵木迭兒專事刑戮，以復私憾，翀因避去。

頃之，擢翰林修撰，又改左司都事。於是拜住爲左相，使人勞翀曰：「今規模已定，不同往日，宜早至也。」翀强爲起。會國子監隸中書，俾翀兼領之。先是，陝西有變，府縣之官多罣罥者，翀白丞相曰：「此輩皆脅從，非同情者。」乃悉加銓敍。帝方獵柳林，駐故東平王安童碑所，因獻駐蹕頌，皆稱旨，命坐，賜飲尚尊。從幸上京，次龍虎臺，拜住命翀傳旨中書，翀領之，行數步，還曰：「命翀傳否？」拜住歎曰：「眞謹飭人也。」間謂翀曰：「爾可作宰相否？」翀對曰：「宰相固不敢當，然所學，宰相事也。夫爲宰相者，必福德才量四者皆備，乃足當耳。」拜住大悅，以酒觴翀曰：「非公，不聞此言。」迎駕至行在所，翀入見，帝賜之坐。陞右司員外郎，奉旨預修大元通制，書成，翀爲之序。

泰定元年，遷國子司業。明年，出爲河南行省左右司郎中。丞相曰：「吾得賢佐矣。」翀曰：「世祖立國，成憲具在，愼守足矣。譬若乘舟，非一人之力所能運也。」翀乃開壅除弊，省務爲之一新。三年，擢燕南河北道廉訪使，〔三〕晉州達魯花赤有罪就逮，而奉使宣撫以印帖徵之，欲緩其事，翀發其姦，奉使因遁去。入僉太常禮儀院事，盜竊太廟神主，翀言：「各室宜增設都監員，內外嚴置扃鐍，晝巡夜警，永爲定制。」從之。又纂修太常集禮，書成而未上，有旨命翀兼經筵官。

文宗之入也，大臣問以典故，翀所建白近漢文故事，衆皆是之。文宗嘗字呼子翬而不名。命翀與平章政事溫迪罕等十人，商論大事，日夕備顧問，宿直東廡下。文宗虛大位以俟明宗，翀極言：「大兄遠在朔漠，北兵有阻，神器不可久虛，宜攝位以俟其至。」文宗納其言。及文宗親祀天地、社稷、宗廟，翀爲禮儀使，詳記行禮節文於笏，遇至尊不敢直書，必識以兩圈，帝偶取笏視，曰：「此爲皇帝字乎？」因大笑，以笏還翀。竣事，上天曆大慶詩三章，帝命藏之奎章閣。擢陝西漢中道廉訪使，會立太禧院，除僉太禧宗禋院，兼祗承神御殿事，詔遣使趣之還。迎駕至龍虎臺，帝問：「子翬來何緩？」太禧院使阿榮對曰：「翀體豐肥，不任乘馬，從水道來，是以緩耳。」太禧臣日聚禁中，以便顧問，帝嘗問阿榮曰：「魯子翬飲食何如？」對曰：「與衆人同。」又問：「談論如何？」曰：「翀所談，義理之言也。」從幸上都，嘗奉敕撰碑文，稱旨，帝曰：「候朕還大都，當還汝潤筆貲也。」

遷集賢直學士，兼國子祭酒。諸生素已望翀，至是，私相歡賀。翀以古者教育有業，退必有居。舊制，弟子員初入學，以羊贄，所貳之品與羊等。翀曰：「與其饜口腹，孰若爲吾黨燥濕寒暑之虞乎！」命擣集之，得錢二萬緡有奇，作屋四區，以居學者。諸生積分，有六年未及釋褐者，翀至，皆使就試而官之。帝師至京師，有旨朝臣一品以下，皆乘白馬郊迎。大臣俯伏進觴，帝師不爲動，惟翀舉觴立進曰：「帝師，釋迦之徒，天下僧人師也。余，孔子之徒，天下儒人師也。請各不爲禮。」帝師笑而起，舉觴卒飲，衆爲之慄然。

文宗崩，皇太后聽政，命別不花、塔失海牙、阿兒思蘭、馬祖常、史顯夫及翀六人，商論國政。翀以大位不可久虛，請嗣君卽位，早正宸極，以幸天下。帝既卽位，大臣以爲赦不可頻行，翀曰：「今上以聖子神孫，入繼大統，當新天下耳目。今不赦，豈可收怨於新造之君乎！」皇太后以爲宜從翀言，議乃定。遷禮部尙書，階中憲大夫。有大官妻無子而妾有子者，其妻以田盡入于僧寺，其子訟之，翀召其妻詰之曰：「汝爲人妻，不以資產遺其子，他日何面目見汝夫於地下！」卒反其田。

元統二年，除江浙行省參知政事。逾年，以遷葬故歸鄉里。明年，召爲翰林侍講學士，以疾辭，不上。至元四年卒，年六十。贈通奉大夫、陝西行省參知政事、護軍，追封南陽郡公，謚文靖。

翀狀貌魁梧，不妄言笑。其爲學一本於性命道德，而記問宏博，異言僻語，無不淹貫。文章簡奧典雅，深合古法。用是天下學者，仰爲表儀。其居國學者久，論者謂自許衡之後，能以師道自任者，惟耶律有尙及翀而已。有文集六十卷。

子遠，字朋道，以翀廕調祕書郎，轉襄陽縣尹，須次居南陽。賊起，遠以忠義自奮，傾財募丁壯，得千餘人，與賊拒戰，俄而賊大至，遠被害死。遠妻雷爲賊所執，賊欲妻之，乃詆賊曰：「我魯參政冢婦，縣令嫡妻，夫死不貳，肯從汝狗彘以生乎！」賊醜其言，將辱之，雷號哭大罵，不從，乃見殺。舉家皆被害。

李泂

李泂字溉之，滕州人。生有異質，始從學，卽穎悟强記。作爲文辭，如宿習者。姚燧以文章負大名，一見其文，深歎異之，力薦于朝，授翰林國史院編修官。未幾，以親老，就養江南。久之，辟中書掾，非其志也。及考除集賢院都事，轉太常博士。拜住爲丞相，聞泂名，擢監修國史長史，歷祕書監著作郎、太常禮儀院經歷。泰定初，除翰林待制，以親喪未克葬，辭而歸。

天曆初，復以待制召，於是文宗方開奎章閣，延天下知名士充學士員，泂數進見，奏對稱旨，超遷翰林直學士，俄特授奎章閣承制學士。泂旣爲帝所知遇，乃著書曰輔治篇以進，文宗嘉納之。朝廷有大議，必使與焉。會詔修經世大典，泂方臥疾，即强起，曰：「此大制作也，吾其可以不預！」力疾同修，書成，旣進奏，旋謁告以歸。復除翰林直學士，遣使召之，竟以疾不能起。

泂骨骼清峻，神情開朗，秀眉疏髯，目瑩如電，顏面如冰玉，而脣如渥丹然，峨冠褒衣，望之者疑爲神仙中人也。其爲文章，奮筆揮灑，迅飛疾動，汩汩滔滔，思態疊出，縱横奇變，若紛錯而有條理，意之所至，臻極神妙。泂每以李太白自儗，當世亦以是許之。嘗游匡廬、王屋、少室諸山，留連久乃去，人莫測其意也。僑居濟南，有湖山花竹之勝，作亭曰天心水面，文宗嘗敕虞集製文以記之。泂尤善書，自篆、隸、草、眞皆精詣，爲世所珍愛。卒年五十九。有文集四十卷。

蘇天爵

蘇天爵字伯修，眞定人也。父志道，歷官嶺北行中書省左右司郎中，和林大饑，救荒有惠政，時稱能吏。天爵由國子學生公試，名在第一，釋褐，授從仕郎、大都路薊州判官。丁內外艱，服除，調功德使司照磨。泰定元年，改翰林國史院典籍官，陞應奉翰林文字。至順元年，預修武宗實錄。二年，陞修撰，擢江南行臺監察御史。

明年，慮囚于湖北。湖北地僻遠，民獠所雜居，天爵冒瘴毒，徧歷其地。囚有言寃狀者，天爵曰：「憲司歲兩至，不言何也？」皆曰：「前此慮囚者，應故事耳。今聞御史至，當受刑，故不得不言。」天爵爲之太息。每事必究心，雖盛暑，猶夜篝燈，治文書無倦。(江)〔沅〕陵民文甲無子，〔四〕育其甥雷乙，後乃生兩子，而出乙，乙俟兩子行賣茶，卽舟中取斧，並斲殺之，沈斧水中，而血漬其衣，跡故在。事覺，乙具服，部使者乃以三年之疑獄釋之。天爵曰：「此事二年半耳，且不殺人，何以衣污血？又何以知斧在水中？又其居去殺人處甚近，何謂疑獄？」遂復置于理。常德民盧甲、莫乙、汪丙同出傭，而甲誤墮水死，甲弟之爲僧者，欲私甲妻不得，訴甲妻與乙通，而殺其夫。乙不能明，誣服擊之死，斷其首棄草間，屍與仗棄譚氏家溝中。吏往索，果得髑髏，然屍與仗皆無有，而譚誣證曾見一屍，水漂去。天爵曰：「屍與仗縱存，今已八年，未有不腐者。」召譚詰之，則甲未死時，目已瞽，其言曾見一屍水漂去，妄也。天爵語吏曰：「此乃疑獄，況不止三年。」俱釋之。其明於詳讞，大抵此類。

入爲監察御史，道改奎章閣授經郎。元統元年，復拜監察御史，在官四閱月，章疏凡四十五上，自人君至于朝廷政令、稽古禮文、閭閻幽隱，其關乎大體、繫乎得失者，知無不言。所劾者五人，所薦舉者百有九人。明年，預修文宗實錄，遷翰林待制，尋除中書右司都事，兼經筵參贊官。後至元二年，由刑部郎中，改御史臺都事。三年，遷禮部侍郎。五年，出爲淮東道肅政廉訪使，憲綱大振，一道肅然。入爲樞密院判官。明年，改吏部尚書，拜陝西行臺治書侍御史，復爲吏部尚書，陞參議中書省事。是時，朝廷更立宰相，庶務多所弛張，而天子圖治之意甚切，天爵知無不言，言無顧忌，夙夜謀畫，須髮盡白。

至正二年，拜湖廣行省參知政事，遷陝西行臺侍御史。四年，召爲集賢侍講學士，兼國子祭酒。天爵自以起自諸生，進爲師長，端己悉心，以範學者。明年，出爲山東道肅政廉訪使，尋召還集賢，充京畿奉使宣撫，究民所疾苦，察吏之姦貪，其興除者七百八十有三事，其糾劾者九百四十有九人，都人有包、韓之譽，然以忤時相意，竟坐不稱職罷歸。七年，天子察其誣，乃復起爲湖北道宣慰使、浙東道廉訪使，俱未行。拜江浙行省參知政事。江浙財賦，居天下十七，事務最煩劇，天爵條分目別，細鉅不遺。

九年，召爲大都路都總管，以疾歸。俄復起爲兩浙都轉運使，時鹽法弊甚，天爵拯治有方，所辦課爲鈔八十萬錠，及期而足。十二年，妖寇自淮右蔓延及江東，詔仍江浙行省參知政事，總兵于饒、信，所克復者，一路六縣。其方略之密，節制之嚴，雖老帥宿將不能過之。然以憂深病積，遂卒于軍中。年五十九。

天爵爲學，博而知要，長於紀載，嘗著國朝名臣事略十五卷、文類七十卷。其爲文，長於序事，平易溫厚，成一家言，而詩尤得古法，有詩藁七卷、文藁三十卷。於是中原前輩，凋謝殆盡，天爵獨身任一代文獻之寄，討論講辯，雖老不倦。晚歲，復以釋經爲己任。學者因其所居，稱之爲滋溪先生。其他所著文，有松廳章疏五卷、春風亭筆記二卷，遼金紀年、黃河原委，未及脫藁云。

校勘記

〔一〕（郡）〔羣〕盜縱橫　從北監本改。

〔二〕凡五十卷　錢大昕補元史藝文志作「五十一卷」，並列類目卷數，爲卷凡五十一。道光本補「一」字。

〔三〕廉訪使　滋溪文稿卷八孛朮魯翀神道碑銘作「廉訪副使」。新元史補「副」字，疑是。

〔四〕（江）〔沅〕陵　據黃金華集卷一五蘇御史治獄記改。按本書卷六三地理志，沅陵縣爲辰州路屬縣，與蘇御史治獄記「辰之沅陵」符。

元史卷一百八十四

列傳第七十一

王都中

王都中字元兪，福之福寧州人。父積翁，仕宋爲寶章閣學士、福建制置使。至元十三年，宋主納土，乃以全閩八郡圖籍來，入覲世祖於上京，降金虎符，授中奉大夫、刑部尚書、福建道宣慰使，兼提刑按察使，尋除參知政事，行省江西。俄以爲國信使，宣諭日本，至其境，遇害于海上。

都中生三歲，即以恩授從仕郎、南劍路順昌縣尹。七歲，從其母葉訴闕下，世祖閔焉，給驛券，俾南還，賜平江田八千畝、宅一區。已而世祖追念其父功不置，特授都中少中大夫、平江路總管府治中，時年甫十七。僚吏見其年少，頗易視之。都中遇事剖析，動中肯綮，皆愕眙不敢欺。崑山有詭易官田者，事覺，而八年不決，都中爲披故牘，洞見底裏，其人乃伏辜。吳江有違拒有司築堤護田之令而歸過於衆人者，都中詢知其故，皆置不問，其人乃無所逃罪。學舍久壞不治，而郡守缺，都中曰：「聖人之道，人所共由，何獨守得爲乎？」乃首募大家合錢，新其禮殿。

秩滿，除浙東道宣慰副使。金華有毆殺人者，吏受賕，以爲病死。都中摘屬吏覆按，得其情。獄具，縣長吏而下，皆以贓敗。餘姚有豪民張甲，居海濱，爲不法，擅制一方，吏無敢涉其境。都中捕繫之，痛繩以法。遷荆湖北道宣慰副使，適歲侵，都中躬履山谷，以拯其饑，民賴以全活者數十萬。武宗詔更鈔法，行銅錢，以都中爲通才，除江淮泉貨監。凡天下爲監者六，惟江淮所鑄錢號最精。

改郴州路總管，郴居楚上流，谿洞傜獠往來民間，憚其强猾，莫敢與相貿易，都中煦之以恩，懾之以威，乃皆悅服。郴民染於蠻俗，喜鬭爭，都中乃大治學舍，作籩豆簠簋、笙磬琴瑟之屬，使其民識先王禮樂之器，延宿儒教學其中，以義理開曉之，俗爲之變。鄰州茶陵富民覃乙死，無子，惟一小妻，及其贅壻，妻誣其壻拜屍成婚，藏隱玉杯夜明珠，株連八百餘人，奉使宣撫移其獄，諉之都中窮治，悉得其情，而正其罪。州長吏而下，計其贓至十一萬五千餘緡，人以爲神明。

遷饒州路總管。年饑，米價翔踊，都中以官倉之米，定其價爲三等，言於行省，以爲須糶以下等價，民乃可得食，未報。又於下等價減十之二，使民就糴。時宰怒其專擅，都中曰：「饒去杭幾二千里，比議定往還，非半月不可。人七日不食則死，安能忍死以待乎！」其民亦相與言曰：「公爲我輩減米價，公果得罪，我輩當鬻妻子以代公償。」時宰聞之乃罷。郡歲貢金，而金戶貧富不常，都中考得其實，乃更定之。包銀之法，戶不過二兩，而州縣徵之加十倍，都中責之，一以詔書從事。父老或以兩岐之麥、六穗之禾爲獻，都中曰：「此聖主之嘉瑞，非臣下所敢當。」遂以聞于朝。以內憂去郡，民生爲立祠。

服闋，除兩浙都轉運鹽使，未上，擢海北海南道肅政廉訪使。中書省臣奏國計莫重於鹽筴。乃如前除鹽亭竈戶，三年一比附推排，世祖舊制也。任事者恐斂怨，久不舉行。都中曰：「爲臣子者，使皆避謫，何以集事。」乃請于行省，偏歷三十四場，驗其物力高下以損益之。役既平，而課亦足，公私便之。擢福建閩海道肅政廉訪使，俄遷福建道宣慰使都元帥，又改浙東道宣慰使都元帥。

天曆初，被省檄，整點七路軍馬，境內晏然。徙廣東道宣慰使都元帥，三易鎭，皆佩元降金虎符。元統初，朝廷以兩淮鹽法久壞，詔命都中以正奉大夫、行戶部尚書、兩淮都轉運鹽使，仍賜襲衣法酒。都中旣至，參酌前所行於兩浙者，次第施行之，鹽法遂修。尋拜河南行省參知政事，中道以疾作南歸。於是天子閔其老，詔卽其家拜江浙行省參知政事。至正元年卒。贈昭文館大學士，謚清獻。都中歷仕四十餘年，所至政譽輒暴著，而治郡之績，雖古循吏無以尚之。當世南人以政事之名聞天下，而位登省憲者，惟都中而已。又其淸白之操，得於家傳，所賜田宅之外，不增一畦，不易一椽，廩祿悉以給族姻之貧者，人尤以是多之。幼留京師，及拜許衡，卽知所趨嚮。中年，尤致力於根本之學，自號曰本齋。有詩集三卷。

王克敬

王克敬字叔能，大寧人。幼奇穎，嘗戲道旁，丞相完澤見之，謂左右曰：「是兒資貌秀偉，異日必令器也。」大寧朔土，習尙少文，而克敬獨孜孜爲儒者事。既仕，累遷江浙行省照磨，尋陞檢校。徽州民汪俊上變，誣富人反，省臣遣克敬往驗之，克敬察其言不實，中道數爲開陳禍福，俊悔，將對簿，竟仰藥以死。調奉議大夫、知順州，以內外艱不上。除江浙行省左右司都事。延祐四年，往四明監倭人互市。先是，往監者懼外夷情叵測，必嚴兵自衞，如待大敵。克敬至，悉去之，撫以恩意，皆帖然無敢譁。有吳人從軍征日本陷於倭者，至是從至中國，訴於克敬，願還本鄉，或恐爲禍階。克敬曰：「豈有軍士懷恩德來歸而不之納邪！脫有釁，吾當坐。」事聞，朝廷嘉之。番陽大饑，總管王都中出廩粟賑之，行省欲罪其擅發，克敬曰：「番陽距此千里，比待命，民且死，彼爲仁，而吾屬顧爲不仁乎！」都中因得免。

拜監察御史，用故事監吏部選，有履歷當陞者，吏故抑之。問故，吏曰：「有過。」克敬曰：「法，笞四十七以上不陞，今不至是。」吏曰：「責輕罪重。」曰：「失出在刑部，銓曹安知其罪重！」卒陞之。治書侍御史張伯高曰：「往者，監選以減駁爲能，今王御史乃論增品級，可爲世道賀矣。」尋遷左司都事。時英宗厲精圖治，丞相拜住請更前政不便者，會議中書堂，克敬首言：「江南包銀，民貧有不能輸者，有司以責之役戶，甚無謂也，當罷之。兩浙煎鹽戶牢盆之役，其重者尤害民，當免其它役。」議定以聞，悉從之。

泰定初，出爲紹興路總管，郡中計口受鹽，民困於誅求，乃上言乞減鹽五千引。運司弗從，因歎曰：「使我爲運使，當令越民少蘇矣。」行省檄克敬抽分舶貨，拗蕃者例籍其貨，商人以風水爲解，有司不聽。克敬曰：「某貨出某國，地有遠近，貨有輕重，冒重險，出萬死，舍近而趨遠，棄重而取輕，豈人情邪！」具以上聞，衆不能奪，商人德之。

擢江西道廉訪司副使，轉兩浙鹽運司使，首減紹興民食鹽五千引。溫州逮犯私鹽者，以一婦人至，怒曰：「豈有逮婦人千百里外，與吏卒雜處者，汚敎甚矣！自今毋得逮婦人。」建議著爲令。

明年，擢湖南道廉訪使，調海道都漕運萬戶。是歲，當天曆之變，海漕舟有後至直沽者，不果輸，復漕而南還，行省欲坐罪督運者，勒其還趨直沽。克敬以謂：「脫其常年而往返若是，信可罪。今蹈萬死，完所漕而還，豈得已哉！」乃請令其計石數，附次年所漕舟達京師，省臣從之。

召爲參議中書省事。有以飛語中大臣者，下其事，克敬持古八議之法，謂勳貴可以不議，且罪狀不明而輕罪大臣，何以白天下。宰相傳旨大長公主爲皇外姑，賜錢若干；平雲南軍還，賜錢若干；英后入覲，賜錢若干。克敬乞覆奏，宰相怒曰：「參議乃敢格詔命邪！」克敬曰：「用財宜有道，大長公主供饋素優，今賜錢出無名，不當也。自諸軍征討以來，賞格未下，平雲南省獨先受賞，是不均也。英后遠還，徒御衆多，非大錫賚，恩意不能洽，今賜物鮮少，是不周也。」宰相以聞，帝可其議。拜中奉大夫、參知政事，行省遼陽。俄除江南行臺治書侍御史，又遷淮東廉訪使，以正綱紀爲己任，不縱貪墨，不阿宗戚，聲譽益著。入爲吏部尚書，乘傳至淮安，墜馬，居吳中養疾。

元統初，起爲江浙行省參知政事，請罷富民承佃江淮田，從之。松江大姓，有歲漕米萬石獻京師者，其人既死，子孫貧且行乞，有司仍歲徵，弗足則雜置松江田賦中，令民包納。克敬曰：「匹夫妄獻米，徼名爵以榮一身，今身死家破，又已奪其爵，不可使一郡之人均受其害，國用寧乏此耶！」具論免之。江浙大旱，諸民田減租，唯長寧寺田不減，遂移牘中書，以謂不可忽天變而毒疲民。嶺海徭賊竊發，朝廷調戍兵之在行省者往討之，會提調軍馬官缺，故事，漢人不得與軍政，衆莫知所爲，克敬抗言：「行省任方面之寄，假令萬一有重於此者，亦將拘法坐視邪！」乃調兵往捕之，軍行給糧有差。事聞于朝，卽令江西、湖廣二省給糧亦如之。視事五月，請老，年甫五十九。謂人曰：「穴趾而峻墉，必危；再實之木，必傷其根。無功德而忝富貴，何以異此？故常懷止足之分也。」又曰：「世俗喜言勿認眞，此非名言。臨事不認眞，豈盡忠之道乎？」故其歷官所至，俱有政績可紀，時稱名卿。

克敬喜讀書，其有所得者，輒抄爲書。又有所著詩文奏議傳于世。元統三年卒，年六十一。贈中奉大夫、陝西等處行省參知政事，追封梁郡公，謚文肅。

子時，以文學顯，歷仕中書參知政事，至左丞，以翰林學士承旨致仕。

任速哥

任速哥，渤海人。自幼事父母以孝稱。性倜儻，尤峭直，疏財而尚氣，不尚勢利。義之所在，必亟爲之，有古俠士風。而家居恂恂，儒者不能過。初襲父官，爲右衞千戶。公卿以其賢，薦于朝。英宗召見，與語奇之。由是出入禁闥，待以心腹，將擇重職處之。未幾，鐵失與倒刺沙搆謀，英宗遇弒，遂引去。自是不復出仕，居常扼腕，或醉歸，慟哭過市，時人目以爲狂，莫知其意也。

泰定中，倒刺沙用事，天變數見。速哥乃密與平章政事速速謀曰：「先帝之讎，孤臣朝夕痛心而不能報者，以未有善策也。今吾思之，武宗有子二人，長子周王，正統所屬，然遠居朔方，難以達意。次子懷王，人望所歸，而近在金陵，易於傳命。若能同心推戴，以圖大計，則先帝之讎可雪也。」速速深然之。時燕帖木兒方僉樞密院事，實握兵柄，二人深結納之。冬，乃告以所謀，燕帖木兒初聞之矍然。因徐說之曰：「天下之事，惟順逆兩塗，以順討逆，何患不克。況公國家世臣，與國同休戚，今國難不恤，他日有先我而謀者，禍必及矣。」於是燕帖木兒許之。

致和元年，懷王自金陵遷江陵，俄而泰定帝崩，倒刺沙踰月不立君，物情洶洶，速哥乃與速速從燕帖木兒奉豫王令，率諸豪傑，乘時奮義，以八月四日，執居守省臣，發兵塞居庸諸關，召文武百僚集闕下，諭以翊戴大義，遣使迎懷王於江陵。懷王至京師，羣臣請正大統，遂即皇帝位，是爲文宗。論功行賞，擢速哥爲禮部尚書，速哥辭曰：「臣曩備宿衛，南坡之變，不能勇效一死，以報國士之知。今日之舉，皆諸將相之力，在臣未足贖罪，又曷敢言功乎！」文宗慰勉之，乃拜命。而其他賞賚，一無所受。尋遷長寧寺卿，繼出爲安豐路總管，又入爲壽福府總管，又爲都水使者。居官恂恂，無幾微自伐之意。人或詢以翊戴之事，往往遜謝，終無所言，君子尤以是多之。

陳思謙

陳思謙字景讓，其家世見祖祐傳中。思謙少孤，警敏好學，凡名物度數、綱紀本末，考訂詳究，尤深於邵子皇極經世書。文宗天曆初政，收攬賢能，丞相高昌王亦都護舉思謙，時年四十矣。召見興聖宮。明年二月，授典寶監經歷。十一月，改禮部主事，首言：「教坊、儀鳳二司，請併入宣徽，以清禮部之選。其官屬不當與文武臣並列朝會，宜置百官之後、大樂之前。」詔從之。而二司隸禮部如故。

至順元年，拜西行臺監察御史，建明八事：一曰正君道，二曰結人心，三曰崇禮讓，四曰正綱紀，五曰審銓衡，六曰勵孝行，七曰紓民力，八曰修軍政。先是，關陝大饑，民多鬻產流徙，及來歸，皆無地可耕，思謙言：「聽民倍直贖之，使富者收兼入之利，貧者獲已棄之業。」從之。監察御史李擴行部甘肅，金州民劉海延都，其男元元，自稱流民王延祿，非海延都之子，告海延都掠其財。擴聽之，以酷法抑其父。思謙劾擴逆父子之天，壞朝廷之法，遂抵擴罪。

明年二月，遷太禧宗禋院都事。九月，拜監察御史，首陳四事，言：「上有宗廟社稷之重，下有四海烝民之生，前有祖宗垂創之艱，後有子孫長久之計。中論秦、漢以來，上下三千餘年，天下一統者，六百餘年而已。我朝開國，百有餘年，混一六十餘年，土宇人民，三代、漢、唐所未有也。民有千金之產，猶謹守之，以爲先人所營，況君臨天下，承祖宗艱難之業，而傳祚萬世者乎！臣愚以興亡懇懇言者，誠以皇上有元之聖主，今日乃皇上盛時圖治之機，茲不可失也。」又言：「戶部賜田，諸怯薛支請，海青獅豹肉食，及局院工糧，好事布施，一切泛支，以至元三十年以前較之，動增數十倍。至順經費，缺二百三十九萬餘錠。宜節無益不急之費，以備軍國之用，苟能三分損一以惠民，夫豈小哉！」又言：「軍站消乏，簽補則無殷實之戶，接濟則無羨餘之財，倘有征行，必括民間之馬，苟能修馬政，亦其一助也。方今西越流沙，北際沙漠，東及遼海，地氣高寒，水甘草美，無非牧養之地，宜設置羣牧使司，統領十監，專治馬政，并畜牛羊，數年之後，馬實蕃盛，或給軍以收兵威，或給站以優民力，牛羊之富，又足以給國用，非小補也。」又言：「銓衡之弊，入仕之門太多，黜陟之法太簡，州郡之任太淹，朝省之除太速，欲設三策，以救四弊。一曰，至元三十年以後增設衙門，冗濫不急者，從實減并，其外有選法者，并入中書。二曰，宜參酌古制，設辟舉之科，令三品以下，各舉所知，得才則受賞，失實則受罰。三曰，古者刺史入爲三公，郎官出宰百里，蓋使外職識朝廷治體，內官知民間利病。今後歷縣尹有能聲善政者受郎官御史，歷郡守有奇才異績者任憲使尙書，其餘各驗資品通遷，在內者不得三考連任京官，在外者須歷兩任，乃遷內職。績非出類、守不敗官者，則循以年勞，處以常調。凡朝缺官員，須二十月之上，方許遷除。」帝可其奏，命中書議行之。

時有官居喪者，往往奪情起復，思謙言：「三年之喪，謂之達禮，自非金革，不可從權。」遂著於令。有詔起報嚴寺。思謙曰：「兵荒之餘，當罷土木，以紓民力。」帝嘉之曰：「此正得祖宗立臺憲之意。繼此事有當言者，無隱。」賜縑綺旌之。未幾，遷右司都事。元統二年五月，轉兵部郎中。十一月，改御史臺都事。重紀至元元年五月，出爲淮西道廉訪副使，至淮未期月，引疾歸。六月，召爲中書省員外郎，上言：「强盜但傷事主者，皆得死罪，而故殺從而加〔功〕之人，〔一〕與鬭而殺人者，例杖一百七下，得不死，與私宰牛馬之罪無異，是視人與牛馬等也，法應加重。因奸殺夫，所奸妻妾同罪，律有明文，今止坐所犯，似失推明。」遂令法曹議，著爲定制。

至正元年，轉兵部侍郎。俄丁內艱，服除，召爲右司郎中。歲凶，盜賊蠭起，剽掠州邑，思謙力言于執政，當竭府庫以賑貧民，分兵鎭撫中夏，以防後患。五年，參議中書省事。轉刑部尙書，改湖南廉訪使。八年，遷淮東宣慰司都元帥。九年，遷浙西廉訪使、湖廣行中書省參知政事，辭。

十一年，改淮西廉訪使。廬州盜起，思謙亟命廬州路總管杭州不花領弓兵捕之，而賊已不可撲滅矣。言于宣讓王帖木兒不花曰：「承平日久，民不知兵，王以帝室之冑，鎮撫淮甸，豈得坐視！思謙願與王戮力殄滅。且王府屬怯薛人等，數亦不少，必有能摧鋒陷陣者，惟王圖之。」王曰：「此吾責也，但鞍馬器械未備，何能禦敵？」思謙括官民馬，置兵甲，不日而集，分道並進，遂禽渠賊，廬州平。既而潁寇將渡淮，又言于王曰：「潁寇東侵，亟調芍陂屯卒用之。」王曰：「非奉詔，不敢調。」思謙言：「非常之變，理宜從權，擅發之罪，思謙坐之。」王感其言，從之。其姪立本爲屯田萬戶，召語曰：「吾祖宗以忠義傳家，汝之職，乃我先人力戰所致，今國家有難，汝當身先士卒，以圖報效，庶無負朝廷也。」

尋召入，爲集賢侍講學士，修定國律。十二年，拜治書侍御史。明年，陞中丞，年近七十，上章乞老，不允，特旨進一品，授榮祿大夫，仍御史中丞。入謝，感疾，及命下，强拜受命，明日卒。贈宣猷秉憲佐治功臣、翰林學士承旨、榮祿大夫、柱國，追封魯國公，謚通敏。

韓元善

韓元善字大雅，汴梁之太康人。唐檢校司空贈司徒充，以宣武軍節度使兼統義成軍，留鎭汴，子孫遂爲太康韓氏。父克昌，至大間仕爲監察御史，以論事有名聲。元善由國子監生，積分中程，釋褐，除新州判官，累擢江南行臺監察御史，歷中書左司郎中、吏部侍郎、吏部尚書、僉樞密院事。

至正三年，拜中書參知政事。五年，遷大司農卿，尋出爲江南行御史臺中丞、燕南肅政廉訪使。九年，召拜中書左丞、同知經筵事。十一年，丞相脫脫奏事內廷，以事關兵機，而元善及參知政事韓鏞皆漢人，使退避，勿與俱，由是遂與右丞玉樞虎兒吐華同分省彰德以給餽餉。十二年，御史大夫也先帖木兒總兵討汝寧，元善至衞輝，以病卒。

元善性純正，明達政體，敭歷臺閣三十餘年，遂躋丞轄，以文學治才，羽翼廟謨，論議之際，秉義陳法，不偭鄉上官，國是所在，倚之以爲重。嘗以謁告侍親居家，效范文正公遺規，置田百畝爲義莊，以周貧族。至正交鈔初行，賜近臣各三百錠，元善復以買田六百畝，爲義塾，延名士，以敎族人子弟云。

崔敬

崔敬字伯恭，大寧之惠州人。通刑名法律之學。淮東、山南廉訪司，皆辟書吏。天曆初，辟御史臺察院書吏，歷刑部令史、徽政院掾史，遂陞中書掾。至元五年，用累考及格，授刑部主事。

六年，遷樞密院都事，拜監察御史。時旣毀文宗廟主，削文宗后皇太后之號，徙東安州，而皇弟燕帖古思，文宗子也，又放之高麗。敬上疏，略曰：「文皇獲不軌之愆，已徹廟祀；叔母有階禍之罪，亦削洪名。盡孝正名，斯亦足矣。惟念皇弟燕帖古思太子，年方在幼，罹此播遷，天理人情，有所不忍。明皇當上賓之日，太子在繦褓之間，尙未有知，義當矜憫。蓋武宗視明、文二帝，皆親子也，陛下與太子，皆嫡孫也。以武皇之心爲心，則皆子孫，固無親疏；以陛下之心爲心，未免有彼此之論。臣請以世俗喩之：常人有百金之產，尙置義田，宗族困阨者，爲之敎養，不使失所。況皇上貴爲天子，富有四海，子育黎元，當使一夫一婦無不得其所，今乃以同氣之人，置之度外，適足貽笑邊邦，取辱外國。況蠻夷之心，不可測度，倘生他變，關係非輕。興言至此，良爲寒心！臣願殺身以贖太子之罪，望陛下遣近臣迎歸太后、太子，以全母子之情，盡骨肉之義，天意回，人心悅，則宗社幸甚！」不報。

又上疏，諫天子巡幸上都，宜御內殿。其略曰：「世祖以上都爲淸暑之地，車駕行幸，歲以爲常，閣有大安，殿有鴻禧、睿思，所以保養聖躬，適起居之宜，存畏敬之心也。今失剌斡耳朶思，乃先皇所以備宴游，非常時臨御之所。今陛下方以孝治天下，屢降德音，祗行宗廟親祀之禮，雖動植無知，罔不歡悅，而國家多故，天道變更，臣備員風紀，以言爲職，願大駕還大內，居深宮，嚴宿衞，與宰臣謀治道。萬機之暇，則命經筵進講，究古今盛衰之由，緝熙聖學，乃宗社之福也。」

時帝數以歷代珍寶分賜近侍，敬又上疏曰：「臣聞世皇時，大臣有功，所賜不過槃革，重惜天物，爲後世慮至遠也。今山東大饑，燕南亢旱，海潮爲災，天文示儆，地道失寧，京畿南北，蝗飛蔽天，正當聖主恤民之日。近侍之臣，不知慮此，奏稟承請，殆無虛日，甚至以府庫百年所積之寶物，遍賜僕御閹寺之流、乳稚童孩之子，帑藏或空。萬一國有大事，人有大功，又將何以爲賜乎！乞追回所賜，以示恩不可濫，庶允公論。」

是年，出僉山北廉訪司事，按部全寧。獄有李秀，以坐造僞鈔，連數十人，而皆與秀不相識，敬疑而讞之。秀曰：「吾以訓童子爲業，居村落間，有司至秀舍，謂秀爲僞造鈔者，捶楚之下，不敢不誣服耳。」敬詢知始謀者，乃大同王濁，十餘年事不泄，而有司誤以李秀爲王濁也。移文至大同，果得王濁爲眞造僞鈔者。

至正初，遷河南，又遷江東。所至抑豪强，惠下窮，洗寃滯，興學勸農，百廢具舉。除江西行省左右司郎中，入爲諸路寶鈔提舉，改工部侍郎。

十一年，遷同知大都路總管府事。直沽河淤數年，中書省委敬浚治之，給鈔數萬錠，募工萬人，不三月告成，咸服其能。除刑部侍郎，遷中書左司郎中。

十二年，歷兵部尚書，爲樞密院判官。十四年，遷刑部尚書。廣東府憲讎殺，以沙加班處大逆，敬詳憲府以私相害，致有是變，殺人者自有典章，得坐一人，大逆非謀反，則不科得坐一家。敬立論全重而就輕，朝廷咸以爲然。

十五年，復爲樞密院判官，尋拜參知政事，行省河南，復爲兵部尚書，兼濟寧軍民屯田使，朝廷給以鈔十萬錠，散於有司，招致居民、軍士，立營屯種，歲收得百萬斛，以給邊防，居歲餘，其法井井。

十有七年，召爲大司農少卿，遂拜中書參知政事。盜據齊魯，敬與平章政事答蘭、參知政事俺普，分省陵州。陵州乃南北要衝，無城郭，而居民散處，敬兼領兵、刑、戶、工四部事，供給諸軍，事無不集。丞相以其能上聞，賜之上尊，仍命其便宜行事。敬與俺普密議曰：「我軍强且勝，彼將敗而降，如得仗義之士，直抵其巢穴而招安之，亦方面之幸也。」有國子生王恪等，願請往，敬以便宜授以官，俾之行，至鄆城，見李秉彝、田豐等，諭以逆順禍福之理，豐與秉彝皆悔過自新。山東郡邑之復，敬之策居多。敬以軍馬供給浩繁，而民力日疲，乃請行納粟補官之令，中書以其言聞，詔從之。河北燕南士民踵躡而至，積粟百萬石、綺段萬匹，用以給軍費，民獲少蘇。

十八年，除山東行樞密院副使，俄遷江浙行省左丞。卒，年六十七。贈資善大夫、江浙行省左丞如故，謚曰忠敏。

校勘記

〔一〕而故殺從而加〔功〕之人　從道光本補。按本書卷一〇五刑法志有「諸殺人，從而加功，無故殺之情者，會赦仍釋之」。加功，謂助人犯罪。

元史卷一百八十五

列傳第七十二

呂思誠

呂思誠字仲實，平定州人。六世祖宗禮，金進士，遼州司戶。宗禮生仲堪，亦舉進士。仲堪生時敏，時敏生釗，爲千夫長，死國事。釗生德成，德成生允，卒平定知州致仕，思誠父也。母馮氏，夢一丈夫，烏巾、白襴衫、紅鞓束帶，趨而揖曰：「我文昌星也。」及寤，思誠生，目有神光，見者異之。及長，從蕭𣂏學治經。已而入國子學爲陪堂生，試國子伴讀，中其選。

擢泰定元年進士第，授同知遼州事，未赴。丁內艱。改景州蓚縣尹。差民戶爲三等，均其徭役；刻孔子象，令社學祀事；每歲春行田，樹畜勤敏者，賞以農器，人爭趨事，地無遺力。民石安兒等，流離積年，至是，聞風復業。印識文簿，畀社長藏之，季月報縣，不孝弟、不事生業者，悉書之，罰其輸作。胥吏至社者，何人用飲食若干，多者責償其直。豪猾者竄名職田戶，思誠盡祛其弊。天曆兵興，豫貸鈔於富民，令下造軍器，事皆先集，民用不擾。于後得官價，亟以還民。翟彝自其大父因河南亂，被掠爲人奴，歲納丁粟以免作。思誠知彝力學，召其主與之約，終彝身粟三十石，仍代之輸，彝得爲良民。他日買羊，劉智社民李，持酒來見，愬其弟匿羊，思誠叱之退。王青兄弟四人，友愛彌篤，思誠至其家，取酒勸酬，歡同骨肉。李之兄弟相謂曰：「我等終不敢見尹矣。」各具酒食相切責，悔前過，析居三十年，復還同爨。鎭民張復，叔母孀居，且瞽，丐食以活，恐思誠聞之，卽日迎養。思誠憐其貧，令爲媒互人以養之。天旱，道士持青蛇，曰盧師谷小青，謂龍也，禱之卽雨。思誠以其惑人，殺蛇，逐道士，雨亦隨至，遂有年。縣多淫祠，動以百餘計，刑牲以祭者無虛日，思誠悉命毀之，唯存江都相董仲舒祠。

擢翰林國史院檢閱官，俄陞編修。文宗在奎章閣，有旨取國史閱之，左右舁匱以往，院長貳無敢言。思誠在末僚，獨跪閣下爭曰：「國史紀當代人君善惡，自古天子無觀閱之者。」事遂寢。

尋擢國子監丞，陞司業，拜監察御史。與斡玉倫徒等劾中書平章政事徹里帖木兒變亂朝政，章上，留中不下，思誠納印綬殿前，遂出僉廣西廉訪司事。巡行郡縣，土官有于元帥者，恃勢魚肉人，恐事覺，陰遣其子迓思誠於道，思誠縛之，悉發其陰私，痛懲其罪，一道震肅。

移浙西。達識帖睦邇時爲南臺御史大夫，與江浙省臣有隙，嗾思誠劾之，思誠曰：「吾爲天子耳目，不爲臺臣鷹犬也。」不聽。已而聞行省平章左吉貪墨，浙民多怨之，思誠奏疏其罪，流之海南。

復召爲國子司業，遷中書左司員外郎。盜殺河南省臣，以僞檄呼廉訪使段輔入行省事，及事敗，詿誤者三十餘人，將置於法，思誠言於朝，皆釋之。陞左司郎中。思誠素剛直，人多嫉之，遂以言罷。起爲右司郎中，拜刑部尚書。科舉復行，與僉書樞密院事韓鏞爲御試讀卷官。改禮部尚書，御史臺奏爲治書侍御史，總裁遼、金、宋三史，升侍御史，樞密院奏爲副使，御史臺留爲侍御史。會平章政事鞏卜班不法，監察御史劾之，御史大夫也先帖木兒曰：「姑徐之。」思誠趣入奏，鞏卜班罷。大夫銜思誠，將謀擠之，思誠卽謁告，朝廷知思誠無他，遷河東廉訪使。未幾，召爲集賢侍講學士，兼國子祭酒，出爲湖廣行省參知政事，諸生抗疏留之，不可。道中授湖北廉訪使，入拜中書參知政事，陞左丞，轉御史中丞。劾奏淸道官不盡職，罷之。再任左丞、知經筵事，提調國子監，兼翰林學士承旨、知制誥兼修國史，加榮祿大夫，總裁后妃、功臣傳，會稡六條政類，帝賜玉帶，眷顧彌篤。又爲樞密副使，仍知經筵事，復爲中書左丞。御史大夫納麟，誣參政孔思立受賕事，或欲連中思誠，納麟曰：「呂左丞素有廉聲，難以及之。」遂止。

拜集賢學士，仍兼國子祭酒。吏部尚書偰哲篤、左司都事武祺等，建言更鈔法，以楮幣一貫文省權銅錢一千文爲母，銅錢爲子，命廷臣集議。思誠曰：「中統、至元自有母子，上料爲母，下料爲子，譬之蒙古人以漢人子爲後，皆人類也，尙終爲漢人之子，豈有故紙爲父而立銅爲子者乎？」一座咸笑。思誠又曰：「錢鈔用法，見爲一致，以虛換實也。今歷代錢、至正錢、中統鈔、至元鈔、交鈔分爲五項，慮下民知之，藏其實而棄其虛，恐不利於國家也。」偰哲篤曰：「至元鈔多僞，故更之爾。」思誠曰：「至元鈔非僞，人爲僞爾。交鈔若出，亦爲僞者矣。且至元鈔，猶故戚也，家之童奴且識之；交鈔，猶新戚也，雖不敢不親，人未識也，其僞反滋多爾。況祖宗之成憲，其可輕改哉。」偰哲篤曰：「祖宗法弊，亦可改矣。」思誠曰：「汝輩更法，又欲上誣世皇，是汝與世皇爭高下也。且自世皇以來，諸帝皆謚曰孝，改其成憲，可謂孝乎？」偰哲篤曰：「錢鈔兼行何如？」思誠曰：「錢鈔兼行，輕重不倫，何者爲母，何者爲子，汝不通古今，道聽而塗說，何足行哉。」偰哲篤忿曰：「我等策既不可行，公有何策？」思誠曰：「我有三字策曰：行不得！行不得！」丞相脫脫見思誠言直，頗狐疑未決。御史大夫也先帖木兒獨曰：「呂祭酒之言亦有是者，但不當在廟堂上大聲厲色爾。」已而監察御史承望風旨，劾思誠狂妄，奪其誥命幷所賜玉帶，復左遷湖廣行省左丞，遣太醫院宣使秦初即其家迫遣之。初窘辱之，不遺餘力，思誠不爲動。貽書參議龔伯遂曰：「去年許可用爲河南左丞，今年呂思誠爲湖廣左丞，世事至此，足下得無動心乎？」

抵武昌城下，語諸將曰：「賊據城與諸君相持經久，必不知吾爲此來，出其不意，可以入城。」遂行，諸將不獲已，隨其後，竟不煩轉鬭而入。詢其故，賊倉卒無備，盡驚走。思誠乃大會軍民官吏告之曰：「賊去，示吾弱也，規將復來。」於是申號令，戒職事，修器械，葺城郭，明部伍，先謀自守，徐議出征。苗軍暴橫，侵辱省憲，思誠正色叱之曰：「若等能殺呂左丞乎？」自是無敢復至。曾未數日，召還，復爲中書左丞。思誠去二日，城復陷。移光祿大夫、大司農。俄得疾，以至正十七年三月十七日卒，年六十有五。

思誠氣宇凝定，素以勁拔聞，不爲勢利所屈。三爲祭酒，一法許衡之舊，諸生從化，後多爲名士。嘗病古註疏太繁，魏了翁刪之太簡，將約其中以成書，不果。有文集若干卷、兩漢通紀若干卷。謚忠肅。

汪澤民

汪澤民字叔志，徽之婺源州人，宋端明殿學士藻之七世孫也。〔一〕少警悟，家貧力學，既長，遂通諸經。延祐初，以春秋中鄉貢，上禮部，下第，授寧國路儒學正。五年，遂登進士第，授承事郎、同知岳州路平江州事。以母年八十，上書願奪所授官一等或二等，得近地以便養，不允。南歸奉母之官。州民李氏，以貲雄，其弟死，妻誓不他適，兄利其財，嗾族人誣婦以奸事，獄成而澤民至，察知其枉，爲直之。會朝廷徵江南包銀，府檄澤民分辦，民不擾而事集。

尋遷南安路總管府推官。鎮守萬戶朶兒赤，持官府短長，郡吏王甲，毆傷屬縣長官，訴郡，同僚畏朶兒赤，托故不視事，澤民獨捕甲，繫之獄。朶兒赤賂巡按御史，受甲家人訴，欲出之，澤民正色與辨，御史沮怍，夜竟去，乃卒罪王甲。潮州府判官錢珍，以奸淫事殺推官梁楫，事連廣東廉訪副使劉珍，〔三〕坐繫者二百餘人，省府官凡六委官鞫問，皆顧忌淹延弗能白，復檄澤民讞之，獄立具，人服其明。

遷信州路總管府推官。丁母憂，服除，授平江路總管府推官。有僧淨廣，與他僧有憾，久絕往來，一日，邀廣飲，廣弟子急欲得師財，且苦其箠楚，潛往它僧所殺之，明日訴官，它僧不勝考掠，乃誣服，三經審錄，詞無異，結案待報。澤民取行凶刀視之，刀上有鐵工姓名，召工問之，乃其弟子刀也，一訊吐實，卽械之而出他僧，人驚以爲神。

調濟寧路兖州知州，孔子後衍聖公襲封職三品，澤民建議，以謂宜陞其品秩，以示褒崇宣聖之意，廷議從之。至正三年，朝廷修遼、金、宋史，召澤民赴闕，除國子司業，與修史。書成，遷集賢直學士，階大中大夫。未兩月，卽移書告老，大學士和尙曰：「集賢、翰林，實養老尊賢之地，先生何爲遽去，願少留，以副上意。」澤民曰：「以布衣叨榮三品，志願足矣。」遂以嘉議大夫、禮部尙書致仕。旣歸田里，與門生故人相往返嬉游，超然若忘世者。

十五年，蘄黃賊陷徽州，時澤民居宣州。已而賊來犯宣州，江東廉訪使道童雅重澤民，日就之詢守禦計，城得無虞。明年，長槍軍瑣南班等叛，來寇城，或勸澤民去，澤民曰：「我雖無官守，故受國厚恩，臨危愛死，非臣子節。」留不去，凡戰鬬籌畫，多澤民參決之，累敗賊兵。旣而寇益衆，城陷，澤民爲所執，使之降，大罵不屈，遂遇害，年七十。事聞，贈資善大夫、江浙行中書省左丞，追封譙國郡公，謚文節。

干文傳

干文傳字壽道，平江人。祖宗顯，宋承信郎。父雷龍，鄉貢進士。宗顯之先世以武弁入官，而力教其子以文易武，故雷龍兩舉進士，宋亡，不及仕。及生文傳，乃名今名以期之。文傳少嗜學，十歲能屬文，未冠，已有聲譽，用舉者爲吳及金壇兩縣學教諭、饒州慈湖書院山長。仁宗詔舉進士，文傳首登延祐二年乙科，授同知昌國州事，累遷長洲、烏程兩縣尹，陞婺源知州，又知吳江州。

文傳長於治劇，所至俱有善政。自其始至昌國，卽能柔之以恩信，於是海島之民，雖頑獷不易治，至有剽掠海中若化外然者，亦爲之變俗。初，長官强愎自恣，文傳推誠以待之，久乃自屈服。鹽場官方倚轉運司勢，虐使州民，家業破蕩，文傳語同列曰：「吾屬受天子命，以牧此民，可坐視而弗之救乎。」乃亟爲陳理，上官莫能奪，民賴以免。

長洲爲文傳鄉邑，文傳徙楊公署，無事未嘗輒出，而親舊莫敢通私謁。會創行助役法，凡民田百畝，令以三畝入官，爲受役者之助。文傳既專任其縣事，而行省又以無錫州及華亭、上海兩縣之事諉焉。文傳諭豪家大姓，以腴田來歸，而中人之家，自是不病於役。

其在烏程，有富民張甲之妻王，無子，張納一妾於外，生子，未晬，王誘妾以兒來，尋逐妾，殺兒焚之。文傳聞而發其事，得死兒餘骨，王厚賂妾之父母，買鄰家兒爲妾所生，兒初不死。文傳令妾抱兒乳之，兒啼不就乳，妾之父母吐實，乃呼鄰婦至，兒見之，躍入其懷，乳之卽飲，王遂伏辜。丹徒縣民有二弟共殺其姊者，獄久不決，浙西廉訪司俾文傳鞫之，既得其情，其母乞貸二子命，爲終養計，文傳謂二人所承有輕重，以首從論，則爲首者當死，司官從之。

婺源之俗，男女婚聘後，富則渝其約，有育其女至老死不嫁者；親喪，貧則不舉，有停其柩累數世不葬者。文傳下車，卽召其耆老，使以禮訓告之，閱三月而婚喪俱畢。宋大儒朱熹，上世居婺源，故業爲豪民所占，子孫訴于有司，莫能直，文傳諭其民以理，不煩窮治而悉歸之。復募好義者，卽其故宅基建祠，俾朱氏世守焉。有富民江丙，出游京師，娶娼女張爲婦，江旣客死，張走數千里，返其柩以葬，前妻之子困苦之，旣而殺之，瘞其屍山谷間。官司知之，利其賄不問，文傳乃發其事，而論如法。文傳涖官，其所設施多此類，故其治行往往爲諸州縣最。韓鏞時僉浙西廉訪司事，作烏程謠以紀其績，論者謂其有古循吏之風。

至正三年，召赴闕，丞詔預修宋史，書成，賞賚優渥，仍有旨四品以下各進一官。擢文傳集賢待制。亡何，以嘉議大夫、禮部尙書致仕。卒，年七十八。

文傳氣貌充偉，識度凝遠，喜接引後進，考試江浙、江西鄉闈，所取士後多知名。爲文務雅正，不事浮藻，其於政事爲尤長云。

韓鏞

韓鏞字伯高，濟南人。延祐五年中進士第，授將仕郎、翰林國史院編修官，尋遷集賢都事。泰定四年，轉國子博士，俄拜監察御史。當時由進士入官者僅百之一，由吏致位顯要者常十之九。帝乃欲以中書參議傅巖起爲吏部尙書，鏞上言：「吏部掌天下銓衡，巖起從吏入官，烏足盡知天下賢才。況尚書秩三品，巖起累官四品耳，於法亦不得陞。」制可其奏。天曆元年，除僉浙西廉訪司事，擊姦暴，黜貪墨，而特舉烏程縣尹干文傳治行爲諸縣最，所至郡縣，爲之肅然。二年，轉江浙財賦副總管。至順元年，除國子司業，尋遷南行臺治書侍御史。

順帝初，歷僉宣徽及樞密院事。至正二年，除翰林侍講學士，旣而拜侍御史，以剛介爲時所忌，言事者誣劾其贓私，乃罷去。五年，臺臣辨其誣，遂復起參議中書省事。

七年，朝廷慎選守令，參知政事魏中立言于帝：「當今必欲得賢守令，無加鏞者。」帝乃特署鏞姓名，授饒州路總管。饒之爲俗尙鬼，有覺山廟者，自昔爲妖以禍福人，爲盜賊者事之尤至，將爲盜，必卜之。鏞至，卽撤其祠宇，沉土偶人于江。凡境內淫祠有不合祀典者，皆毀之。人初大駭，已而皆嘆服。鏞知民可教，俾俊秀入學宮，求宿儒學行俱尊者，列爲五經師，旦望必幅巾深衣以謁先聖，月必考訂課試，以示勸勵。每治政之暇，必延見其師生，與之講討經義，由是人人自力於學，而饒之以科第進者，視他郡爲多。鏞居官廨，自奉澹泊，僚屬亦皆化之。先是，朝使至外郡者，官府奉之甚侈，一不厭其所欲，卽銜之，往往騰謗于朝，其出使于饒者，鏞延見郡舍中，供以糲飯，退皆無有後言。其後有旨以織幣脆薄，遣使笞行省臣及諸郡長吏。獨鏞無預。鏞治政，雖細事，其詳密多類此。

十年，拜中書參知政事。十一年，丞相脫脫在位，而龔伯遂輩方用事，朝廷悉議更張，鏞有言，不見聽。人或以鏞優於治郡，而執政非其所長，遂出爲甘肅行省參知政事。及脫脫罷，用事者悉誅，而鏞又獨免禍。乃遷西行臺中丞，歿于官。

李稷

李稷字孟豳，滕州人。稷幼穎敏，八歲能記誦經史。從其父官袁州，師夏鎭，又從官鉛山，師方回孫。鎭、回孫皆名進士，長於春秋，稷兼得其傳。

泰定四年，中進士第，授淇州判官。淇當要衝，稷至，能理其劇。歲大饑，告于朝堂以賑之，民獲以蘇。游民尚安兒，飲博亡賴，稷疑其爲非，督弓兵擒之，果盜鄰村王甲家財，與其黨五人俱伏辜。調海陵縣丞，亦有能聲。入爲翰林國史院編修官，擢御史臺照磨。

至正初，出爲江南行臺監察御史，遷都事，又入爲監察御史。劾奏閹宦高龍卜恃賴恩私，侵撓朝政，擅作威福，交通時相，請謁公行，爲國基禍，乞加竄逐，以正邦刑。章上，流高龍卜于征東。又言：「御史封事，須至御前開拆，以防壅蔽之患。言事官須優加擢用，以開諫諍之路。殿中侍御史、給事中、起居注，須任端人直士，書百司奏請，及帝所可否，月達省臺，付史館，以備纂修之實。」承天護聖寺火，有旨更作，乃上言：「水旱相仍，公私俱乏，不宜妄興大役。」議遂寢。會朝廷方注意守令，因言：「下縣尹多從吏部銓注，或非其才，宜併歸省選。茶鹽鐵課，責備長吏，動受刑譴，何以臨民，宜分委佐貳。投下達魯花赤，蠹政害民，宜爲佐貳。」帝悉可其奏。遷中書左司都事，又四遷爲戶部尚書。

十一年，廷議以中原租稅不實，將履畝起稅，稷詣都堂言曰：「方今妖寇竊發，民庶流亡，此政一行，是驅民爲盜也。」相臣是之。尋參議中書省事，俄遷治書侍御史。

十二年，從丞相脫脫出師征徐州，徐既平，謁告歸滕州，遷曾祖父以下十七喪，序昭穆以葬，敕賜碑樹焉。既而召爲詹事丞，除侍御史，俄遷中書參知政事。皇太子受册，攝大禮使，遂除樞密副使。帝躬祀郊廟，攝太常少卿，尋復爲侍御史，又爲中書參知政事，俄陞資善大夫、御史中丞，尋特加榮祿大夫。

至正十九年，丁母憂，兩起復，爲陝西行省左丞、樞密副使，乞終制，不起。服闋，命爲大都路總管，兼大興府尹，除副詹事。二十四年，出爲陝西行臺中丞，未行，改山東廉訪使。得疾，上章致仕，還京師。卒，年六十一。贈推忠贊理正憲功臣、集賢大學士、榮祿大夫、柱國，追封齊國公，謚文穆。

稷爲人孝友恭儉，廉愼忠勤，處家嚴而有則，與人交，一以誠恪，尤篤於鄉黨朋友之誼。中丞任擇善、陳思謙既沒，皆撫其遺孤，人以是多之。出入臺省者二十年，始卒無疵，爲時名卿云。

蓋苗

蓋苗字耘夫，大名元城人。幼聰敏好學，善記誦，及弱冠，游學四方，藝業大進。延祐五年，登進士第，授濟寧路單州判官。州多繫囚，苗請疏決之，知州以爲囚數已上，部使者未報，不可決。苗曰：「設使者有問，請身任其責。」知州乃勉從之，使者果閱牘而去。歲饑，白郡府，未有以應，會他邑亦以告，郡府遣苗至戶部以請，戶部難之，苗伏中書堂下，出糠餅以示曰：「濟寧民率食此，況不得此食者尤多，豈可坐視不救乎！」因泣下，時宰大悟，凡被災者，咸獲賑焉。有官粟五百石陳腐，以借諸民，期秋熟還官，及秋，郡責償甚急，部使者將責知州，苗曰：「官粟，實苗所貫，今民饑不能償，苗請代還。」使者乃已其責。單州稅糧，歲輸館陶倉，距單五百餘里，載馱擔負，民甚苦之，春猶未足，是秋，館陶大熟，苗先期令民糴粟倉下，十月初，倉券已至，省民力什之五。

辟御史臺掾，除山東廉訪司經歷，歷禮部主事，擢江南行臺監察御史。建言嚴武備以備不虞，簡兵卒以壯國勢，全功臣以隆大體，惜官爵以清銓選，考實行以抑奔競，明賞罰以杜姦欺，計利害以孚民情，去民賊以崇禮節。皆切於時務，公論韙之。

天曆初，文宗詔以建康潛邸爲佛寺，務窮壯麗，毀民居七十餘家，仍以御史大夫督其役。苗上封事曰：「臣聞使民以時，使臣以禮，自古未有不由斯道而致隆平者。陛下龍潛建業之時，居民困於供給，幸而獲覩今日之運，百姓跂足舉首，以望非常之恩。今奪農時以創佛寺，又廢民居，使之家破產蕩，豈聖人御天下之道乎？昔漢高帝興於豐、沛，爲復兩縣，光武中興南陽，免稅三年，既不務此，而隆重佛氏，何以滿斯民之望哉！且佛以慈悲爲心，方便爲教，今尊佛氏而害生民，無乃違其方便之教乎？臺臣職專糾察，表正百司，今乃委以修繕之役，豈其禮哉？」書奏，御史大夫果免督役。

入爲監察御史。文宗幸護國仁王寺，泛舟玉泉，苗進曰：「今頻年不登，邊隅不靖，政當恐懼修省，何暇逸游，以臨不測之淵乎？」帝嘉納之，賜以對衣上尊，即日還宮。臺臣擬苗僉淮東廉訪司事以聞，帝曰：「仍留蓋御史，朕欲聞其讜言也。」以丁外艱去，免喪，除太禧宗禋院都事。中書檄苗行視河道，還言：「河口淤塞，今苟不治，後日必爲中原大患。」都水難之，事遂寢。

至正初，〔三〕用薦者知亳州，修學宮，完州廨。有豪強占民田爲己業，民五十餘人訴於苗，苗訊治之，豪民咸自引服。苗曰：「爾等罪甚重，然吾觀皆有改過意。」遂從輕議。至元四年，起爲左司都事，在左司僅十八日，凡決數百事。丁內憂，宰相惜其去，重賻之。

至正二年，起爲户部郎中，俄擢御史臺都事，御史大夫欲以故人居言路，苗曰：「非其才也。」大夫不悦而起，其晚，邀至私第以謝，人兩賢之。出爲山東廉訪副使。益都、淄、萊地舊稱産金，朝廷建一府六所綜其事，民歲買金以輸官，至是六十年矣，民有忤其官長意，輒謂所居地有金礦，掘地及泉而後止，猾吏爲奸利，莫敢誰何。苗建言罷之。

三年，入爲户部侍郎。四年，由都水監遷刑部尚書。初，盜殺河南省憲官，延坐五百餘家，已有詔除首罪外，餘從原宥。至是，宰臣追復欲盡誅戮，苗堅持不可，御史趣具獄，苗曰：「肆赦復殺，在法所無，御史獨宜劾苗，其敢累朝廷之寬仁乎！」卒用苗議，罷之。出爲山東廉訪使，民饑爲盜，所在羣聚，乃上救荒弭盜十二事；劾宣慰使慨皻不法者。有司援例欲徵苗所得職田，苗曰：「年荒民困，吾無以救，尚忍征斂以肥己耶！」輒命已之，同僚皆無敢取。召參議中書省事。

五年，出爲陝西行臺侍御史，遷陝西行省參知政事。六年，復入爲治書侍御史，陞侍御史，尋拜中書參知政事、同知經筵事。大臣以兩京馳道狹隘，奏毁民田廬廣之，已遣使督有司治之矣，苗執曰：「馳道創自至元初，何今日獨爲隘乎！」力辯，乃罷。又欲宿衞士悉出爲郡長官，俾以養貧，苗議曰：「郡長所以牧民，豈養貧之地哉。果有不能自存，賜之錢可也。若任郡寄，必擇賢才而後可。」議遂寢。又欲以鈔萬貫與角觝者，苗曰：「諸處告饑，不蒙賑恤，力戲何功，獲此重賞乎？」又，僉四川廉訪司事家人違例收職田，奉使宣撫，直坐其主，宰臣命奉使卽行遣，苗請付法司詳議，勿使憲司以爲口實。於是時相顧謂僚佐曰：「所以引蓋君至樞機者，欲其相助也，迺每事相抗，何耶？今後有公務，毋白參政。」苗歎曰：「猥以非才，待罪執政，中書之事，皆當與聞，今宰相言若此，不退何俟？」將引去，而適有旨拜江南行臺御史中丞，然宰臣怒苗終不解，比至，卽除甘肅行省左丞，時苗已致仕歸田里矣。時宰復奏旨趣赴任，苗舁疾就道，至鎭，卽上言：「西土諸王，爲國藩屏，賜賚雖有常制，而有司牽於文法，遂使恩澤不以時及，有匱乏之憂，大非隆親厚本之意。」又言：「甘肅每歲中糧，姦弊百端，請以糧鈔兼給，則軍民咸利矣。」朝廷從之。遷陝西行御史臺中丞，到官數日，卽上疏乞骸骨，還鄉里。明年卒，年五十八。贈攄誠贊治功臣、中書左丞、上護軍，追封魏國公，諡文獻。

苗學術淳正，性孝友，喜施與，置義田以贍宗族。平居恂恂謙謹，及至遇事，張目敢言，雖經剉折，無少回撓，有古遺直之風焉。

校勘記

〔一〕宋端明殿學士藻之七世孫也　考異云：「宋景濂撰澤民神道碑敍其里居世系甚悉，史稱藻七世孫，據碑乃藻兄桀之七世孫。」「藻」下疑有脫文。

〔二〕劉珍　道光本作「劉安仁」，與本書卷三〇泰定帝紀泰定四年三月丙午條及宋學士集卷三汪澤民神道碑銘合。

〔三〕至正初　下文有「至元」、「至正」，此誤。道光本改作「後至元元年」。

元史卷一百八十六

列傳第七十三

張楨

張楨字約中，汴人。幼刻苦讀書，登元統元年進士第，授彰德路錄事，辟河南行省掾。楨初娶祁氏，祁生貴富家，頗驕縱，見楨貧，不爲禮，合巹踰月，卽出之。祁之兄訟于官，且汚楨以黯昧事，左右司官聽之，楨因移疾不出，滯案俱積。平章政事月魯帖木兒怒曰：「張楨，剛介士也，豈汝曹所當議耶！」郎中虎者禿謝而謝之，乃起。范孟爲亂，矯殺月魯帖木兒等，城中大擾，楨暮夜縋城出，得免。

踰年，除高郵縣尹，門無私謁。縣民張提領，尙任俠，武斷鄉曲。一日，至縣有所囑，楨執之，盡得其罪狀，里中受其抑者，咸來訴焉，乃杖而徙之，人以爲快。守城千戶狗兒妻崔氏，爲其小婦所譖，虐死，其鬼憑七歲女詣縣訴楨，備言死狀，尸見瘞舍後，楨率吏卒卽其所，發土得尸，拘狗兒及小婦，鞫之，皆伏辜，人以爲神明焉。

累除中政院判官，至正八年，拜監察御史，劾太尉阿乞剌欺罔之罪，幷言：「明里董阿、也里牙、月魯不花，皆陛下不共戴天之讎，伯顏賊殺宗室嘉王、郯王一十二口，稽之古法，當伏門誅，而其（妻）子兄弟尙仕于朝，〔一〕宜急誅竄。別兒怯不花阿附權姦，亦宜遠貶。今災異迭見，盜賊蜂起，海寇敢於要君，閫帥敢於玩寇，若不振舉，恐有唐末藩鎭噬臍之禍。」不聽。

及毛貴陷山東，上疏陳十禍，根本之禍有六，征討之禍有四，歷數其弊：一曰輕大臣，二曰解權綱，三曰事安逸，四曰杜言路，五曰離人心，六曰濫刑獄，所謂根本之禍六也。其言事安逸之禍，略曰：「臣伏見陛下以盛年入纂大統，履艱難而登大寶，因循治安，不預防慮，寬仁恭儉，漸不如初。今天下可謂多事矣，海內可謂不寧矣，天道可謂變常矣，民情可謂難保矣，是陛下警省之時，戰兢惕厲之日也。陛下宜卧薪嘗膽，奮發悔過，思祖宗創業之難，而今日墜亡之易，於是而修實德，則可以答天意，推至誠，則可以回人心。凡土木之勞，聲色之好，燕安鴆毒之戒，皆宜痛撤勇改。有不盡者，亦宜防微杜漸，而禁於未然，黜宮女，節浮費，畏天恤人。而陛下乃安焉處之，如天下太平無事時，此所謂根本之禍也。」至若不愼調度，不資羣策，不明賞罰，不擇將帥，所謂征討之禍四也。其言不明賞罰之禍，略曰：「臣伏見調兵六年，初無紀律之法，又無激勸之宜，將帥因敗爲功，指虛爲實，大小相謾，上下相依，其性情不一，而邀功求賞則同。是以有覆軍之將，殘民之將，怯懦之將，貪婪之將，曾無懲戒，所經之處，鷄犬一空，貨財俱盡。及其面諛游說，反以克復受賞。今克復之地，悉爲荒墟，河南提封三千餘里，郡縣星羅棋布，歲輸錢穀數百萬計，而今所存者，封丘、延津、登封、偃師三四縣而已。兩淮之北，大河之南，所在蕭條。夫有土有人有財，然後可望軍旅不乏，餽餉不竭，今寇敵已至之境，固不忍言，未至之處，尤可寒心，如此而望軍旅不乏，餽餉不竭，使天雨粟，地湧金，朝夕存亡且不能保，況以地(力)〔方〕有限之費，〔三〕而供將帥無窮之欲哉。其爲自啓亂階，亦已危矣。陛下事佛求福，飯僧消禍，以天壽節而禁屠宰，皆虛名也。今天下殺人矣，陛下泰然不理，而曰吾將以是求福，福何自而至哉。潁上之寇，始結白蓮，以佛法誘衆，終飾威權，以兵抗拒，視其所向，駸駸可畏，其勢不至於亡吾社稷、燼吾國家不已也。堂堂天朝，不思靖亂，而反爲階亂，其禍至慘，其毒至深，其關繫至大，有識者爲之扼腕，有志者爲之痛心，此征討之禍也。」疏奏，不省。權臣惡其訐直。

二十一年，除僉山南道肅政廉訪司事，至則劾中書參知政事也先不花、樞密院副使脫脫木兒、治書侍御史奴奴弄權誤國之罪，又不報。方是時，孛羅帖木兒駐兵大同，察罕帖木兒駐兵洛陽，而毛貴據山東，勢逼京畿，二將玩寇不進，方以爭晉、冀爲事，搆兵相攻，互有勝負，朝廷乃遣也先不花、脫脫木兒、奴奴往解之，既受命，不前進。楨又言其「貪懦庸鄙，苟懷自安之計，無憂國致身之忠。朝廷將使二家釋憾，協心討賊，此國之大事，謂宜風馳電走，而乃迂回退懾，枉道延安以西，繞曲數千里，遲遲而行，使兩軍日夜仇殺，黎庶肝腦塗地，實此三人之所致也，宜急殛之，以救時危」。亦不報。楨乃慨然嘆曰：「天下事不可爲矣。」卽辭去，居河中安邑山谷間，結茅僅容膝，有訪之者，不復言時事，但對之流涕而已。

二十四年，孛羅帖木兒犯闕，皇太子出居冀寧，奏除贊善，又除翰林學士，皆不起。擴廓帖木兒將輔皇太子入討孛羅帖木兒，遣使傳皇太子旨，賜以上尊，且訪時事，楨復書曰：「今燕趙齊魯之境，大河內外，長淮南北，悉爲丘墟，關陝之區，所存無幾，江左日思荐食上國，湘漢荊楚川蜀，淫名僭號，幸我有變，利我多虞。閤下國之右族，三世二王，得不思廉、藺之於趙，寇、賈之於漢乎？京師一殘，假有不逞之徒，崛起草澤，借名義，尊君父，倡其說於天下，閤下將何以處之乎！守京師者，能聚不能散，禦外侮者，能進不能退，紛紛籍籍，神分志奪，國家之事，能不爲閤下憂乎！志曰『不備不虞，不可以爲師』，僕之惓惓爲言者，獻忠之道也。然爲言大要有三：保君父，一也；扶社稷，二也；衞生靈，三也。請以近似者陳其一二：衞出公據國，至於不父其父；趙有沙丘之變，其臣成、兌平之，不可謂無功，而後至於不君其君；唐肅宗流播之中，怵於邪謀，遂成靈武之篡。千載之下，雖有智辯百出，不能爲雪。嗚呼！是豈可以不鑒之乎！然吾聞之，天之所廢不驟也，驟其得志，肆其寵樂，使忘其覺悟之心，非安之也，厚其毒而降之罰也。天遂其欲，民厭其汰，而鬼神弗福也。其能久乎？閣下覽觀焉，謀出於萬全，則善矣。詢之輿議，急則其變不測，徐則其釁必起，通其往來之使，達其上下之情，得其情，則得其策矣。孔子曰：『君君，臣臣，父父，子子。』今九重在上者如寄，青宮在下者如寄，生民之憂，國家之憂也，可不深思而熟計之哉！」擴廓帖木兒深納其說，是用事克有成。後三年，卒。

歸暘

歸暘字彥溫，汴梁人。將生，其母楊氏夢朝日出東山上，有輕雲來掩之，故名暘。學無師傳，而精敏過人。登至順元年進士第，授同知潁州事，鉏奸擊强，人不敢以年少易之。山東鹽司遣奏差至潁，恃勢爲不法，暘執以下獄。時州縣奉鹽司甚謹，頤指氣使，輒奔走之，暘獨不爲屈。轉大都路儒學提舉，未上。

至元五年十一月，杞縣人范孟謀不軌，詐爲詔使，至河南省中，殺平章月魯帖木兒、左丞劫烈、廉訪使完者不花、總管撒里廝，召官屬及去位者，署而用之，以段輔爲左丞，使暘北守黃河口，暘力拒不從，賊怒，繫於獄，衆叵測所爲，暘無懼色。已而賊敗，污賊者皆獲罪，暘獨免。同里有吳炳者，嘗以翰林待制徵，不起。賊呼炳司卯酉曆，炳不敢辭。時人爲之語曰：「歸暘出角，吳炳無光。」暘自此名譽赫然。明年，轉國子博士，拜監察御史，及入謝，臺臣奏曰：「此即河南抗賊者也。」帝曰：「好事卿宜數爲之。」賜以上尊。已而辭官歸，養親汴上，親旣歿，家食久之。

至正五年，除僉河南廉訪司事，〔三〕行部西京，以法繩趙王府官屬之貪暴者，王三遣使請，不爲動。宣寧縣有殺人者，蔓引數十人，一讞得其情，盡釋之。沁州民郭仲玉，爲人所殺，有司以蒲察山兒當之，暘察其誣，蹤跡得其殺人者，山兒遂不死。六年，轉僉淮東廉訪司事，改宣文閣監書博士，兼經筵譯文官。

七年，遷右司都事。順江酋長樂孫求內附，請立宣撫司，及置郡縣一十三處，暘曰：「古人有言：鞭雖長，不及馬腹。使郡縣果設，有事不救，則孤來附之意，救之，則罷中國而事外夷，所謂獲虛名而受實禍也。」與左丞呂思誠抗辨甚力，丞相太平笑曰：「歸都事善戇如此，何相抗乃爾邪！然其策果將焉出？」暘曰：「其酋長可授宣撫，勿責其貢賦，使者賜以金帛，遣歸足矣。」卒從暘言。京師苦寒，有丐訴丞相馬前，丞相索皮服予之，仍覈在官所藏皮服之數，悉給貧民。暘曰：「宰相當以廣濟天下爲心，皮服能幾何，而欲給之邪！莫若錄寒饑者，稍賑之耳。」丞相悟而止。雲南死可伐叛，詔以元帥述律遵道往喩之；未幾，命平章政事亦都渾將兵討之，事久無功。二人上疏紛紜，中書欲罪述律，暘曰：「彼事未白，而專罪一人，豈法意乎？況一諭之而一討之，彼將何所適從，然亦非使者之罪也。」湖廣行省左丞沙班卒，其子沙的，方爲中書掾，請奔喪，丞相以沙的有兄弟，不許，暘曰：「孝者，人子之同情，以其有兄弟而沮其請，非所以孝治天下也。」遂從之。廣海猺賊入寇，詔朶兒只（丹）〔班〕將思播楊元帥軍以討之，〔四〕暘曰：「易軍而將不諳教令，恐不能決勝。若命楊就統其衆，彼悅於恩命，必能自效，所謂以夷狄攻夷狄，中國之利也。」帝不從，後竟無功。

八年，陞左司員外郎。中書用暘言，損河間餘鹽五萬引以裕民。楮幣壅不行，廷議出楮幣五百萬錠易銀實內藏，暘復持不可曰：「富商大賈，盡易其鈔於私家，小民何利哉！」六月，遷參議樞密院事。時方國珍未附，詔江浙行省參知政事朶兒只（丹）〔班〕討之，一軍皆沒，而朶兒只（丹）〔班〕被執，將罪之，暘曰：「將之失利，其罪固當，然所部皆北方步騎，不習水戰，是驅之死地耳。宜募海濱之民習水利者擒之。」既而國珍遣人從朶兒只（丹）〔班〕走京師請降，暘曰：「國珍已敗我王師，又拘我王臣，力屈而來，非眞降也。必討之以令四方。」時朝廷方事姑息，卒從其請，後果屢叛，如暘言。遷御史臺都事，俄復參議樞密院事，十二月，陞樞密院判官。

九年正月，轉河西廉訪使，未上，改禮部尚書。會開端本堂，皇太子就學，召暘爲贊善。

未幾，遷翰林直學士、同修國史，仍兼前職。暘言：「師傅當與皇太子東西相向授書，其屬亦以次列坐，虛其中座，以待至尊臨幸，不然，則師道不立矣。」時衆言人人殊，卒從暘議。俄以疾辭，帝遣左司郎中趙璉賜白金文綺，不受。初，暘在上都時，脫脫自甘州還，且入相，中書參議趙期頤、員外郎李稷謁暘私第，致脫脫之命，屬草詔，暘辭曰：「丞相將爲伊、周事業，入相之詔，當命詞臣視草，今屬筆於暘，恐累丞相之賢也。」期頤曰：「若帝命爲之，奈何？」暘曰：「事理非順，亦當固辭。」期頤知不可屈，乃已。十年正月，遷四川行省參知政事，十二年，除刑部尙書，十五年，再除刑部尙書，凡三遷，皆以疾辭。

十七年，授集賢學士，兼國子祭酒，使者迫之，暘輿疾至京師，臥于南城不起。時海內多故，暘上三策：一曰振紀綱，二曰選將材，三曰審形勢。亹亹數千言，時以爲老生常談，不能用。十一月，以集賢學士、資德大夫致仕，給半俸終身，辭不受。明年，乞骸骨，僑居弘州，徙蔚州，又徙宣德，皆間關避兵，尋抵大同，及關陜小寧，來居解之夏縣。皇太子出冀寧，强起之，居數月，復還夏縣。二十七年卒，年六十三。

陳祖仁 王遜志

陳祖仁字子山，汴人也。其父安國，仕爲常州晉陵尹。祖仁性嗜學，早從師南方，有文名。

至正元年，科舉復行，祖仁以春秋中河南鄉貢。明年會試，在前列，及對策大廷，遂魁多士，賜進士及第，授翰林修撰、同知制誥，兼國史院編修官。歷太廟署令、太常博士，遷翰林待制，出僉山東肅政廉訪司事，擢監察御史，復出爲山北肅政廉訪司副使，召拜翰林直學士，陞侍講學士，除參議中書省事。

二十年五月，帝欲修上都宮闕，工役大興，祖仁上疏，其略曰：「自古人君，不幸遇艱虞多難之時，孰不欲奮發有爲，成不世之功，以光復祖宗之業。苟或上不奉於天道，下不順於民心，緩急失宜，舉措未當，雖以此道持盈守成，猶或致亂，而況欲撥亂世反之正乎！夫上都宮闕，創自先帝，修於累朝，自經兵火，焚燬殆盡，所不忍言，此陛下所爲日夜痛心，所宜亟圖興復者也。然今四海未靖，瘡痍未瘳，倉庫告虛，財用將竭，乃欲驅疲民以供大役，廢其耕耨，而荒其田畝，何異扼其吭而奪之食，以速其斃乎！陛下追惟祖宗宮闕，念茲在茲，然不思今日所當興復，乃有大於此者。假令上都宮闕未復，固無妨於陛下之寢處，使因是而違天道，失人心，或致大業之隳廢，則夫天下者，亦祖宗之天下，生民者，亦祖宗之生民，陛下亦安忍而輕（重）〔棄〕之乎！〔三〕願陛下以生養民力爲本，以恢復天下爲務，信賞必罰，以驅策英雄，親正人，遠邪佞，以圖謀治道。夫如是，則承平之觀，不日咸復，詎止上都宮闕而已乎！」疏奏，帝嘉納之。

二十三年十二月，拜治書侍御史。時宦者資正使朴不花與宣政使槖驩，內恃皇太子，外結丞相搠思監，驕恣不法，監察御史傅公讓上章暴其過，忤皇太子意，左遷吐蕃宣慰司經歷。它御史連章論諫，皆外除。祖仁上疏皇太子言：「御史糾劾槖驩、不花姦邪等事，此非御史之私言，乃天下之公論，臺臣審問尤悉，故以上啓。今殿下未賜詳察，輒加沮抑，擯斥御史，詰責臺臣，使姦臣蠹政之情，不得達於君父，則亦過矣。夫天下者，祖宗之天下，臺諫者，祖宗之所建立，以二豎之微，而於天下之重、臺諫之言，一切不卹，獨不念祖宗乎！且殿下職分，止於監國撫軍、問安視膳而已，此外予奪賞罰之權，自在君父，今方毓德春宮，而使諫臣結舌，凶人肆志，豈惟君父徒擁虛器，而天下蒼生，亦將奚望！」疏上，皇太子怒，令御史大夫老的沙諭祖仁，以謂「臺臣所言雖是，但槖驩等俱無是事，御史糾言不實，已與美除。昔裕宗爲皇太子，兼中書令、樞密使，凡軍國重事合奏聞者，乃許上聞，非獨我今日如是也」。祖仁乃復上疏言：「御史所劾，得於田野之間，殿下所詢，不出宮牆之外，所以全此二人者，止緣不見其姦。昔唐德宗云『人言盧杞姦邪，朕殊不覺』。使德宗早覺，杞安得相，是杞之姦邪，當時知之，獨德宗不知爾。今此二人，亦皆姦邪，舉朝知之，在野知之，天下知之，獨殿下未知耳。且裕宗既領軍國重事，理宜先閱其綱。若至臺諫封章，自是御前開拆，假使必皆經由東宮，君父或有差失，諫臣有言，太子將使之聞奏乎，不使之聞奏乎？使之聞奏，則傷其父心，不使聞奏，則陷父於惡，殿下將安所處！如知此說，則今日糾劾之章，不宜阻矣，御史不宜斥矣，斥其人而美其除，不知御史所言，爲天下國家乎，爲一身官爵乎？斥者去，來者言，言者無窮，而美除有限，殿下又安所處？」祖仁疏既再上，卽辭職，而御史下至吏卒皆辭閑。於是皇太子以其事聞，朴不花、橐驢乃皆辭退。而天子令老的沙諭旨祖仁等，祖仁復上書天子曰：「祖宗以天下傳之陛下，今乃壞亂不可救藥，雖曰天運使然，亦陛下刑賞不明之所致也。且區區二豎，猶不能除，況於大者！願陛下俯從臺諫之言，擯斥此二人，不令其以辭退爲名，成其姦計，使海內皆知陛下信賞必罰自二人始，則將士孰不效力，天下可全，而有以還祖宗〔之舊〕。〔六〕若猶優柔不斷，則臣寧有餓死于家，誓不與之同朝，牽聯及禍，以待後世正人同罪。」書奏，天子大怒，而是時侍御史李國鳳亦上疏，言此二人必當斥，於是臺臣自老的沙以下皆左遷，而祖仁出爲甘肅行省參知政事。時天極寒，衣單甚，以弱女託於其友朱毅，卽日就道。

明年七月，孛羅帖木兒入中書爲丞相，除祖仁山北道肅政廉訪使，召拜國子祭酒，遷樞密副使，累上疏言軍政利害，不報，辭職。除翰林學士，遂拜中書參知政事。是時天下亂已甚，而祖仁性剛直，遇事與時宰論議數不合，乃超授其階榮祿大夫，而仍還翰林爲學士，尋遷太常禮儀院使。

二十七年，大明兵已取山東，而朝廷方疑擴廓帖木兒有不臣之心，專立撫軍院，總兵馬以備之。祖仁乃與翰林學士承旨王時、待制黃哻、編修黃肅，伏闕上書言：「近者南軍侵陷全齊，不踰月而逼畿甸，朝廷雖命丞相也速出師，軍馬數少，勢力孤危，而中原諸軍，左牽右掣，調度失宜，京城四面，茫無屏蔽，宗社安危，正在今日。臣愚等以爲馭天下之勢，當論其輕重强弱，遠近先後，不宜膠於一偏，狃於故轍。前日南軍僻在一方，而擴廓帖木兒近在肘腋，勢將竊持國柄，故宜先於致討，則南軍遠而輕，而擴廓帖木兒近而重也。今擴廓帖木兒勢已窮蹙，而南軍突至，勢將不利於宗社，故宜先於救難，則擴廓帖木兒弱而輕，南軍近而重也。陛下寬仁涵育，皇太子賢明英斷，當此之時，宜審其輕重强弱，改弦更張，而撫軍諸官，亦宜以公天下爲心，審時制宜。今擴廓帖木兒黨與離散，豈能復振，若止分撥一軍逼襲，必就擒獲，其餘彼中見調一應軍馬，令其倍道東行，勤王赴難，與也速等聲勢相援，仍遣重臣，分道宣諭催督，庶幾得宜。如復膠於前說，動以言者爲擴廓帖木兒游說，而鉗天下之口，不幸猝有意外之變，朝廷亦不得聞，而天下之事去矣。」書上，不報。

十二月，祖仁又上書皇太子，言：「近日降詔，削河南軍馬之權，雖所當然，然此項軍馬，終爲南軍之所忌。設使其有悖逆之心，朝廷以忠臣待之，其心愧沮，將何所施。今未有所見，遽以此名加之，彼若甘心以就此名，其害有不可言者。朝廷苟善用之，豈無所助，然人皆知之而不敢言者，誠恐誣以受財游說罪名，無所昭雪也。況聞擴廓帖木兒屢上書疏，明其心曲，是其心未絕於朝廷，以待朝廷之開悟。當今爲朝廷計者，不過戰、守、遷三事。以言乎戰，則資其犄角之勢；以言乎守，則望其勤王之師；以言乎遷，則假其藩衞之力。極力勉厲使行，猶恐遲晚，豈可使數萬之師，棄置於一方。當此危急之秋，宗社存亡，僅在旦夕，不幸一日有唐玄宗倉卒之出，則是以祖宗百年之宗社，朝廷委而棄之，此時雖欲碎首殺身，何濟於事！故今不復避忌，惟以宗社存亡爲重，奉疏以聞。」疏上，亦不報。

二十八年秋，大明兵進壓近郊，有旨命祖仁及同僉太常禮儀院事王遜志等載太廟神主，從皇太子北行。祖仁等乃奏曰：「天子有大事出，則載主以行，從皇太子，非禮也。」帝然之，還守太廟以竢命。俄而天子北奔，祖仁守神主，不果從。八月二日，京城破，將出健德門，爲亂軍所害，時年五十五。

祖仁一目眇，貌寢，身短瘠，而語音清亮，議論偉然，負氣剛正，似不可犯者。其學博而精，自天文、地理、律曆、兵乘、術數、百家之說，皆通其要。爲文簡質，而詩（靖）〔清〕麗，〔七〕世多稱傳之。

王遜志字文敏，惲之曾孫也。以廕授侍儀司通事舍人，歷隰州判官、大寧縣尹，擢陝西行臺監察御史，累遷僉漢中、河西、山北三道肅政廉訪司事，入爲工部員外郎，遷禮部郎中，拜監察御史。劾詹事不蘭奚、平章宜童皆逆臣子孫，當屏諸遐裔。除太府少監，出爲江西廉訪副使，召僉太常禮儀院事。

京城不守，公卿爭出降，遜志獨家居，衣冠而坐。其友中政院判官王翼來告曰：「新朝寬大，不惟不死，且仍與官，盍出詣官自言狀。」遜志艴然斥之曰：「君旣自不忠，又誘人爲不義耶！」因戒其子曰：「汝謹繼吾宗。」卽自投井中死。

成遵

成遵字誼叔，南陽穰縣人也。幼敏悟，讀書日記數千百言。年十五，喪父。家貧，勤苦不廢學問。二十能文章。時郡中先輩無治進士業者，遵欲爲，以不合程式爲患。一日，憤然曰：「四書、五經，吾師也。文無逾於史、漢、韓、柳。區區科舉之作，何難哉。」會楊惠初登第，來尹穰，遵乃書所作數十篇見之。惠撫卷大喜，語之曰：「以此取科第，如拾芥耳。」

至順辛未，至京師，受春秋業於夏鎮，遂入成均爲國子生。時陳旅爲助教，喜其文，數以語于奎章閣侍書學士虞集，集亟欲見之，旅令以己馬俾遵馳詣集，集方有目疾，見遵來，迫而視之，曰：「適觀生文，今見生貌，公輔器也。吾老矣，恐不及見，生當自愛重也。」元統改元，中進士第，授將仕郎、翰林國史院編修官。明年，預修泰定、明宗、文宗三朝實錄。後至元四年，升應奉翰林文字。五年，辟御史臺掾。

至正改元，擢太常博士。明年，轉中書檢校，尋拜監察御史。扈從至上京，上封事，言天子宜愼起居，節嗜慾，以保養聖躬，聖躬安則宗社安矣。言甚迫切，帝改容稱善。又言臺察四事：一曰差遣臺臣，越職問事；二曰左遷御史，杜塞言路；三曰御史不思盡言，循敍求進；四曰體覆廉訪聲蹟不實，賢否混淆。帝皆嘉納之，諭臺臣曰：「遵所言甚善，皆世祖風紀舊規也。」特賜上尊旌其忠。遵又言江浙火災當賑䘏，及劾火魯忽赤不法十事，皆從之。復上封事，言時務四事：一曰法祖宗，二曰節財用，三曰抑奔競，四曰明激勸。奏入，帝稱善久之，命中書速議以行。是歲，言事幷擧劾凡七十餘事，皆指訐時弊，執政者惡之。三年，自刑部員外郎，出爲陝西行省員外郎，以母病辭歸。五年，丁母憂。

八年，擢僉淮東肅政廉訪司事，改禮部郎中，奉使山東、淮北察守令賢否，得循良者九人，貪懦者二十一人，奏之。九人者，賜上尊幣帛，仍加顯擢；其二十一人悉黜之。

九年，改刑部郎中，尋遷御史臺都事。時臺臣有嫉贓吏多以父母之憂免者，建論今後官吏，凡被案劾贓私，雖父母死，不許歸葬，須竟其獄，庶惡人不獲幸免。遵曰：「惡人固可怒，然與人倫孰重。且國家以孝治天下，寧失罪人千百，不可使天下有無親之吏。」御史大夫是其言。陞戶部侍郎。

十年，遷中書右司郎中。時刑部獄按久而不決者積數百，遵與其僚分閱之，共議其輕重，各當其罪，未幾，無遺事。時有令輸粟補官，有匿其姦罪而入粟得七品雜流者，爲怨家所告，有司議輸粟例，無有過不與之文，遵曰：「賣官鬻爵，已非盛典，況又賣官與姦淫之人，其將何以爲治。必奪其敕，還其粟，著爲令，乃可。」省臣從之。除工部尚書。先是，河決白茅，鄆城、濟寧皆爲巨浸。或言當築堤以遏水勢，或言必疏南河故道以殺水勢，而漕運使賈魯言：「必疏南河，塞北河，使復故道。役不大興，害不能已。」廷議莫能決。乃命遵偕大司農秃魯行視河，議其疏塞之方以聞。

十一年春，自濟寧、曹、濮、汴梁、大名，行數千里，掘井以量地形之高下，測岸以究水勢之淺深，遍閱史籍，博采輿論，以謂河之故道，不可得復，其議有八。而丞相脫脫，已先入賈魯之言，及遵與秃魯至，力陳不可，且曰：「濟寧、曹、鄆，連歲饑饉，民不聊生，若聚二十萬人於此地，恐後日之憂，又有重於河患者。」脫脫怒曰：「汝謂民將反耶！」自辰至酉，辨論終不能入。明日，執政者謂遵曰：「修河之役，丞相意已定，且有人任其責矣，公其毋多言，幸爲兩可之議。」遵曰：「腕可斷，議不可易也。」由是遂出爲大都河間等處都轉運鹽使。初，汝、汴二郡多富商，運司賴之，是時，汝寧盜起，侵汴境，朝廷調兵往討，括船運糧，以故舟楫不通，商販遂絕。遵隨事處宜，國課皆集。

十四年，調武昌路總管。武昌自十二年爲沔寇所殘燬，民死於兵疫者十六七，而大江上下，皆劇盜阻絕，米直翔湧，民心遑遑。遵言於省臣，假軍儲鈔萬錠，募勇敢之士，具戈船，截兵境，且戰且行，糴粟於太平、中興，民賴以全活者衆。會省臣出師，遵攝省事，於是省中府中，惟遵一人，乃遠斥候，塞城門，籍民爲兵，得五千餘人，設萬夫長四，配守四門，所以爲防禦之備甚至，號令嚴肅，賞罰明當。賊船往來江中，終不敢近岸，城賴以安。

十五年，擢江南行臺治書侍御史，召拜參議中書省事。時河南之賊，數渡河而北，焚掠郡縣，上下視若常事。遵率左右司僚佐，持其牘詣丞相言曰：「今天下州縣，喪亂過半，河北之民稍安者，以天塹黃河爲之障，賊兵雖至，不能飛渡，所以剝膚椎髓以供軍儲而無深怨者，視河南之民，猶得保其室家故也。今賊北渡河而官軍不禦，是大河之險已不能守，河北之民復何所恃乎？河北民心一搖，國勢將如之何！」語未畢，哽咽不能言，宰相已下皆爲之揮涕，乃以入奏。帝詔卽遣使罪守河將帥，而守禦自是亦頗嚴。

先是，湖廣倪賊，質威順王之子，而遣人請降，求爲湖廣行省平章，朝臣欲許者半，遵曰：「平章之職，亞宰相也。承平之時，雖德望漢人，抑而不與，今叛逆之賊，挾勢要求，輕以與之，如綱紀何！」或曰：「王子，世皇嫡孫也，不許，是棄之與賊，非親親之道也。」遵曰：「項羽執太公，欲烹之以挾高祖，高祖乃以分羹答之，奈何今以王子之故，廢天下大計乎！」衆皆韙其論。除治書侍御史，俄復入中書爲參知政事。離省僅六日，丞相每決大議，則曰「姑少緩之」，衆莫曉其意，及遵拜執政，喜曰：「大政事今可決矣。」

十七年，升中書左丞，階資善大夫，分省彰德。是時，太平在相位，以事忤皇太子，皇太子深銜之，欲去之而未有以發，以爲遵及參知政事趙中，皆太平黨也，遵、中兩人去，則太平之黨孤。十九年，用事者承望風旨，嗾寶坻縣尹鄧守禮弟鄧子初等，誣遵與參政趙中、參議蕭庸等六人皆受賕，皇太子命御史臺、大宗正府等官雜問之，鍛鍊使成獄，遵等竟皆杖死，中外寃之。二十四年，御史臺臣辯明遵等皆誣枉，詔復給還其所授宣敕。

曹鑑

曹鑑字克明，宛平人。穎悟過人，舉止異常兒，既冠，南遊，具通五經大義。大德五年，用翰林侍講學士郝彬薦，爲鎭江淮海書院山長。十一年，南行臺中丞廉恒辟爲掾史。丁內艱，復起，補掾史，除興文署。命伴送安南使者，沿途問難倡和，應答如響，使者歎服，以爲中國有人。

至治二年，授江浙行省左右司員外郎。明年，奉旨括釋氏白雲宗田，稽檢有方，不數月而事集，纖豪無擾。泰定七年，〔八〕遷湖廣行省左右司員外郎。時丞相忽剌歹怙勢恣縱，妄爲威福，僚屬多畏避，鑑遇事徇理輒行，獨不爲回撓。湖北廉訪司舉鑑宜居風紀，不報。

天曆元年，調江浙財賦府副總管。屬淮、浙大水，民以菑告，鑑損其賦什六七，勢家因而詭免者，鑑覈實，諭令首輸。元統二年，陞同僉太常禮儀院，鑑習典故，達今古，凡禮樂、度數、名物，罔不周知。因集議明宗皇后祔廟事，援禮據經，辯析詳明，君子多之。至元元年，以中大夫陞禮部尚書，俄感疾而卒，年六十五。追封譙郡侯，謚文穆。

鑑天性純孝，親族貧乏者，周卹恐後。歷官三十餘年，僦屋以居。歿之日，家無餘貲，唯蓄書數千卷，皆鑑手較定。鑑爲詩賦，尚騷、雅，作文法西漢，每篇成，學者爭相傳誦。有文集若干卷藏于家。

鑑任湖廣員外時，有故掾顧淵伯，以辰砂一包餽鑑，鑑漫爾置篋笥中。半載後，因欲合藥劑，命取視之，乃有黃金三兩雜其中，鑑驚歎曰：「淵伯以我爲何如人也！」淵伯已歿，鑑呼其子歸之。其廉慎不欺如此。

張翥

張翥字仲舉，晉寧人。其父爲吏，從征江南，調饒州安仁縣典史，又爲杭州鈔庫副使。翥少時，負其才雋，豪放不羈，好蹴踘，喜音樂，不以家業屑其意，其父以爲憂。翥一旦翻然改曰：「大人勿憂，今請易業矣。」乃謝客，閉門讀書，晝夜不暫輟，因受業於李存先生。存家安仁，江東大儒也，其學傳於陸九淵氏，翥從之游，道德性命之說，多所研究。未幾，留杭，又從仇遠先生學。遠於詩最高，翥學之，盡得其音律之奧，於是翥遂以詩文知名一時。已而薄游維揚，居久之，學者及門甚衆。

至元末，同郡傅巖起居中書，薦翥隱逸。至正初，召爲國子助教，分教上都生。尋退居淮東，會朝廷修遼、金、宋三史，起爲翰林國史院編修官。史成，歷應奉、修撰，遷太常博士，陞禮儀院判官，又遷翰林，歷直學士、侍講學士，乃以侍讀兼祭酒。翥勤於誘掖後進，絕去崖岸，不徒以師道自尊，用是學者樂親炙之。有以經義請問者，必歷舉衆說，爲之折衷，論辯之際，雜以談笑，無不厭其所得而後已。

嘗奉旨詣中書，集議時政，衆論蜂起，翥獨默然。丞相搠思監曰：「張先生平日好論事，今一語不出何耶？」翥對曰：「諸人之議，皆是也。但事勢有緩急，施行有先後，在丞相所決耳。」搠思監善之。明日，除集賢學士，俄以翰林學士承旨致仕，階榮祿大夫。孛羅帖木兒之入京師也，命翥草詔，削奪擴廓帖木兒官爵，且發兵討之，翥毅然不從。左右或勸之，翥曰：「吾臂可斷，筆不能操也。」天子知其意不可奪，乃命他學士爲之。孛羅帖木兒雖知之，亦不以爲怨也。及孛羅帖木兒既誅，詔乃以翥爲河南行省平章政事，仍翰林學士承旨致仕，給全俸終其身。二十八年三月卒，年八十二。

翥長於詩，其近體、長短句尤工。文不如詩，而每以文自負。常語人曰：「吾於文已化矣，蓋吾未嘗搆思，特任意屬筆而已。」它日，翰林學士沙剌班示以所爲文，請易置數字，苦思者移時，終不就。沙剌班曰：「先生於文，豈猶未化耶，何思之苦也？」翥因相視大笑。蓋翥平日善諧謔，出談吐語，輒令人失笑，一座盡傾，入其室，藹然春風中也。所爲詩文甚多。無丈夫子。及死，國遂亡，以故其遺藁不傳。其傳者，有律詩、樂府，僅三卷。翥嘗集兵興以來死節死事之人爲書，曰忠義錄，識者韙之。

校勘記

〔一〕而其（妻）子兄弟尙仕于朝　據本書卷四一順帝紀至正八年是歲條删。

〔二〕況以地（力）〔方〕有限之費　從北監本改。

〔三〕除僉河南廉訪司事　按下文所見西京、趙王府、宣寧縣、沁州皆爲河東山西道所轄，疑「河南」係「河東」之誤。

〔四〕朶兒只（丹）〔班〕　據本書卷四一順帝紀至正八年是歲條、卷一四三泰不華傳及明史卷一二三方國珍傳改。下同。類編已校。「朶兒只班」藏語，義爲「金剛吉祥」。

〔五〕陛下亦安忍而輕（重）〔棄〕之乎　從北監本改。

〔六〕而有以還祖宗〔之舊〕　據本書卷二〇四朴不花傳補。

〔七〕而詩（婧）〔淸〕麗　從北監本改。

〔八〕泰定七年　按泰定僅四年，考異云：「七字誤。」

元史卷一百八十七

列傳第七十四

烏古孫良楨

烏古孫良楨字幹卿，世次見父澤傳。資器絕人，好讀書。至治二年，蔭補江陰州判官，尋丁內艱，服除，調婺州武義縣尹，有惠政。改漳州路推官，獄有疑者，悉平反之。上言：「律，徒者不杖，今杖而又徒，非恤刑意，宜加徒減杖。」遂定爲令。移泉州，益以能稱。轉延平判官，拜陜西行臺監察御史，劾遼陽行省左丞相達識帖睦邇賣國不忠，援漢高帝斬丁公故事，以明人臣大義。幷劾御史中丞胡居祐奸邪，皆罷之，中外震懾。陞都事，猶以言不盡行，解去。

復起爲監察御史，良楨以帝方覽萬幾，不可不求賢自輔，於是連疏：「天曆數年間紀綱大壞，元氣傷夷。天祐聖明，入膺大統，而西宮秉政，奸臣弄權，畜憾十有餘年。天威一怒，陰晦開明，以正大名，以章大孝，此誠兢兢業業祈天永命之秋，其術在乎敬身修德而已。今經筵多領以職事臣，數日一進講，不踰數刻已罷，而讋御小臣，恒侍左右，何益於盛德哉。臣願招延儒臣若許衡者數人，置於禁密，常以唐、虞、三代之道，啓沃宸衷，日新其德，實萬世無疆之福也。」又以國俗父死則妻其從母，兄弟死則收其妻，父母死無憂制，遂言：「綱常皆出於天而不可變，議法之吏，乃言國人不拘此例，諸國人各從本俗。是漢、南人當守綱常，國人、諸國人不必守綱常也。名曰優之，實則陷之，外若尊之，內實侮之，推其本心所以待國人者，不若漢、南人之厚也。請下禮官有司及右科進士在朝者會議，自天子至於庶人，皆從禮制，以成列聖未遑之典，明萬世不易之道。」又言：「隱士劉因，道學經術可比許文正公衡，從祀孔子廟庭。」皆不報。御史臺作新風憲，復疏其所當行者，以舉賢才爲綱，而以厚風俗、均賦役、重審理、汰冗官、選守令、出奉使、均公田爲目，指擿剴切，雖觸忌諱，亦不顧也。宦者罕失孌妾殺其妻，糜其肉飼犬，上疏乞正重刑，幷論宦寺結廷臣撓政爲害，可汰黜之。憸佞側目。

至正四年，召爲刑部員外郎，轉御史臺都事。五年，改中書左司都事，出爲江東道肅政廉訪司副使。上官一日，辭歸。六年，授平江路總管，不拜。八年，復召爲右司員外郎。九年，陞郎中，尋遷廣東道肅政廉訪使，未行，還爲郎中，遷福建道肅政廉訪使，中道召還，參議中書省事，兼經筵官。十一年，拜治書侍御史，陞中書參知政事、同知經筵事。十三年，陞左丞，兼大司農卿，仍同知經筵事。時中書參用非人，事多異同，不得一一如志。會軍餉不給，請與右丞悟良哈台主屯田，歲入二十萬石。東宮久未建，懇懇爲言，車駕幸上都，始册皇太子。立詹事院，驛召爲副詹事，每直端本堂，則進正心誠意之說、親君子遠小人之道，皇太子嘉納焉。當時盜賊蠭起，帝聞，惡之，下詔分討，必盡誅而後已。良楨言：「平賊在收人心，以回天意，多殺非道也。」乃赦以安之。

十四年，遷淮南行省左丞。初，泰州賊張士誠既降復叛，殺淮南行省參知政事趙璉，進據高郵、六合，太師脫脫奉詔，總諸王軍南征，而良楨洎參議龔伯璲、刑部主事盧山等從之。既平六合，垂克高郵，會詔罷脫脫兵柄，遂有上變告伯璲等勸脫脫勒兵北向者，下其事逮問，詞連良楨，簿對無所驗。卽日還中書左丞，命分省彰德，主調軍食，居半歲，還中書。十六年，進階榮祿大夫，賜玉帶一。

十七年，除大司農。明年，陞右丞，兼大司農，辭，不允。論罷陷賊延坐之令。有惡少年誣知宜興州張復通賊之罪，中書將籍其孥，吏抱案請署。良楨曰：「手可斷，案不可署。」同列變色，卒不署。

良楨自左曹登政府，多所建白。罷福建、山東食鹽，浙東、西長生牛租，瀕海被災圍田稅，民皆德之。嘗論至正格輕重不倫，吏得並緣爲奸，舉明律者數人，參酌古今，重定律書，書成而罷。家居輒訓諸子曰：「吾無過人者，惟待人以誠，人亦以誠遇我，汝宜志之。」晚歲病痟，數謁告，病益侵，遂卒。自號約齋。有詩文奏議凡若干卷，藏于家。

賈魯

賈魯字友恒，河東高平人。幼負志節，既長，謀略過人。延祐、至治間，兩以明經領鄉貢。泰定初，恩授東平路儒學教授，辟憲史，歷行省掾，除潞城縣尹，選丞相東曹掾，擢戶部主事，未上。一日，覺心悸，尋得父書，筆勢顫縮，卽辭歸，比至家，父已有風疾，未幾卒。魯居喪服闋，起爲太醫院都事。會詔修遼、金、宋三史，召魯爲宋史局官。書成，選魯燕南山東道奉使宣撫幕官，考績居最，遷中書省檢校官。上言：「十八河倉，近歲淪沒官糧百三十萬斛，其弊由富民兼幷，貧民流亡，宜合先正經界，然事體重大，非處置盡善，不可輕發。」書累數萬言，切中其弊。俄拜監察御史，首言御史有封事，宜專達聖聰，不宜臺臣先有所可否。陞臺都事，遷山北廉訪副使，復召爲工部郎中，言考工一十九事。

至正四年，河決白茅堤，又決金堤，並河郡邑，民居昏墊，壯者流離。帝甚患之，遣使體驗，仍督大臣訪求治河方略，特命魯行都水監。魯循行河道，考察地形，往復數千里，備得要害，爲圖上進二策：其一，議修築北堤，以制橫潰，則用工省；其一，議疏塞並舉，挽河東行，使復故道，其功數倍。會遷右司郎中，議未及竟。其在右司，言時政二十一事，皆見舉行。調都漕運使，復以漕事二十事言之，朝廷取其八事：一曰京畿和糴，二曰優恤漕司舊領漕戶，三曰接連委官，四曰通州總治豫定委官，五曰船戶困於壩夫，海運壞於壩戶，六曰疏濬運河，七曰臨清運糧萬戶府當隸漕司，八曰宣忠船戶付本司節制。事未盡行。既而河水北侵安山，淪入運河，延袤濟南、河間，將隳兩漕司鹽場，實妨國計。

九年，太傅、右丞相脫脫復相，論及河決，思拯民艱，以塞詔旨，乃集廷臣羣議，言人人殊。魯昌言：「河必當治。」復以前二策進，丞相取其後策，與魯定議，且以其事屬魯。魯固辭，丞相曰：「此事非子不可。」乃入奏，大稱帝旨。十一年四月，命魯以工部尚書、總治河防使，進秩二品，授以銀章，領河南、北諸路軍民，發汴梁、大名十有三路民一十五萬，廬州等戍十有八翼軍二萬供役，一切從事大小軍民官，咸稟節度，便宜興繕。是月鳩工，七月鑿河成，八月決水故河，九月舟楫通，十一月諸埽諸堤成，水土工畢，河復故道。事見河渠志。帝遣使報祭河伯，召魯還京師，魯以河平圖獻。帝適覽臺臣奏疏，請褒脫脫治河之績，次論魯功，超拜榮祿大夫、集賢大學士，賞賚金帛，敕翰林承旨歐陽玄製河平碑，以旌脫脫勞績，具載魯功，且宣付史館，并贈魯先臣三世。

尋拜中書左丞，從脫脫平徐州，脫脫既旋師，命魯追餘黨，分攻濠州，同總兵官平章月可察兒督戰，魯誓師曰：「吾奉旨統八衞漢軍，頓兵于濠七日矣。〔一〕爾諸將同心協力，必以今日巳、午時取城池，然後食。」魯上馬麾進，抵城下，忽頭眩下馬，且戒兵馬弗散，病愈亟，却藥不肯汗，竟卒于軍中，年五十七。十三年五月壬午也。月可察兒躬爲治喪，選士護柩還高平，有旨賜交鈔五百錠以給葬事。子積。

逯魯曾

逯魯曾字善止，修武人。性剛介，通經術，中天曆二年進士第，〔二〕授翰林國史院編修官，辟御史臺掾，掌機密。監察御史劾中丞史顯夫簡傲，魯曾開實封於大夫前曰：「中丞素持重，不能與人周旋，御史以人情劾之，非公論。」由是皆知其直。

除太常博士。武宗一廟，未立后主配享，集羣臣廷議之。魯曾抗言：「先朝以武宗皇后眞哥無子，不立其主。」時伯顏爲右丞相，以爲明宗之母亦乞列氏，可以配享。徽政院傳太后旨，以文宗之母唐兀氏可以配享。伯顏問魯曾曰：「先朝旣以眞哥皇后無子，不爲立主，今所立者，明宗母乎？文宗母乎？」對曰：「眞哥皇后在武宗朝，已膺玉册，則爲武宗皇后，明宗、文宗二母后，固爲妾也。今以無子之故，不爲立主，以妾后爲正宮，是爲臣而廢先君之后，爲子而追封先父之妾，於禮不可。且燕王垂即位，追廢其母后，而立其生母爲后，以配享先王，爲萬世笑，豈可復蹈其失乎？」集賢大學士陳顥，素嫉魯曾，出曰：「唐太宗册曹王明之母爲后，是亦二后也，豈不可乎？」魯曾曰：「堯之母爲帝嚳庶妃，堯立爲帝，未聞册以爲后而配嚳。皇上爲大元天子，不法堯、舜，而法唐太宗邪？」衆服其議，而伯顏韙之，遂以眞哥皇后配焉。

復拜監察御史，劾答失海牙、阿吉剌太尉，鞏卜班右丞，兀突蠻刑部尚書，吉當普監察御史，哈剌完者、月魯不花院使，呂思誠郎中，皆黜之。八人之中，惟思誠少過，亦變祖宗選法，餘皆伯顏之黨，朝廷肅然。

除樞密院都事，上言：「前伯顏專殺大臣，其黨利其妻女，巧誣以罪。今大小官及諸人有罪，止坐其身，不得籍其妻女。郯王爲伯顏搆陷，妻女流離，當雪其無辜，給復子孫。」從之。除刑部員外郎，悉辨正横罹伯顏所誣者。還宗正府郎中，出爲遼陽行省左右司郎中，除僉山北道肅政廉訪司事，入爲禮部郎中。

至正十二年，丞相脫脫討徐州賊，以官軍不習水土，募瀕海鹽丁爲軍，乃超遷魯曾資善大夫、淮南宣慰使，領征討事，遣其募鹽丁五千人從征。徐州平，繼使領所部軍討淮東，卒於軍。

貢師泰

貢師泰字泰甫，寧國之宣城人。父奎，以文學名家，延祐、至治間，官京師，爲集賢直學士，卒，諡文靖。

師泰早肄業國子學爲諸生。泰定四年，釋褐出身，授從仕郎、太和州判官。丁外艱，改徽州路歙縣丞，江浙行省辟爲掾，尋以土著，自劾去。大臣有以其名聞者，擢應奉翰林文字。丁內艱，服闋，除紹興路總管府推官，郡有疑獄，悉爲詳讞而剖決之。山陰白洋港有大船飄近岸，史甲二十人，適取鹵海濱，見其無主，因取其篙櫓，而船中有二死人。有徐乙者，怪其無物而有死人，稱爲史等所劫。史傭作富民高丙家，事遂連高。史既誣服，高亦就逮。師泰密詢之，則里中沈丁載物抵杭而回，漁者張網海中，因盜網中魚，爲漁者所殺，史實未嘗殺人奪物，高亦弗知情，其寃皆白。游徼徐裕，以巡鹽爲名，肆暴村落間。一日，遇諸暨商，奪其所齎錢，撲殺之，投尸於水，走告縣曰：「我獲私鹽犯人，畏罪赴水死矣。」官驗視，以有傷，疑之。遂以疑獄釋。師泰追詢覆按之，具得裕所以殺人狀，復俾待報。餘姚孫國賓，以求盜，獲姚甲造僞鈔，受賕而釋之，執高乙、魯丙赴有司，誣以同造僞。

高嘗爲姚行用，實非自造，孫既舍姚，因加罪於高，而魯與孫有隙，故幷連之，魯與高未嘗相識也。師泰疑高等覆造不合，以孫詰之，辭屈而情見。卽釋魯而加高以本罪，姚遂處死，孫亦就法。其於冤獄詳讞之明多類此。以故郡民自以不冤，治行爲諸郡第一。

考滿，復入翰林爲應奉，預修后妃、功臣列傳，事畢，遷宣文閣授經郎，歷翰林待制、國子司業，擢禮部郎中，再遷吏部，拜監察御史。自世祖以後，省臺之職，南人斥不用，及是，始復舊制，於是南士復得居省臺，自師泰始，時論以爲得人。

至正十四年，〔三〕除吏部侍郎。時江淮兵起，京師食不足，師泰奉命和糴于浙右，得糧百萬石，以給京師。遷兵部侍郎。朝廷以京師至上都，驛戶凋弊，命師泰巡視整飭之。至則歷究其病原，驗其富貧，而均其徭役，數十郡之民，賴以稍蘇。豪貴以其不利於己，深嫉之，然莫能有所中傷也。會朝廷欲仍和糴浙西，因除師泰都水庸田使。

十五年，庸田司罷，擢江西廉訪副使，未行，遷福建廉訪使，居亡何，除禮部尚書。時平江缺守，廷議難其人，師泰又以選爲平江路總管。其年冬，甫視事，張士誠自高郵率衆渡江，直抵城下，攻圍甚急。明年春，守將弗能支，斬關遁去，師泰領義兵出戰，力不敵，亦懷印綬棄城遁，匿海濱者久之。

士誠既納降，江浙行省丞相達識帖睦邇，以便宜授師泰兩浙都轉運鹽使。至則剔其積蠹，通其利源，大課以集，國用資之。丞相復承制除師泰江浙行省參知政事。二十年，〔四〕朝廷除戶部尚書，俾分部閩中，以閩鹽易糧，由海道轉運給京師，凡爲糧數十萬石，朝廷賴焉。二十二年，召爲祕書卿，行至杭之海寧，得疾而卒。

師泰性倜儻，狀貌偉然，既以文字知名，而於政事尤長，所至績效輒暴著。尤喜接引後進，士之賢，不問識不識，卽加推轂，以故士譽翕然咸歸之。有詩文若干卷行于世。

周伯琦

周伯琦字伯溫，饒州人。父應極，至大間，仁宗爲皇太子，召見，獻皇元頌，爲言于武宗，以爲翰林待制。後爲皇太子說書，日侍英邸。仁宗卽位，遷集賢待制，終池州路同知總管府事。伯琦自幼從宦，游京師，入國學，爲上舍生，積分及高等。去，以蔭授將仕郎、南海縣主簿，三轉爲翰林修撰。

至正元年，改奎章閣爲宣文閣、藝文監爲崇文監，伯琦爲宣文閣授經郎，敎戚里大臣子弟，每進講，輒稱旨，且日被顧問。帝以伯琦工書法，命篆「宣文閣寶」，仍題扁宣文閣；及摹王羲之所書蘭亭序、智永所書千文，刻石閣中。自是累轉官，皆宣文、崇文之間，而眷遇益隆矣。帝嘗呼其字伯溫而不名。會御史奏風憲宜用近臣，特命僉廣東廉訪司事。八年，召入爲翰林待制，預修后妃、功臣列傳，累陞直學士。

十二年，有旨令南士皆得居省臺。除伯琦兵部侍郎，遂與貢師泰同擢監察御史。兩人皆南士之望，一時榮之。時御史大夫也先帖木兒以大軍南討，而失律喪師，陝西行臺監察御史劉希曾等十人共劾奏之。伯琦乃劾希曾等越分干譽，希曾等皆坐左遷，補郡判官，由是不爲公論所與。

十三年，遷崇文太監，兼經筵官，代祀天妃。丁內艱。十四年，起復爲江東肅政廉訪使。長槍鎖南班陷寧國，伯琦與僚佐倉皇出見之，尋遁走至杭州。除兵部尚書，未行，改浙西肅政廉訪使。江南行臺監察御史余觀，糾言伯琦失陷寧國，宜正其罪。

十七年，江浙行省丞相達識帖睦爾承制假伯琦參知政事，招諭平江張士誠。士誠既降，江南行臺監察御史亦辯釋伯琦罪，除同知太常禮儀院事，士誠留之，未行，拜資政大夫、江浙行省左丞。於是留平江者十餘年。士誠既滅，伯琦乃得歸鄱陽，尋卒。

伯琦儀觀溫雅，粹然如玉，雖遭時多艱，而善於自保。博學工文章，而尤以篆、隸、眞、草擅名當時。嘗著六書正譌、說文字原二書，又有詩文藁若干卷。

吳當

吳當字伯尙，澄之孫也。當幼承祖訓，以穎悟篤實稱。長精通經史百家言，侍其祖至京，補國子生。久之，澄旣捐舘，四方學子從澄遊者，悉就當卒業焉。

至正五年，以父文蔭，授萬億四庫照磨，未上，用薦者改國子助教。勤講解，嚴肄習，諸生皆樂從之。會詔修遼、金、宋三史，當預編纂。書成，除翰林修撰。七年，遷國子博士。明年，陞監丞。十年，陞司業。明年，遷翰林待制。又明年，改禮部員外郎。十三年，擢監察御史，尋復爲國子司業。明年，遷禮部郎中。又明年，除翰林直學士。

時江南兵起且五年，大臣有薦當世居江西，習知江西民俗，且其才可任政事者，詔特授江西肅政廉訪使，偕江西行省參政火你赤、兵部尙書黃昭，招捕江西諸郡，便宜行事。當以朝廷兵力不給，旣受命至江南，卽召募民兵，由浙入閩。至江西境建昌界，招安新城孫塔，擒殄李三。道路旣通，乃進攻南豐，渠兇鄭天瑞遁，鄭原自刎死。十六年，調檢校章迪率本部兵，與黃昭夾攻撫州，勦殺首寇胡志學，進兵復崇仁、宜黃。於是建、撫兩郡悉定。

是時，參知政事朶歹總兵撫、建，積年無功。因忌當屢捷，功在己上，又以爲南人不宜總兵，則搆爲飛語，謂當與黃昭皆與寇通。有旨解二人兵柄，除當撫州路總管，昭臨江路總管，並供億平章火你赤軍。火你赤殺當從事官范淳及章迪，將士皆憤怒不平，當諭之曰：「上命不可違也。」而火你赤又上章言：「二人者，難任牧民。」尋有旨當與昭皆罷總管，除名。

十八年，火你赤自瑞州還龍興，當、昭皆隨軍不敢去。先是，當與昭平賊功狀，自廣東由海道未達京師，而朶歹、火你赤等公牘乃先至，故朝廷責當、昭，皆左遷。及得當、昭功狀，乃始知其誣，詔拜當中奉大夫、江西行省參知政事，昭湖廣行省參知政事。命未下，而陳友諒已陷江西諸郡。火你赤棄城遁，當乃戴黃冠，著道士服，杜門不出，日以著書爲事。友諒遣人辟之，當臥床不食，以死自誓，乃舁床載之舟，送江州，拘留一年，終不爲屈。遂隱居廬陵吉水之谷坪。踰年，以疾卒，年六十五。所著書，有周禮纂言及學言藁。

校勘記

〔一〕頓兵于濠七日矣　按明史卷一太祖紀，至正十二年冬「元將賈魯圍濠，太祖與子興力拒之。十三年春，賈魯死，圍解」。明史卷一二二郭子興傳云「元師圍濠州」，「城守五閱月」。此云頓兵七日，當有誤。錢謙益國初羣雄事略「七日」作「七月」。

〔二〕中天曆二年進士第　按本書卷三四文宗紀至順元年三月戊午條及卷八一選舉志科目，天曆二年非科舉之歲。本證云「二當作三」。

〔三〕至正十四年　按玩齋集卷首朱鐩玩齋先生紀年錄及揭汯貢師泰神道碑銘，「十四年」當作「十二年」。新元史已校。

〔四〕二十年　按玩齋集卷七娛親堂記、卷八祭程以文及卷首錢用壬玩齋集序、朱鐩玩齋先生紀年錄、揭汯貢師泰神道碑銘，「二十年」當作「十九年」。類編已校。

元史卷一百八十八

列傳第七十五

董摶霄 弟昂霄

董摶霄字孟起，磁州人。由國子生辟陝西行臺掾。時天大旱，從侍御史郭貞讞獄華陰縣，有李謀兒累殺商賈于道，爲賊十五年，至百餘事。事覺，獄已具，賄賂有司，謂徒黨未盡獲，五年不決，人皆以爲憤。摶霄知之，以言于貞，卽以尸諸市中，天乃大雨。授四川肅政廉訪司知事，除涇陽縣尹。入爲戶部主事，陞員外郎，拜監察御史。又出僉遼東肅政廉訪司事，歷江西行省左右司郎中，遷浙東宣慰副使。其歷官所至，往往理寃獄，革弊政，才譽益著稱于時。

至正十一年，除濟寧路總管，奉旨從江浙平章教化征進安豐，兵至合肥定林站，遇賊大破之。時朱皐、固始賊復猖獗，軍少不足以分討。有大山民寨及芍陂屯田軍，摶霄皆奬勞而約束之，遂得障蔽朱皐。我軍屯朱家寺，賊至，追殺之。乃遣進士程明仲往諭賊中，招徠者千二百家，因悉知其虛實。夜縛浮橋於淝水，既渡，賊始覺。賊衆數萬據硎南，我軍渡者，輒爲其所敗。摶霄乃麾騎士，別渡淺灘襲賊後。賊回東南向，與騎士迎敵，摶霄忽躍馬渡硎，揚言於衆曰：「賊已敗。」諸軍皆渡，一鼓而擊之。賊大敗，亟追殺之，相藉以死者二十五里，遂復安豐。

十二年，有旨命摶霄攻濠州，又命移軍援江南。遂渡江，至湖州德清縣，而徽、饒賊已陷杭州。教化問摶霄計，摶霄曰：「賊皆野人，見杭城子女玉帛，非平日所有，必縱慾，不暇爲備，宜急攻之。今欲退保湖州，設使賊乘銳直趨京口，則江南不可爲矣。」教化猶豫未決，而諸將亦難其行。摶霄正色曰：「江浙相君方面既陷於賊，今可取而不取，誰任其咎！」復拔劍顧諸將曰：「諸君荷國厚恩，而臨難苟免，今相君在是，敢有慢令者斬。」計乃決。遂進兵杭城。賊迎敵，至鹽橋，摶霄麾壯士突前，斬殺數級，而諸軍相繼夾擊之，凡七戰，追殺至清河坊。賊奔接待寺，塞其門而焚之，賊皆死，遂復杭州。已而餘杭、武康、德清次第以平，摶霄亦受代去。

徽、饒賊復自昱嶺關寇於潛，行省乃假摶霄爲參知政事，俾復提兵討之。摶霄曰：「必欲除殘去暴，所不敢辭。若假以重爵，則不敢受。」卽日引兵至臨安新溪，是爲入杭要路，既分兵守之而始進，兵至叫口及虎檻，遇賊，皆大破之，追殺至於潛，遂復其縣治。既又克復昌化縣及昱嶺關，降賊將潘大獬二千人。賊又有犯千秋關者，搏霄還軍守於潛，而賊兵大至，焚倚郭廬舍。搏霄按軍不動，左右請出兵，搏霄曰：「未也。」遣人執白旗登山望賊，約曰：「賊以我爲怯，必少懈；伺其有間，則麾所執旗。」又伏兵城外，皆授以火礮，復約曰：「見旗動，礮卽發。」已而旗動，礮發，兵乃盡出，斬首數千級，遂復千秋關。

未幾，賊復攻獨松、百丈、幽嶺三關，搏霄乃先以兵守多溪。多溪，三關要路也。既又分爲三軍：一出獨松，一出百丈，一出幽嶺。然後會兵擣賊巢，遂乘勝復安吉，七戰而克之，賊將以其徒來降者數百人。既數日，賊復來窺獨松。搏霄卽以兵守苦嶺及黃沙嶺。賊帥梅元來降，且言復有帥十一人欲降者，卽遣偏將余思忠至賊寨諭之。賊皆入暗室潛議，思忠持火投入室內，拔劍語衆曰：「元帥命我來活汝，汝復何議！」已而火起，焚其寨，叱賊黨散去，而引賊帥來降。明日，進兵廣德，克之。有蘄賊與饒、池諸賊，復犯徽州。賊中有道士，能作十二里霧。搏霄以兵擊之，已而妖霧開豁，諸伏兵皆起，襲賊兵後，賊大潰亂，斬首數萬級，擒千餘人。獲道士，焚其妖書而斬之。遂平徽州。

十四年，除水軍都萬戶。俄陞樞密院判官，從丞相脫脫征高郵，分戍鹽城、興化。賊巢在大縱、德勝兩湖間，凡十有二，悉勦平之。卽其地築芙蓉寨，賊入，輒迷故道，盡殺之，自是不復敢犯。賊恃習水，渡淮北據安東州。摶霄招善水戰者五百人，與賊戰安東之大湖，大敗之，遂復安東。

十六年，勦平北沙、廟灣、沙浦等寨。尋進兵泗州，不利。賊乘勝東下，斷我軍糧道，乃回軍屯北沙，糧且絕，與賊死戰，凡七晝夜。賊敗走，奪賊船七十餘，乃得渡淮，保泗州。時方暑雨，湖水溢，諸營皆避去，而摶霄獨守孤城。賊環繞數十里攻之。摶霄坐城上，遣偏將以騎士由四門突出賊後，約曰：「旗一麾卽還。」既而旗動，騎士還，步卒自城中出，夾擊之，賊大敗。然賊寨猶阻西行之路，乃結陣而往，翊以奇兵，轉戰數十合，軍始得至海寧。朝廷嘉其功，陞同僉淮南行樞密院事。摶霄建議于朝曰：

淮安爲南北襟喉、江淮要衝之地，其地一失，兩淮皆未易復也。則救援淮安，誠爲急務。爲今日計，莫若於黃河上下，幷瀕淮海之地，及南自沭陽，北抵沂、莒、贛榆諸州縣，布連珠營，每三十里設一總寨，就三十里中又設一小寨，使斥堠烽燧相望，而巡邏往來，遇賊則幷力野戰，無事則屯種而食。然後進有援，退有守，此善戰者所以常爲不可勝，以待敵之可勝也。

又海寧一境，不通舟楫，軍糧惟可陸運，而凡瀕淮海之地，人民屢經盜賊，宜加存撫，權令軍人搬運。其陸運之方，每人行十步，三十六人可行一里，三百六十人可行一十里，三千六百人可行一百里。每人負米四斗，以夾布囊盛之，用印封識，人不息肩，米不著地，排列成行，日行五百回，計路二十八里，輕行一十四里，重行一十四里，日可運米二百石。每運給米一升，可供二萬人。此百里一日運糧之術也。

又江淮流移之民，幷安東、海寧、沭陽、贛榆等州縣俱廢，其民壯者既爲軍，老弱無所依歸者，宜設置軍民防禦司，擇軍官材堪牧守者，使居其職，而籍其民，以屯故地。於是練兵積穀，且耕且戰，內全山東完固之邦，外禦淮海出沒之寇，而後恢復可圖也。

十七年，毛貴陷益都、般陽等路，有旨命搏霄從知樞密院事卜蘭奚討之。而濟南又告急，搏霄乃提兵援濟南。賊衆自南山來攻濟南，望之兩山皆赤。搏霄按兵城中，先以數十騎挑之，賊衆悉來鬬，騎兵少卻，至磵上，伏兵起，遂合戰，城中兵又大出，大破之。而般陽賊復約泰安之黨，踰南山來襲濟南。搏霄列兵城上，弗爲動。賊夜攻南門，獨以矢石禦之。黎明，乃默開東門，放兵出賊後。既旦，城上兵皆下，大開南門合擊之，賊敗走。復追殺之，賊衆悉無遺者。於是濟南始寧。詔就陞淮南行樞密院副使，兼山東宣慰使都元帥，仍賜上尊、金帶、楮幣、名馬以勞之。有疾其功者，譖於總兵太尉紐的該，令搏霄依前詔，從卜蘭奚同征益都。搏霄卽出濟南城，屬老且病，請以其弟昂霄代領其衆，朝廷從之。授昂霄淮南行樞密院判官。未幾，有旨命搏霄守河間之長蘆。

十八年，搏霄以兵北行，且曰：「我去，濟南必不可保。」既而濟南果陷。搏霄方駐兵南皮縣之魏家莊，適有使者奉詔拜搏霄河南行省右丞，甫拜命，毛貴兵已至，而營壘猶未完。諸將謂搏霄曰：「賊至當如何？」搏霄曰：「我受命至此，當以死報國耳。」因拔劍督兵以戰，而賊衆突至搏霄前，捽而問曰：「汝爲誰？」搏霄曰：「我董老爺也。」衆刺殺之，無血，惟見其有白氣衝天。是日，昂霄亦死之。事聞，贈宣忠守正保節功臣、榮祿大夫、河南行省平章政事、柱國，追封魏國公，謚忠定。昂霄贈推誠孝節功臣、嘉議大夫、禮部尙書、上輕車都尉，追封隴西郡侯，謚忠毅。

搏霄早以儒生起家，輒爲能吏，會天下大亂，乃復以武功自奮，其才略有大過人者，而當時用之不能盡其才，君子惜之。

劉哈剌不花

劉哈剌不花，其先江西人。倜儻好義，不事家產，有古俠士風。居燕趙有年，遂爲探馬赤軍戶。

至正十二年，潁、亳盜起，朝廷以泰不花爲河南行省平章政事，總兵討之。哈剌不花上書陳十事，其七言兵機及攻守方略。泰不花大喜，卽辟爲掾史。未幾，奏除左右司都事。

泰不花以哈剌不花嘗爲探馬赤，有膂力，善騎射，俾統前八翼軍，爲先鋒將。明號令，信賞罰，士皆樂爲之用，而料敵成敗，所向無失。是時，答失八都魯軍潰于長葛，收集散卒，復屯中牟。哈剌不花軍於汴梁南彭子岡。有自長葛來者言，總兵官已爲賊所敗，次中牟。哈剌不花曰：「賊既捷，兵必再至，我不可不往援。」遂整兵而前。既而有使馳報：夜四鼓，賊從洧川渡河，未知其所向。哈剌不花曰：「是必襲答失八都魯營耳。我行已緩，不及事，不若以精銳斷賊歸路，覆之必矣。」於是領軍徐行。天未明，伏軍其歸路。賊果襲答失八都魯營，大掠輜重而回。哈剌不花伏軍四起，賊大敗，盡俘獲之。當是時，答失八都魯雖以平章政事總大兵，而哈剌不花功名與之相埒。

十七年，〔二〕山東毛貴率其賊衆，由河間趨直沽，遂犯漷州，至棗林。已而略柳林，逼畿甸，樞密副使達國珍戰死，京師人心大駭。在廷之臣，或勸乘輿北巡以避之，或勸遷都關陝，衆議紛然，獨左丞相太平執不可。哈剌不花時爲同知樞密院事，奉詔以兵拒之，與之戰于柳林，大捷。貴衆悉潰退，走據濟南，京師遂安，哈剌不花之功居多。哈剌不花後遷河南行省平章政事以卒。

初，哈剌不花與信州人倪晦，字孟晰，同事泰不花爲掾史。晦涉書史，精文墨，機識警敏，泰不花深委任之，言無不從；而哈剌不花或有所論白，多沮不行，由是心銜泰不花。及泰不花事敗，走詣哈剌不花求援，而哈剌不花不能曲爲保全，乃縛泰不花送京師，致之死地，君子以是少之。

王英

王英字邦傑，益都人。性剛果，有大節，膂力絕人，善騎射。襲父職，爲莒州翼千戶。父子皆善用雙刀，人號之曰刀王。

至元二十九年，江西行樞密院命帥師南雄，討賊丘大老。賊六百餘人突至，英與戰，殺其渠帥劉把東，獲九十餘人。元貞元年，從左丞董士選討大山賊劉貴，擒之。二年，討永新、安福二州賊，餘黨皆息。

延祐二年，寧都賊起，行省命英率各萬戶軍討之。賊勢甚張，英屢戰皆勝，斬獲不可數，積屍盈野，水爲不流。行省平章李世安，遣英迓江浙平章張閭所領軍於閩境，至木麻坑，擒賊蔡五九。又追賊至上虎嶂，遇賊三千餘人，盡殲之。

至治元年，以大臣薦，授忠武校尉、益都淄萊萬戶府副千戶。天曆元年，授宣武將軍。至順二年，行省命英招捕桂陽州賊張思進等二千人。英至，布以威信，皆相率請降。元統元年，授懷遠大將軍、同知海北海南道宣慰使司事。

至元三年，萬安軍賊吳汝期等作亂，聚衆三千人。英至，賊皆就擒。未幾，李志甫起漳州，劉虎仔起潮州，詔命江西行省右丞燕帖木兒討之。方賊起時，英已致仕，平章政事伯撒里謂僚佐曰：「是雖鼠竊狗偸，非刀王行不可。其人雖投老，必可以義激。」乃使迎致之。英曰：「國家有事，吾雖老，其可坐視乎！」據鞍橫槊，精神飛動，馳赴焉。及賊平，英功居多。

至正中，毛貴陷益都，英時年九十有六，乃謂其子弘曰：「我世受國恩，美官厚祿，備嘗享之。今老矣，縱不能事戎馬以報天子，尚忍食異姓之粟以求生乎！」水漿不入口者數日，遂卒。毛貴聞之，使具棺衾以葬。將斂，舉其尸不動，焚香祝曰：「公子弘請公歸葬先塋。」祝畢，尸遂起，觀者莫不驚異。山東宣慰使普顏不花及憲司，請卹典于朝，有曰：「不食寇粟，餓死芹泉，有夷、齊之風，爲臣之淸者也。」芹泉，谷名，英所居也。

石抹宜孫 邁里古思

石抹宜孫字申之。其先遼之迪烈糺人。五世祖曰也先，事太祖爲御史大夫，自有傳。也先之曾孫曰繼祖，字伯善，襲父職，爲沿海上副萬戶。初以沿海軍分鎭台州，皇慶元年，又移鎭婺、處兩州。馭軍嚴肅，平寧都寇，有戰功；且明達政事，講究鹽策，多合時宜。爲學本於經術，而兼通名法、縱橫、天文、地理、術數、方技、釋老之說，見稱薦紳間。宜孫其子也。

宜孫性警敏，嗜學問，於書務博覽，而長於詩歌。嘗借嫡弟厚孫廕，襲父職，爲沿海上副萬戶，守處州。及弟長，即讓其職還之，退居台州。

至正十一年，方國珍起海上，江浙行省檄宜孫守溫州，宜孫即起任其事。其年閩寇犯處州，復檄宜孫以兵平之。以功，陞浙東宣慰副使，分府于台州。頃之，處之屬縣山寇並起，宜孫復奉省檄往討之。至則築處州城，爲禦敵計。

十七年，江浙行省左丞相達識鐵睦邇承制陞宜孫行樞密院判官，總制處州，分院治于處。又以江浙儒學副提舉劉基爲其院經歷，蕭山縣尹蘇友龍爲照磨，而宜孫又辟郡人胡深、葉琛、章溢參謀其軍事。處爲郡，山谷聯絡，盜賊憑據險阻，輒竊發，不易平治。宜孫用基等謀，或擣以兵，或誘以計，未幾，皆殲殄無遺類。尋陞同僉行樞密院事。當是之時，天下已多故，所在守將各自爲計相保守。於是浙東則宜孫在處州，邁里古思在紹興，爲稱首。

十八年十二月，大明兵取蘭溪，且逼婺，而宜孫母實在婺城。宜孫泣曰：「義莫重於君親，食祿而不事其事，是無君也；母在難而不赴，是無親也。無君無親，尚可立天地間哉！」即遣胡深等將民兵數萬往赴援，而親率精銳爲之殿。兵至婺，與大明兵甫接，即敗績而還。時經略使李國鳳至浙東，承制拜宜孫江浙行省參知政事，階中奉大夫。

明年，大明兵入處州，宜孫將數十騎走福建境上，欲圖報復，而所至人心已散，事不可復爲。嘆曰：「處州，吾所守者也。今吾勢已窮，無所於往，不如還處州境，死亦爲處州鬼耳！」既還，至處之慶元縣，爲亂兵所害。事聞，朝廷贈推誠宣力效節功臣、集賢大學士、榮祿大夫、上柱國，追封越國公，謚忠愍。

邁里古思者，寧夏人也，字善卿。至正十四年進士，授紹興路錄事司達魯花赤。苗軍主將楊完者在杭，縱其軍鈔掠，莫敢誰何，民甚苦之。俄有至紹興城中强奪人馬者，邁里古思擒斬數人，苗軍乃懼，不敢復至其境。邁里古思名聲遂大振。

會江南行臺移治紹興，檄邁里古思爲行臺鎭撫，乃大募民兵，爲守禦計。處州山賊焚掠婺之永康、東陽，邁里古思提兵往擊之，與石抹宜孫約期夾攻其巢穴，山賊以平。擢江東廉訪司經歷，仍留紹興，以兵衞臺治。時浙東、西郡縣多殘破，獨邁里古思保障紹興，境內晏然，民愛之如父母。江浙省臣乃承制授行樞密院判官，分院治紹興。

會方國珍遣兵侵據紹興屬縣，邁里古思曰：「國珍本海賊，今旣降，爲大官，而復來害吾民，可乎！」欲率兵往問罪。先遣部將黃中取上虞，中還，請益兵。是時朝廷方倚重國珍，資其舟以運糧，而御史大夫拜住哥，與國珍素通賄賂，情好甚厚，憤邁里古思擅舉兵，恐且生事，卽使人召邁里古思至其私第，與計事，至則命左右以鐵鎚撾死之，斷其頭，擲厠溷中。城中民聞之，不問男女老幼，無不慟哭者。

黄中乃率其衆復讎，盡殺拜住哥家人及臺府官員掾史，獨留拜住哥不殺，以告于張士誠，士誠乃遣其將以兵守紹興。拜住哥尋遷行宣政院使，監察御史眞童糾言：「拜住哥陰害帥臣，幾致激變，不法不忠，莫斯爲甚。宜稽諸彝典，置于嚴刑。」於是詔削拜住哥官職，安置潮州，而邁里古思之寃始白。

校勘記

〔一〕十七年　道光本改作「十八年」，與本書卷四五順帝紀至正十八年三月庚戌、乙卯條及卷一四〇太平傳合。

元史卷一百八十九

列傳第七十六

儒學一

前代史傳，皆以儒學之士，分而爲二，以經藝顓門者爲儒林，以文章名家者爲文苑。然儒之爲學一也，六經者斯道之所在，而文則所以載夫道者也。故經非文則無以發明其旨趣，而文不本於六藝，又烏足謂之文哉。由是而言，經藝文章，不可分而爲二也明矣。元興百年，上自朝廷內外名宦之臣，下及山林布衣之士，以通經能文顯著當世者，彬彬焉衆矣。今皆不復爲之分別，而采取其尤卓然成名、可以輔教傳後者，合而錄之，爲儒學傳。

趙復字仁甫，德安人也。太宗乙未歲，命太子闊出帥師伐宋，德安以嘗逆戰，其民數十萬，皆俘戮無遺。時楊惟中行中書省軍前，姚樞奉詔卽軍中求儒、道、釋、醫、卜士，凡儒生掛俘籍者，輒脫之以歸，復在其中。樞與之言，信奇士，以九族俱殘，不欲北，因與樞訣。樞恐其自裁，留帳中共宿。既覺，月色皓然，惟寢衣在，遽馳馬周號積屍間，無有也。行及水際，則見復已被髮徒跣，仰天而號，欲投水而未入。樞曉以徒死無益：「汝存，則子孫或可以傳緒百世；隨吾而北，必可無他。」復强從之。先是，南北道絕，載籍不相通；至是，復以所記程、朱所著諸經傳註，盡錄以付樞。

自復至燕，學子從者百餘人。世祖在潛邸，嘗召見，問曰：「我欲取宋，卿可導之乎？」對曰：「宋，吾父母國也，未有引他人以伐吾父母者。」世祖悅，因不强之仕。惟中聞復論議，始嗜其學，乃與樞謀建太極書院，立周子祠，以二程、張、楊、游、朱六君子配食，選取遺書八千餘卷，請復講授其中。復以周、程而後，其書廣博，學者未能貫通，乃原羲、農、堯、舜所以繼天立極，孔子、顏、孟所以垂世立教，周、程、張、朱氏所以發明紹續者，作傳道圖，而以書目條列于後；別著伊洛發揮，以標其宗旨。朱子門人，散在四方，則以見諸登載與得諸傳聞者，共五十有三人，作師友圖，以寓私淑之志。又取伊尹、顏淵言行，作希賢錄，使學者知所嚮慕，然後求端用力之方備矣。樞既退隱蘇門，乃卽復傳其學，由是許衡、郝經、劉因，皆得其書而尊信之。北方知有程、朱之學，自復始。

復爲人，樂易而耿介，雖居燕，不忘故土。與人交，尤篤分誼。元好問文名擅一時，其南歸也，復贈之言，以博溺心、末喪本爲戒，以自修讀易求文王、孔子之用心爲勉。其愛人以德類若此。復家江漢之上，以江漢自號，學者稱之曰江漢先生。

張𥟖字達善，其先蜀之導江人。蜀亡，僑寓江左。金華王柏，得朱熹三傳之學，嘗講道於台之上蔡書院，𥟖從而受業焉。自六經、語、孟傳註，以及周、程、張氏之微言，朱子所嘗論定者，靡不潛心玩索，究極根柢。用功旣專，久而不懈，所學益弘深微密，南北之士，鮮能及之。

至元中，行臺中丞吳曼慶聞其名，延致江寧學官，俾子弟受業，中州士大夫欲淑子弟以朱子四書者，皆遣從𥟖游，或闢私塾迎之。其在維揚，來學者尤衆，遠近翕然，尊爲碩師，不敢字呼，而稱曰導江先生。大臣薦諸朝，特命爲孔、顏、孟三氏教授，鄒、魯之人，服誦遺訓，久而不忘。

𥟖氣宇端重，音吐洪亮，講說特精詳，子弟從之者，詵詵如也。其高第弟子知名者甚多，夾谷之奇、楊剛中尤顯。𥟖無子。有經說及文集行世。吳澄序其書，以爲議論正，援據博，貫穿縱橫，儼然新安朱氏之尸祝也。至正中，眞州守臣以𥟖及郝經、吳澄皆嘗留儀眞，作祠宇祀之，曰三賢祠。

金履祥字吉父，婺之蘭溪人。其先本劉氏，後避吳越錢武肅王嫌名，更爲金氏。履祥從曾祖景文，當宋建炎、紹興間，以孝行著稱，其父母疾，齋禱于天，而靈應隨至。事聞于朝，爲改所居鄉曰純孝。

履祥幼而敏睿，父兄稍授之書，卽能記誦。比長，益自策勵，凡天文、地形、禮樂、田乘、兵謀、陰陽、律曆之書，靡不畢究。及壯，知向濂、洛之學，事同郡王柏，從登何基之門。基則學于黃榦，而榦親承朱熹之傳者也。自是講貫益密，造詣益邃。

時宋之國事已不可爲，履祥遂絕意進取。然負其經濟之略，亦未忍遽忘斯世也。會襄樊之師日急，宋人坐視而不敢救，履祥因進牽制擣虛之策，請以重兵由海道直趨燕、薊，則襄樊之師，將不攻而自解。且備敍海舶所經，凡州郡縣邑，下至巨洋別隝，難易遠近，歷歷可據以行。宋終莫能用。及後朱瑄、張淸獻海運之利，而所由海道，視履祥先所上書，咫尺無異者，然後人服其精確。

德祐初，以迪功郎、史館編校起之，辭弗就。宋將改物，所在盜起，履祥屏居金華山中，兵燹稍息，則上下巖谷，追逐雲月，寄情嘯咏，視世故泊如也。平居獨處，終日儼然；至與物接，則盎然和懌。訓迪後學，諄切無倦，而尤篤於分義。有故人子坐事，母子分配爲隸，不相知者十年，履祥傾貲營購，卒贖以完；其子後貴，履祥終不自言，相見勞問辛苦而已。何基、王柏之喪，履祥率其同門之士，以義制服，觀者始知師弟子之繫於常倫也。

履祥嘗謂司馬文正公光作資治通鑑，祕書丞劉恕爲外紀，以記前事，不本於經，而信百家之說，是非謬於聖人，不足以傳信。自帝堯以前，不經夫子所定，固野而難質，夫子因魯史以作春秋，王朝列國之事，非有玉帛之使，則魯史不得而書，非聖人筆削之所加也。況左氏所記，或闕或誣，凡此類皆不得以辟經爲辭。乃用邵氏皇極經世曆、胡氏皇王大紀之例，損益折衷，一以尚書爲主，下及詩、禮、春秋，旁採舊史諸子，表年繫事，斷自唐堯以下，接于通鑑之前，勒爲一書，二十卷，名曰通鑑前編。凡所引書，輒加訓釋，以裁正其義，多儒先所未發。既成，以授門人許謙曰：「二帝三王之盛，其微言懿行，宜後王所當法，戰國申、商之術，其苛法亂政，亦後王所當戒，則是編不可以不著也。」他所著書：曰大學章句疏義二卷，論語孟子集註考證十七卷，書表注四卷，謙爲益加校定，皆傳于學者。天曆初，廉訪使鄭允中表上其書于朝。

初，履祥既見王柏，首問爲學之方，柏告以必先立志，且舉先儒之言：居敬以持其志，立志以定其本，志立乎事物之表，敬行乎事物之內，此爲學之大方也。及見何基，基謂之曰：

「會之屢言賢者之賢，理欲之分，便當自今始。」會之，蓋柏字也。當時議者以爲基之淸介純實似尹和靜，柏之高明剛正似謝上蔡，履祥則親得之二氏，而並充於己者也。

履祥居仁山之下，學者因稱爲仁山先生。大德中卒。元統初，里人吳師道爲國子博士，移書學官，祠履祥于鄉學。至正中，賜謚文安。

許謙字益之，其先京兆人。九世祖延壽，宋刑部尙書。八世祖仲容，太子洗馬。仲容之子曰洸、曰洞，洞由進士起家，以文章政事知名于時。洸之子寔，事海陵胡瑗，能以師法終始者也。由平江徙婺之金華，至謙五世，爲金華人。父觥，登淳祐七年進士第，仕未顯以歿。

謙生數歲而孤，甫能言，世母陶氏口授孝經、論語，〔一〕入耳輒不忘。稍長，肆力於學，立程以自課，取四部書分晝夜讀之，雖疾恙不廢。旣乃受業金履祥之門，履祥語之曰：「士之爲學，若五味之在和，醯醬旣加，則酸鹹頓異。子來見我已三日，而猶夫人也，豈吾之學無以感發子耶！」謙聞之，惕然。居數年，盡得其所傳之奧。於書無不讀，窮探聖微，雖殘文羨語，皆不敢忽。有不可通，則不敢强；於先儒之說，有所未安，亦不苟同也。

讀四書章句集註，有叢說二十卷，謂學者曰：「學以聖人爲準的，然必得聖人之心，而後可學聖人之事。聖賢之心，具在四書，而四書之義，備於朱子，顧其辭約意廣，讀者安可以易心求之乎！」讀詩集傳，有名物鈔八卷，正其音釋，考其名物度數，以補先儒之未備，仍存其逸義，旁采遠援，而以己意終之。讀書集傳，有叢說六卷。其觀史，有治忽幾微，倣史家年經國緯之法，起太皞氏，迄宋元祐元年秋九月尙書左僕射司馬光卒，備其世數，總其年歲，原其興亡，著其善惡，蓋以爲光卒，則中國之治不可復興，誠理亂之幾也。故附於續經而書孔子卒之義，以致其意焉。

又有自省編，晝之所爲，夜必書之，其不可書者，則不爲也。其他若天文、地理、典章、制度、食貨、刑法、字學、音韻、醫經、術數之說，亦靡不該貫，旁而釋、老之言，亦洞究其蘊。嘗謂：「學者孰不曰闢異端，苟不深探其隱，而識其所以然，能辨其同異，別其是非也幾希。」又嘗句讀九經、儀禮及春秋三傳，於其宏綱要領，錯簡衍文，悉別以鉛黃朱墨，意有所明，則表而見之。其後吳師道購得呂祖謙點校儀禮，視謙所定，不同者十有三條而已。謙不喜矜露，所爲詩文，非扶翼經義，張維世教，則未嘗輕筆之書也。

延祐初，謙居東陽八華山，學者翕然從之。尋開門講學，遠而幽、冀、齊、魯，近而荊、揚、吳、越，皆不憚百舍來受業焉。其教人也，至誠諄悉，內外殫盡，嘗曰：「己有知，使人亦知之，豈不快哉！」或有所問難，而詞不能自達，則爲之言其所欲言，而解其所惑。討論講貫，終日不倦，攝其粗疏，入於密微。聞者方傾耳聽受，而其出愈眞切。惰者作之，銳者抑之，拘者開之，放者約之。及門之士，著錄者千餘人，隨其材分，咸有所得。然獨不以科舉之文授人，曰：「此義、利之所由分也。」謙篤於孝友，有絕人之行。其處世不膠於古，不流於俗。不出里閭者四十年，四方之士，以不及門爲恥，縉紳先生之過其鄉邦者，必卽其家存問焉。或訪以典禮政事，謙觀其會通，而爲之折衷，聞者無不厭服。

大德中，熒惑入南斗句已而行，謙以爲災在吳、楚，竊深憂之。是歲大侵，謙貌加瘠，或問曰：「豈食不足邪？」謙曰：「今公私匱竭，道殣相望，吾能獨飽邪！」其處心蓋如此。廉訪使劉庭直、副使趙宏偉，皆中州雅望，於謙深加推服，論薦于朝；中外名臣列其行義者，前後章數十上；而郡復以遺逸應詔；鄉闈大比，請司其文衡。皆莫能致。至其晚節，獨以身任正學之重，遠近學者，以其身之安否，爲斯道之隆替焉。至元三年卒，年六十八。嘗以白雲山人自號，世稱爲白雲先生。朝廷賜謚文懿。

先是，何基、王柏及金履祥歿，其學猶未大顯，至謙而其道益著，故學者推原統緒，以爲朱熹之世適。江浙行中書省爲請于朝，建四賢書院，以奉祠事，而列于學官。

同郡朱震亨，字彥修，謙之高第弟子也。其淸修苦節，絕類古篤行之士，所至人多化之。

陳櫟字壽翁，徽之休寧人。櫟生三歲，祖母吳氏口授孝經、論語，輒成誦。五歲入小學，卽涉獵經史。七歲通進士業。十五，鄉人皆師之。

宋亡，科擧廢，櫟慨然發憤，致力於聖人之學，涵濡玩索，貫穿古今。嘗以謂有功於聖門者，莫若朱熹氏，熹沒未久，而諸家之說，往往亂其本眞，乃著四書發明、書〔集〕傳纂疏、〔三〕禮記集義等書，亡慮數十萬言，凡諸儒之說，有畔於朱氏者，刊而去之；其微辭隱義，則引而伸之；而其所未備者，復爲說以補其闕。於是朱熹之說大明於世。

延祐初，詔以科擧取士，櫟不欲就試，有司强之，試鄉闈中選，遂不復赴禮部。教授於家，不出門戶者數十年。性孝友，尤剛正，日用之間，動中禮法。與人交，不以勢合，不以利遷。善誘學者，諄諄不倦。臨川吳澄，嘗稱櫟有功於朱氏爲多，凡江東人來受業於澄者，盡遣而歸櫟。櫟所居堂曰定宇，學者因以定宇先生稱之。元統二年卒，年八十三。

揭傒斯誌其墓，乃與吳澄並稱，曰：「澄居通都大邑，又數登用于朝，天下學者，四面而歸之，故其道遠而章，尊而明。櫟居萬山間，與木石俱，而足跡未嘗出鄉里，故其學必待其書之行，天下乃能知之。及其行也，亦莫之禦，是可謂豪傑之士矣。」世以爲知言。

胡一桂字庭芳，徽州婺源人。父方平。一桂生而穎悟，好讀書，尤精於易。初，饒州德興沈貴寶，受易於董夢程，夢程受朱熹之易於黃榦，而一桂之父方平及從貴寶、夢程學，嘗著易學啓蒙通釋。一桂之學，出於方平，得朱熹氏源委之正。宋景定甲子，一桂年十八，遂領鄉薦，試禮部不第，退而講學，遠近師之，號雙湖先生。所著書有周易本義附錄纂疏、本義啓蒙翼傳、〔三〕朱子詩傳附錄纂疏、十七史纂，並行于世。其同郡胡炳文，字仲虎，亦以易名家，作易本義通釋，而於朱熹所著四書，用力尤深。餘干饒魯之學，本出於朱熹，而其爲說，多與熹牴牾，炳文深正其非，作四書通，凡辭異而理同者，合而一之；辭同而指異者，析而辨之，往往發其未盡之蘊。東南學者，因其所自號，稱雲峰先生。炳文嘗用薦者，署明經書院山長，再調蘭溪州學正。

黃澤字楚望，其先長安人。唐末，舒藝知資州內江縣，卒，葬焉，子孫遂爲資州人。宋初，延節爲大理評事，兼監察御史，累贈金紫光祿大夫，澤十一世祖也。五世祖拂，與二兄播、揆，同年登進士第，蜀人榮之。父儀可，累舉不第，隨兄驥子官九江，蜀亂，不能歸，因家焉。

澤生有異質，慨然以明經學道爲志，好爲苦思，屢以成疾，疾止復思，久之，如有所見，作顏淵仰高鑽堅論。蜀人治經，必先古注疏，澤於名物度數，考覈精審，而義理一宗程、朱，作易春秋二經解、二禮祭祀述略。

大德中，江西行省相臣聞其名，授江州景星書院山長，使食其祿以施教。又爲山長於洪之東湖書院，受學者益衆。始澤嘗夢見夫子，以爲適然；既而屢夢見之，最後乃夢夫子手授所較六經，字畫如新，由是深有感發，始悟所解經多徇舊說爲非是，乃作思古吟十章，極言聖人德容之盛，上達於文王、周公。秩滿卽歸，閉門授徒以養親，不復言仕。

嘗以爲去聖久遠，經籍殘闕，傳注家率多傅會，近世儒者，又各以才識求之，故議論雖多，而經旨愈晦；必積誠研精，有所悟入，然後可以窺見聖人之本眞。乃揭六經中疑義千有餘條，以示學者。旣乃盡悟失傳之旨。自言每於幽閒寂寞、顚沛流離、疾病無聊之際得之，及其久也，則豁然無不貫通。自天地定位、人物未生已前，沿而下之，凡邃古之初，萬化之原，載籍所不能具者，皆昭若發蒙，如示諸掌。然後由伏羲、神農、五帝、三王，以及春秋之末，皆若身在其間，而目擊其事者。於是易、春秋傳注之失，詩、書未決之疑，周禮非聖人書之謗，凡數十年苦思而未通者，皆渙然冰釋，各就條理。故於易以明象爲先，以因孔子之言，上求文王、周公之意爲主，而其機栝，則盡在十翼，作十翼舉要、忘象辯、象略、辯同論。於春秋以明書法爲主，其大要則在考覈三傳，以求向上之功，而脈絡盡在左傳，作三傳義例

考、筆削本旨。又作元年春王正月辯、諸侯娶女立子通考、魯隱公不書卽位義、殷周諸侯禘

祫考、周廟太廟單祭合食說，作丘甲辯，凡如是者十餘通，以明古今禮俗不同，見虛辭說經之無益。

嘗言：「學者必悟經旨廢失之由，然後聖人本意可見，若易象與春秋書法廢失大略相似，苟通其一，則可觸機而悟矣。」又懼學者得於創聞，不復致思，故所著多引而不發，乃作易學濫觴、春秋指要，示人以求端用力之方。其於禮學，則謂鄭氏深而未完，王肅明而實淺，作禮經復古正言。如王肅混郊丘廢五天帝，併崑崙、神州爲一，趙伯循言王者禘其始祖之所自出，以始祖配之，而不及羣廟之主，胡宏家學不信周禮，以社爲祭地之類，皆引經以證其非。其辯釋諸經要旨，則有六經補注；詆排百家異義，則取杜牧不當言而言之義，作翼經罪言。近代覃思之學，推澤爲第一。

吳澄嘗觀其書，以爲平生所見明經士，未有能及之者，謂人曰：「能言距楊、墨者，聖人之徒也，楚望眞其人乎！」然澤雅自愼重，未嘗輕與人言。李泂使過九江，請北面稱弟子，受一經，且將經紀其家，澤謝曰：「以君之才，何經不可明，然亦不過筆授其義而已。若余則於艱苦之餘，乃能有見，吾非邵子，不敢以二十年林下期君也。」泂歎息而去。或問澤：「自闕如此，寧無不傳之懼？」澤曰：「聖經興廢，上關天運，子以爲區區人力所致耶！」

澤家甚窶貧，且年老，不復能教授，經歲大侵，家人采木實草根以療饑，晏然曾不動其意，惟以聖人之心不明，而經學失傳，若己有罪爲大戚。至正六年卒，年八十七。其書存于世者十二三。門人惟新安趙汸爲高第，得其春秋之學爲多。

蕭𣂏字惟斗，其先北海人。父仕秦中，遂爲奉元人。𣂏性至孝，自爲兒時，翹楚不凡。稍出爲府史，上官語不合，卽引退，讀書南山者三十年。製一革衣，由身半以下，及臥，輒倚其榻，玩誦不少置，於是博極羣書，天文、地理、律曆、算數，靡不研究。侯均謂元有天下百年，惟蕭惟斗爲識字人。學者及其門受業者甚衆。嘗出，遇一婦人，失金釵道旁，疑𣂏拾之，謂曰：「殊無他人，獨翁居後耳。」𣂏令隨至門，取家釵以償，其婦後得所遺釵，愧謝還之。鄉人有自城中暮歸者，遇寇，欲加害，詭言「我蕭先生也」，寇驚愕釋去。

世祖分藩在秦，辟𣂏與楊恭懿、韓擇侍秦邸，𣂏以疾辭，授陝西儒學提舉，不赴。省憲大臣卽其家具宴爲賀，使一從史先詣𣂏舍，𣂏方汲水灌園，從史至，不知其爲𣂏也，使飲其馬，卽應之不拒，及冠帶迎賓，從史見𣂏，有懼色，𣂏殊不爲意。後累授集賢直學士、國子司業，改集賢侍讀學士，皆不赴。大德十一年，拜太子右諭德，扶病至京師，入覲東宮，書酒誥爲獻，以朝廷時尙酒故也。尋以病力請去職，人問其故，則曰：「在禮，東宮東面，師傅西面，此禮今可行乎？」俄除集賢學士、國子祭酒，依前右諭德，疾作，固辭而歸。卒年七十八，賜謚貞敏。

㪺制行甚高，眞履實踐，其教人，必自小學始。爲文辭，立意精深，言近而指遠，一以洙、泗爲本，濂、洛、考亭爲據，關輔之士，翕然宗之，稱爲一代醇儒。所著有三禮說、小學標題駁論、九州志，及勤齋文集，行于世。

韓擇者，字從善，亦奉元人。天資超異，信道不惑，其教學者，雖中歲以後，亦必使自小學等書始。或疑爲陵節勤苦，則曰：「人不知學，白首童心，且童蒙所當知，而皓首不知，可乎？」擇尤邃禮學，有質問者，口講指畫無倦容。士大夫游宦過秦中，必往見擇，莫不虛往而實歸焉。世祖嘗召之赴京，疾，不果行。其卒也，門人爲服緦麻者百餘人。

侯均者，字伯仁，亦奉元人。父母蚤亡，獨與繼母居，賣薪以給奉養。積學四十年，羣經百氏，無不淹貫，旁通釋、老外典。每讀書，必熟誦乃已。嘗言：「人讀書不至千徧，終於已無益。」故其答諸生所問，窮索極探，如取諸篋笥，名振關中，學者宗之。用薦者起爲太常博士，後以上疏忤時相意，不待報可，卽歸休田里。

均貌魁梧，而氣剛正，人多嚴憚之，及其應接之際，則和易款洽。雖方言古語，世所未曉者，莫不隨問而答，世咸服其博聞。

同恕字寬甫，其先太原人。五世祖遷秦中，遂爲奉元人。祖昇。父繼先，博學能文，廉希憲宣撫陝右，辟掌庫鑰。家世業儒，同居二百口，無間言。

恕安靜端凝，羈丱如成人，從鄉先生學，日記數千言。年十三，以書經魁鄉校。至元間，朝廷始分六部，選名士爲吏屬，關陝以恕貢禮曹，辭不行。仁宗踐阼，卽其家拜國子司業，階儒林郎，使三召，不起。陝西行臺侍御史趙世延，請卽奉元置魯齋書院，中書奏恕領敎事，制可之。先後來學者殆千數。延祐設科，再主鄉試，人服其公。六年，以奉議大夫、太子左贊善召，入見東宮，賜酒慰問。繼而獻書，歷陳古誼，盡開悟涵養之道。明年春，英宗繼統，以疾歸。致和元年，拜集賢侍讀學士，以老疾辭。

恕之學，由程、朱上遡孔、孟，務貫浹事理，以利於行。敎人曲爲開導，使得趣向之正。性整潔，平居雖大暑，不去冠帶。母張夫人卒，事異母如事所生。父喪，哀毁致目疾，時祀齋肅詳至。嘗曰：「養生有不備，事猶可復，追遠有不誠，是誣神也，可逭罪乎！」與人交，雖外無適莫，而中有繩尺。里人借騾而死，償其直，不受，曰：「物之數也，何以償爲！」家無儋石之儲，而聚書數萬卷，扁所居曰榘菴。時蕭𣂏居南山下，亦以道高當世，入城府，必主恕家，士論稱之曰蕭同。

恕自京還，家居十三年，縉紳望之若景星麟鳳，鄉里稱爲先生而不姓。至順二年卒，年七十八。制贈翰林直學士，封京兆郡侯，諡文貞。其所著曰榘菴集，二十卷。

恕弟子第五居仁，字士安，幼師蕭𣂏，弱冠從恕受學。博通經史，躬率子弟致力農畝，而學徒滿門。其宏度雅量，能容人所不能容。嘗行田間，遇有竊其桑者，居仁輒避之。鄉里高其行義，率多化服。作字必楷整，遊其門者，不惟學明，而行加修焉。卒之日，門人相與議易名之禮，私諡之曰靜安先生。

安熙字敬仲，眞定藁城人。祖滔，父松，皆以學行淑其鄉人。熙既承其家學，及聞保定劉因之學，心向慕焉。熙家與因所居相去數百里，因亦聞熙力於爲己之學，深許與之。熙方將造其門，而因已歿，乃從因門人烏叔備問其緒說。蓋自因得宋儒朱熹之書，即尊信力行之，故其敎人，必尊朱氏。然因之爲人，高明堅勇，其進莫遏。熙則簡靚和易，務爲下學之功。其告先聖文有曰：「追憶舊聞，卒究前業。灑掃應對，謹行信言。餘力學文，窮理盡性。循循有序，發軔聖途，以存諸心，以行諸己，以及於物，以化於鄉。」其用功平實切密，可謂善學朱氏者。

熙遭時承平，不屑仕進，家居敎授垂數十年，四方之來學者，多所成就。既歿，鄉人爲立祠於藁城之西尧鎮。其門人蘇天爵，爲輯其遺文，而虞集序之曰：「使熙得見劉氏，廓之以高明，厲之以奮發，則劉氏之學，當益昌大於時矣。」

校勘記

〔一〕世母陶氏　考異云：「案黃溍撰墓誌云：考諱鯱，無子，以從父兄貢士日宣之次子嗣，卽先生也。先生甫能言，貢士君之夫人陶氏授以孝經、論語。則陶氏實謙之本生母。傳云世母者，考之未審爾。」

〔二〕書〔集〕傳纂疏　按此書今存，題尙書集傳纂疏。千頃堂書目作書集傳纂疏。自序稱，是書之作旨在纂疏蔡沈書集傳。此處脫「集」字，今補。

〔三〕本義啓蒙翼傳　按此書今存，題易學啓蒙翼傳。千頃堂書目作周易啓蒙翼傳。自序稱其父胡方平嘗作啓蒙通釋以釋易，胡一桂「復爲本義附錄纂疏」，「又成翼傳四篇」。此處「本義」當涉前文衍誤，實應作「周易」。

元史卷一百九十

列傳第七十七

儒學二

胡長孺字汲仲，婺州永康人。當唐之季，其先自天台來徙。宋南渡後，以進士科發身者十人，持節分符，先後相望。曾祖桌，欽州司法參軍，脫略豪雋，輕貲急施，人以鄭莊稱之。祖巖，起嘉定甲戌進士，知福州閩縣事，卓行危論，奇文瑰句，端平、嘉定間，士大夫皆自以爲不可及。其在江西幕府，平贛州之難於指顧之頃，全活數十萬人。父居仁，淳祐丁未進士，知台州軍州事，文辭政事，亦絕出於四方。至長孺，其學益大振，九經、諸史，下逮百氏，名、墨、縱橫，旁行敷落，律令章程，無不包羅而揆序之。咸淳中，外舅徐道隆爲荆湖四川宣撫參議官，長孺從之入蜀，銓試第一名，授迪功郎、監重慶府酒務。俄用制置使朱禩孫之辟，兼總領湖廣軍馬錢糧所僉廳，與高彭、李湜、梅應春等，號南中八士。已而復拜福寧州倅之命，會宋亡，退棲永康山中。

至元二十五年，詔下求賢，有司强起之，至京師，待詔集賢院。既而召見內殿，拜集賢修撰，與宰相議不合，改教授揚州。元貞元年，移建昌，適錄事闕官，檄長孺攝之。程文海方貴顯，其家氣焰薰灼，即違法，人不敢何問，其樹外門，侵官道，長孺亟命撤之。至大元年，轉台州路寧海縣主簿，階將仕佐郎。

大德丁未，浙東大侵，戊申，復無麥，民相枕死。宣慰同知脫歡察議行賑荒之令，斂富人錢一百五十萬給之，至縣，以餘錢二十五萬屬長孺藏去，乃行旁州。長孺察其有乾沒意，悉散於民。閱月再至，索其錢，長孺抱成案進曰：「錢在是矣。」脫歡察怒曰：「汝膽如山耶！何所受命，而敢無忌若此！」長孺曰：「民一日不食，當有死者，誠不及以聞，然官書具在，可徵也。」脫歡察雖怒，不敢問。縣有銅巖，惡少年狙伺其間，恒出鈔道，爲過客患，官不能禁。長孺僞衣商人服，令蒼頭負貨以從，陰戒騶卒十人躡其後。長孺至，巖中人突出要之，長孺方遜辭以謝，騶卒俄集，皆成擒，俾盡（通）〔逮〕其黨置於法，〔一〕夜行無虞。民荷溺器糞田，偶觸軍卒衣，卒抶傷民，且碎器而去，竟不知主名。民來訴，長孺陽怒其誣，械于市，俾左右潛偵之，向抶者過焉，戟手稱快，執詣所隸，杖而償其器。羣嫗聚浮屠庵，誦佛書爲禳祈，一嫗失其衣，適長孺出鄉，嫗訟之。長孺以牟麥置羣嫗合掌中，命繞佛誦書如初，長孺閉目叩齒，作集神狀，且曰：「吾使神監之矣，盜衣者行數周，麥當芽。」一嫗屢開掌視，長孺指縛之，還所竊衣。長孺白事帥府歸，吏言有姦事屢問弗伏者，長孺曰：「此易易爾。」夜伏吏案下，黎明，出姦者訊之，辭愈堅，長孺佯謂令長曰：「頗聞國家有詔，盍迎之。」叱隸卒縛姦者東西楹，空縣而出，庭無一人。姦者相謂曰：「事至此，死亦無承，行將自解矣。」語畢，案下吏嚾而出，姦者驚，咸叩頭服罪。永嘉民有弟質珠步搖於兄者，贖焉，兄妻愛之，紿以亡於盜，屢訟不獲直，往告長孺，長孺曰：「爾非吾民也。」叱之去。未幾，治盜，長孺嗾盜誣兄受步搖爲贓，逮兄赴官，力辨數弗置，長孺曰：「爾家信有是，何謂誣耶！」兄倉皇曰：「有固有之，乃弟所質者。」趣持至驗之，呼其弟示曰：「得非爾家物乎？」弟曰：「然。」遂歸焉。其行事多類此，不能盡載。

延祐元年，轉兩浙都轉運鹽使司長山場鹽司丞，階將仕郎，未上，以病辭，不復仕，隱杭之虎林山以終。

長孺初師青田余學古，學古師王夢松，夢松亦青田人，傳龍泉葉味道之學，味道則朱熹弟子也。淵源既正，長孺益行四方，訪求其旨趣，始信涵養用敬爲最切，默存靜觀，超然自得，故其爲人，光明宏偉，專務明本心之學，慨然以孟子自許。唯恐斯道之失其傳，誘引不倦，一時學者慕之，有如饑渴之於食飲。方嶽大臣與郡二千石，聘致庠序，敷繹經義，環聽者數百人。長孺爲言：「人雖最靈，與物同產，初無二本。」皆躍躍然興起，至有太息者。爲辭章有精魄，金舂玉撞，壹發其和平之音，海內來求者，如購拱璧，碑版焜煌，照耀四裔，苟非其人，雖一金易一字，毅然不與。鄉闈取士，屢司文衡，貴實賤華，文風爲之一變。

晚寓武林，病喘上氣者頗久。一旦具酒食，與比鄰別，云將返故鄉，門人有識其微意者，問曰：「先生精神不衰，何爲遽欲觀化乎？」長孺曰：「精神與死生，初無相涉也。」就寢，至夜半，喘忽止，其子駒排戶視之，則正衣冠坐逝矣。年七十五。所著書有瓦缶編、南昌集、寧海漫抄、顏樂齋藁行于世。

其從兄之綱、之純，皆以經術文學名。之綱字仍仲，嘗被薦書。其於聲音字畫之說，自言獨造其妙，惜其書不傳。之純字穆仲，咸淳甲戌進士，踐履如古獨行者，文尤明潔可誦。人稱之爲三胡云。

熊朋來字與可，豫章人。宋咸淳甲戌，登進士第第四人，授從仕郎、寶慶府僉書判官廳公事，未上而宋亡。

世祖初得江南，盡求宋之遺士而用之，尤重進士，以故相留夢炎爲尙書，召甲戌狀元王龍澤爲江南行臺監察御史。朋來，龍澤榜下進士，而聲名不在龍澤下，然不肯表襮苟進，隱處州里閭，生徒受學者，常百數十人。取朱子小學書，提其要領以示之，學者家傳其書，幾遍天下。豫章爲江西會府，行中書省、提刑按察司皆在焉，凡居是官者，多朝廷名公卿，皆以賓禮延見。廉希憲之子惇爲參知政事，以師禮事朋來，終身稱門人。劉宣爲提刑按察使，尤加禮敬。朋來和而不肆，介而不狷，與羣賢講論經義無虛日，儒者咸倚以爲重焉。

會朝廷遣治書侍御史王構銓外選于江西，於是參政徐琰、李世安，列薦朋來爲閩海提舉儒學官，使者報聞，而朝廷以東南儒學之士唯福建、廬陵最盛，特起朋來連爲兩郡教授。所至，考古篆籀文字，調律呂，協歌詩，以興雅樂，制器定辭，必則古式，學者化焉。旣滿考，以常格調建安縣主簿，不赴。晚以福淸州判官致仕，朋來視之，漠如也。四方學者，因其所自號，稱爲天慵先生。每燕居，鼓瑟而歌以自樂。嘗著瑟賦二篇，學者爭傳誦之。門人歸之者日盛，旁近舍皆滿，至不能容，朋來懇懇爲說經旨文義，老益不倦。得其所指授者，多爲聞人。

延祐初，詔以進士科取士，時科舉廢已久，有司咸不知其典故，以不稱明詔爲懼，行省官主其事者，諮問於朋來，動中軌度，因以申請，四方得遵用之。及請爲考試官，則曰：「應試者十九及吾門，不可。」其後江浙、湖廣，皆卑詞致禮，請爲主文，朋來屢往應之。及對大廷，其所選士居天下三之一焉。

蓋初，朋來以周禮首薦鄉郡，而元制，周官不與設科，治戴記者又鮮，朋來屢以爲言。蓋朋來之學，諸經中三禮尤深，是以當世言禮學者，咸推宗之。至治中，英宗始采用古禮，親御袞冕祠太廟，銳意於制禮作樂之事，翰林學士元明善，颺言于朝，以朋來爲薦，未及召而卒，年七十八。

朋來動止有常，喜怒不形於色，接賓客，人人各自以得其意。有家集三十卷，其大者明乎禮樂之事，關於世教，其餘若天文、地理、方技、名物、度數，靡不精究。

子太古，鄉貢進士。

戴表元字帥初，一字曾伯，慶元奉化州人。七歲，學古詩文，多奇語。稍長，從里師習詞賦，輒棄不肯爲。咸淳中，入太學，以三舍法陞內舍生，既而試禮部第十人，登進士乙科，教授建（寧）〔康〕府。〔三〕後遷臨安教授，行戶部掌故，皆不就。

大德八年，表元年已六十餘，執政者薦于朝，起家拜信州教授，再調教授婺州，以疾辭。初，表元閔宋季文章氣萎薾而辭骫骳，骫骳已甚，慨然以振起斯文爲己任。時四明王應麟、天台舒岳祥並以文學師表一代，表元皆從而受業焉。故其學博而肆，其文清深雅潔，化陳腐爲神奇，蓄而始發，間事摹畫，而隅角不露，施於人者多，尤自祕重，不妄許與。至

于世。

元、大德間，東南以文章大家名重一時者，唯表元而已。

其門人最知名者曰袁桷，桷之文，其體裁議論，一取法於表元者也。

表元晚年，翰林集賢以修撰、博士二職論薦，而老疾不可起，年六十七卒。有剡源集行于世。

當表元時，有四明任士林者，亦以文章知名云。

牟應龍字伯成，其先蜀人，後徙居吳興。祖子才仕宋，贈光祿大夫，謚清忠。父巘，爲大理少卿。

應龍幼警敏過人，日記數千言，文章有渾厚之氣。應龍當以世賞補京官，盡讓諸從弟，而擢咸淳進士第。時賈似道當國，自儗伊、周，謂馬廷鸞曰：「君故與清忠游，其孫幸見之，當處以高第。」應龍拒之不見，及對策，具言上下內外之情不通、國勢危急之狀，考官不敢置上第。調光州定城尉，應龍曰：「昔吾祖對策，以直言忤史彌遠，得洪雅尉，今固當爾，無愧也。」沿海制置司辟爲屬，以疾辭不仕，而宋亡矣。

故相留夢炎事世祖，爲吏部尙書，以書招之，曰：「苟至，翰林可得也。」應龍不答。已而起家教授溧陽州，晚以上元縣主簿致仕。

初，宋亡時，大理卿已退不任事，一門父子，自爲師友，討論經學，以義理相切磨，於諸經皆有成說，惟五經音考盛行於世。應龍爲文，長於敍事，時人求其文者，車轍交於門，以文章大家稱於東南，人擬之爲眉山蘇氏父子，而學者因應龍所自號，稱之曰隆山先生。泰定元年卒，年七十八。

鄭滁孫字景歐，處州人。宋景定間，登進士第，知溫州樂淸縣，累歷宗正丞、禮部郎官。至元三十年，有以滁孫名薦者，世祖召見，授集賢直學士。尋陞侍講學士，又陞學士。乞致仕，歸田里。

弟陶孫，字景潛，亦登進士第，監西嶽祠。先，陶孫徵至闕，奏對稱旨，授翰林國史院編修官，會纂修國史至宋德祐末年事，陶孫曰：「臣嘗仕宋，宋是年亡，義不忍書，書之非義矣。」終不書，世祖嘉之。陞應奉翰林文字，後出爲江西儒學提舉。

滁孫兄弟在當時，最號博洽，儒學之士翕然推之。隆福宮以其兄弟前朝士，乃製衣親賜，人以爲異遇焉。滁孫所著，有大易法象通贊、周易記玩等書。陶孫有文集若干卷。

陳孚字剛中，台州臨海人。幼淸峻穎悟，讀書過目輒成誦，終身不忘。至元中，孚以布衣上大一統賦，江浙行省爲轉聞于朝，署上蔡書院山長，考滿，調選京師。

二十九年，世祖命梁曾以吏部尚書再使安南，選南士爲介，朝臣薦孚博學有氣節，調翰林國史院編修官，攝禮部郎中，爲曾副。陛辭，賜五品服，佩金符以行。三十年正月，至安南，世子陳日燇以憂制不出郊，遣陪臣來迎，又不由陽明中門入，曾與孚回館，致書詰日燇以不庭之罪，且責日燇當出郊迎詔，及講新朝尚右之禮，往復三書，宣布天子威德，辭直氣壯，皆孚筆也。其所贈，孚悉卻之。詳見梁曾傳中。使還，除翰林待制，兼國史院編修官。帝方欲置之要地，而廷臣以孚南人，且尚氣，頗嫉忌之，遂除建德路總管府治中，再遷治中衢州，所至多著善政。秩滿，復請爲鄉郡，特授奉直大夫、台州路總管府治中。

大德七年，詔遣奉使宣撫循行諸道。時台州旱，民饑，道殣相望，江浙行省檄浙東元帥脫歡察兒發粟賑濟，而脫歡察兒怙勢立威，不卹民隱，驅脅有司，動置重刑。孚曰：「使吾民日至莩死不救者，脫歡察兒也。」遂詣宣撫使，愬其不法蠹民事一十九條，宣撫使按實，坐其罪，命有司亟發倉賑饑，民賴以全活者衆，而孚亦以此致疾，卒于家，年六十四。

孚天材過人，性任俠不羈，其爲詩文，大抵任意即成，不事雕斲，有文集行于世。

子遘，江浙行省左右司員外郎，致仕。女長嫣，適藁城董士楷，太常禮儀院太祝守緝之母也；末嫣，適同里韓戒之，行樞密院經歷諫之母也。俱有貞節，朝廷旌表其門閭。

攸州馮子振，其豪俊與孚略同，孚極敬畏之，自以爲不可及。子振於天下之書，無所不記。當其爲文也，酒酣耳熱，命侍史二三人，潤筆以俟，子振據案疾書，隨紙數多寡，頃刻輒盡。雖事料醲郁，美如簇錦，律之法度，未免乖剌，人亦以此少之。

董朴字太初，順德人。自幼强記，比冠，師事樂舜咨、劉道濟，皤然有求道之志。至元十六年，用提刑按察使薦，起家爲陝西知法官，未幾，以親老歸養。尋召爲太史院主事，復辭不赴。皇慶初，朴年已踰八十，詔以翰林修撰致仕。延祐三年，無疾而終，年八十有五。朴所爲學，自六經及孔、孟微言，與凡先儒所以開端闡幽者，莫不研極其旨而會通之，故其心所自得，往往有融貫之妙。其事親孝，與人交，智愚貴賤，一待以誠，或有犯之者，夷然不與之校。中山王結曰：「朴之學，造詣旣深，充養交至；其爲人，淸而通，和而介，君子人也。」朴家近龍岡，學者因稱之曰龍岡先生云。

楊載字仲弘，其先，居建之浦城，後徙杭，因爲杭人。少孤，博涉羣書，爲文有跌宕氣。年四十，不仕，戶部賈國英數薦于朝，以布衣召爲翰林國史院編修官，與修武宗實錄，調管領係官海船萬戶府照磨，兼提控案牘。

延祐初，仁宗以科目取士，載首應詔，遂登進士第，授承務郎、饒州路同知浮梁州事，遷儒林郎、寧國路總管府推官以卒。

初，吳興趙孟頫在翰林，得載所爲文，極推重之。由是載之文名，隱然動京師，凡所撰述，人多傳誦之。其文章一以氣爲主，博而敏，直而不肆，自成一家言。而於詩（文）尤有法，〔三〕嘗語學者曰：「詩當取材於漢、魏，而音節則以唐爲宗。」自其詩出，一洗宋季之陋。

建康之上元有楊剛中，字志行，自幼厲志操，及爲江東憲府照磨，風采凜凜，有足稱者。其爲文，奇奧簡澀，動法古人，而不屑爲世俗平凡語。元明善極歎異之。仕至翰林待制而卒。有霜月集行于世。

其甥李桓，字晉仲，同郡人，由鄉貢進士，累遷江浙儒學副提舉。亦以文鳴江東，紆餘豐潤，學者多傳之。載與剛中同輩行，而桓則稍後云。

劉詵字桂翁，吉安之廬陵人。性穎悟，幼失父，知自樹立。年十二，作爲科場律賦論策之文，蔚然有老成氣象，宋之遺老鉅公一見卽以斯文之任期之。旣冠，重厚醇雅，素以師道自居，教學者有法，聲譽日隆。江南行御史臺屢以教官館職、遺逸薦，皆不報。

詵爲文，根柢六經，躙躒諸子百家，融液今古，而不露其蹟厲風發之狀。四方求文者，日至于門。其所爲詩文，曰桂隱集。桂隱，詵所號也。至正十年卒，年八十三。

同郡龍仁夫，字觀復。劉岳申，字高仲。其文學皆與詵齊名，有集行世。而仁夫之文，尤奇逸流麗，所著周易〔集傳〕多發前儒之（之）所未發。〔四〕岳申用薦者爲遼陽儒學副提舉，仁夫江浙儒學副提舉，皆不就。

韓性字明善，紹興人。其先家安陽，宋司徒兼侍中魏忠獻王琦，其八世祖也。高祖左司郎中膺胄，扈從南渡，家于越。

性天資警敏，七歲讀書，數行俱下，日記萬言。九歲通小戴禮，作大義，操筆立就，文意蒼古，老生宿學，皆稱異焉。及長，博綜羣籍，自經史至諸子百氏，靡不極其津涯，究其根柢，而於儒先性理之說，尤深造其閫域。其爲文辭，博達儁偉，變化不測，自成一家言。四方學者，受業其門，戶外之屨，至無所容。

延祐初，詔以科舉取士，學者多以文法爲請，性語之曰：「今之貢舉，悉本朱熹私議，爲貢舉之文，不知朱氏之學，可乎？四書、六經，千載不傳之學，自程氏至朱氏，發明無餘蘊矣，顧行何如耳。有德者必有言，施之場屋，直其末事，豈有他法哉！」凡經其口授指畫，不爲甚高論而義理自勝，不期文之工而不能不工，以應有司之求，亦未始不合其繩尺也。士有一善，必爲之延譽不已，及辨析是非，則毅然有不可犯之色。

性出無輿馬僕御，所過，負者息肩，行者避道。巷夫街叟，至於童穉厮役，咸稱之曰「韓先生、韓先生」云。憲府嘗舉爲教官，謝曰：「幸有先人之敝廬可庇風雨，薄田可具饘粥，讀書砥行，無愧古人足矣，祿仕非所願也。」受而不赴。暮年愈自韜晦，然未嘗忘情於斯世，郡之良二千石政事有所未達，輒往咨訪，性從容開導，洞中肯綮，裨益者多。

天曆中，趙世延以性名上聞。後十年，門人李齊爲南臺監察御史，力舉其行義，而性已卒矣。年七十有六。卒後，南臺御史中丞月魯不花，嘗學於性，言性法當得謚，朝廷賜謚莊節先生。其所著有禮記說四卷，詩音釋一卷，書辨疑一卷，郡志八卷，〔五〕文集十二卷。

當性時，慶元有程端禮、端學兄弟者。端禮，字敬叔，幼穎悟純篤，十五歲，能記誦六經，曉析大義。慶元自宋季皆尊尚陸九淵氏之學，而朱熹氏學不行於慶元。端禮獨從史蒙卿游，以傳朱氏明體（適）〔達〕用之指，〔六〕學者及門甚衆。所著有讀書工程，國子監以頒示郡邑校官，爲學者式。仕爲衢州路儒學教授。卒年七十五。

端學，字時叔，通春秋，登至治辛酉進士第，〔七〕授僊居縣丞，尋改國子助教。動有師法，學者以其剛嚴方正，咸嚴憚之。遷太常博士，命未下而卒。後以子徐貴，贈禮部尚書。所著有春秋本義三十卷，三傳辨疑二十卷，春秋或問十卷。

吳師道字正傳，婺州蘭溪人。自羈丱知學，卽善記覽。工詞章，才思涌溢，發爲歌詩，清麗俊逸。弱冠，因讀宋儒眞德秀遺書，乃幡然有志於爲己之學，刮摩淬礪，日長月益，嘗以持敬致(和)〔知〕之說質于同郡許謙，〔六〕謙復之以理一分殊之旨，由是心志益廣，造履益深，大抵務在發揮義理，而以闢異端爲先務。

登至治元年進士第，授高郵縣丞，明達文法，吏不敢欺。再調寧國路錄事，會歲大旱，饑民仰食于官者三十三萬口，師道勸大家得粟三萬七千六百石，以賑饑民；又言于部使者，轉聞於朝，得粟四萬石、鈔三萬八千四百錠賑之，三十餘萬人賴以存活。遷池州建德縣尹，郡學有田七百畝，爲豪民所占，郡下其事建德，俾師道究治之，卽爲按其圖籍，悉以歸於學。建德素少茶，而榷稅尤重，民以爲病，卽爲極言于所司，榷稅爲減。

中書左丞呂思誠、侍御史孔思立列薦之，召爲國子助教，尋陞博士。其爲教，一本朱熹之旨，而遵許衡之成法，六館諸生，人人自以爲得師。丁內憂而歸，以奉議大夫、禮部郎中致仕，終于家。所著有易詩書雜說、春秋胡傳附辨、戰國策校註、敬鄉錄，及文集二十卷。

師道同郡又有王餘慶，字叔善，仕爲江南行臺監察御史，亦以儒學名重當世云。

陸文圭字子方，江陰人。幼而穎悟，讀書過目成誦，終身不忘。博通經史百家，及天文、地理、律曆、醫藥、算數之學。宋咸淳初，文圭年十八，以春秋中鄉選。宋亡，隱居城東，學者稱之曰牆東先生。

延祐設科，有司强之就試，凡一再中鄉舉。文圭爲文，融會經傳，縱橫變化，莫測其涯際，東南學者，皆宗師之。朝廷數遣使馳幣聘之，以老疾，不果行。卒年八十五。

文圭爲人，剛明超邁，以奇氣自負。於地理考覈甚詳，凡天下郡縣沿革、人物土產，悉能默記，如指諸掌。先屬纊一日，語門人曰：「以數考之，吾州二十年後必有兵變，慘於五代、建炎，吾死，當葬不食之地，勿封勿樹，使人不知吾墓，庶無暴骨之患。」其後江陰之亂，冢墓盡發，人乃服其先知。有牆東類藁二十卷。

文圭同里有梁益者，字友直，其先福州人。博洽經史，而工於文辭。其教人，以變化氣質爲先務，學徒不遠千里從之。自文圭旣卒，浙以西稱學術醇正、爲世師表者，惟益而已。益所著書，有三山藁、詩緒餘、史傳姓氏纂，又有詩傳旁通，發揮朱熹氏之學爲精。年五十六卒。

周仁榮字本心，台州臨海人。父敬孫，宋太學生。初，金華王柏，以朱熹之學主台之上蔡書院，敬孫與同郡楊珏、陳天瑞、車若水、黃超然、朱致中、薛松年師事之，受性理之旨。敬孫嘗著易象占、尙書補遺、春秋類例。仁榮承其家學，又師珏、天瑞，治易、禮、春秋，而工爲文章。用薦者署美化書院山長，美化在處州萬山中，人鮮知學，仁榮舉行鄉飲酒禮，士俗爲變。

後辟江浙行省掾史，省臣皆呼先生，不以吏遇之。泰定初，召拜國子博士，遷翰林修撰，陞集賢待制，奉旨代祀嶽瀆，至會稽，以疾作，不復還朝。卒，年六十有一。其所教弟子多爲名人，而泰不華實爲進士第一。

其弟仔肩，字本道，以春秋登延祐五年進士第，終奉議大夫、惠州路總管府判官。與其兄俱以文學名。

仁榮同郡有孟夢恂者，字長文，黃巖人。與仁榮同師事楊珏、陳天瑞。夢恂講解經旨，體認精切，務見行事，四方游從者皆服焉。部使者薦其行義，署本郡學錄。

至正十三年，以設策禦寇救鄉郡有功，授登仕郎、常州路宜興州判官，未受命而卒，年七十四。朝廷賜謚號曰康靖先生。所著有性理本旨、四書辨疑、漢唐會要、七政疑解，及筆海雜錄五十卷。

陳旅字衆仲，興化莆田人。先世素以儒學稱。旅幼孤，資禀穎異，其外大父趙氏學有源委，撫而教之，旅得所依，不以生業爲務，惟篤志於學，於書無所不讀。稍長，負笈至溫陵，從鄉先生傅古直游，聲名日著。用薦者爲閩海儒學官，適御史中丞馬雍古祖常使泉南，一見奇之，謂旅曰："子，館閣器也，胡爲留滯于此！"因相勉遊京師。

旣至，翰林侍講學士虞集見其所爲文，慨然歎曰："此所謂我老將休，付子斯文者矣。"卽延至館中，朝夕以道義學問相講習，自謂得旅之助爲多。與祖常交口游譽於諸公間，咸以爲旅博學多聞，宜居師範之選，中書平章政事趙世延又力薦之，除國子助教。居三年，考滿，諸生不忍其去，請于朝，再任焉。元統二年，出爲江浙儒學副提舉。至元四年，入爲應奉翰林文字。至正元年，遷國子監丞，階文林郎。又二年卒，年五十有六。

旅於文，自先秦以來，至唐、宋諸大家，無所不究，故其文典雅峻潔，必求合於古作者，不徒以徇世好而已。有文集十四卷。

旅平生於師友之義尤篤，每感虞集爲知己。其在浙江時，集歸田已數載，歲且大比，請于行省參知政事孛朮魯翀，親奉書幣，請集主文鄉闈，欲爲問候計，乃衝冒炎暑，千里訪集于臨川。集感其來，留旬日而別，惓惓以斯文相勉，慘然若將永訣焉。集每與學者語，必以旅爲平生益友也。一日，夢旅舉杯相向曰：「旅甚思公，亦知公之不忘旅也，但不得見爾。」既而聞旅卒，集深悼之。

同時有程文、陳繹曾者，皆名士。文字以文，徽州人，仕至禮部員外郎。作文明潔而精深，集亦多稱之。

繹曾字伯敷，處州人。爲人雖口吃，而精敏異常，諸經註疏，多能成誦。文辭汪洋浩博，其氣燁如也。官至國子助教。論者謂二人皆與旅相伯仲云。

李孝光字季和，溫州樂清人。少博學，篤志復古，隱居雁蕩山五峯下，四方之士，遠來受學，名譽日聞，泰不華以師事之，南行臺監察御史闥辭屢薦居館閣。至正七年，詔徵隱士，以祕書監著作郎召，與完者圖、執禮哈琅、董立，同應詔赴京師，見帝于宣文閣，進孝經圖說，帝大悅，賜上尊。明年，陞文林郎、祕書監丞。卒于官，年五十三。

孝光以文章負名當世，其文一取法古人，而不趨世尚，非先秦、兩漢語，弗以措辭。有文集二十卷。

宇文公諒字子貞，其先，成都人，父挺祖，徙吳興，今爲吳興人。公諒通經史百氏言，弱冠，有操行。嘉興富民延爲子弟師，夜將半，聞有叩門者，問之，乃一婦人，公諒厲聲叱去之，翌日，卽以他事辭歸，終不告以其故。

至順四年，登進士第，授徽州路同知婺源州事。丁內艱，改同知餘姚州事，夏不雨，公諒出禱輒應，歲以有年，民頌之，以爲別駕雨。攝會稽縣，申明寃滯，所活者衆。省檄察實松江海塗田，公諒以朝汐不常，後必貽患，請一槪免科，省臣從之。遷高郵府推官，未幾，除國子助教，日與諸生辯析諸經，六館之士，資其陶甄者往往出爲名臣。調應奉翰林文字、同知制誥，兼國史院編修官，以病得告。後召爲國子監丞，除江浙儒學提舉，改僉嶺南廉訪司事，以疾請老。

公諒平居，雖暗室，必正衣冠端坐，嘗挾手記一册，識其編首曰：「晝有所爲，暮則書之，其不可書，卽不敢爲，天地鬼神，實聞斯言。」其檢飭之嚴如此。所著述，有折桂集、觀光集、辟水集、以齋詩藁、玉堂漫藁、越中行藁，凡若干卷。門人私謚曰純節先生。

伯顏一名師聖，字宗道，哈剌魯氏，隸軍籍蒙古萬戶府，世居開州濮陽縣。伯顏生三歲，常以指畫地，或三或六，若爲卦者。六歲，從里儒授孝經、論語，卽成誦。蚤喪父，其兄曲出，買經傳等書以資之，日夜誦不輟。稍長，受業宋進士建安黃坦，坦曰：「此子穎悟過人，非諸生可比。」因命以顏爲氏，且名而字之焉。久之，坦辭曰：「余不能爲爾師，羣經有朱子說具在，歸而求之可也。」伯顏自弱冠，卽以斯文爲己任，其於大經大法，粲然有覩，而心所自得，每出於言意之表。鄉之學者，來相質難，隨問隨辨，咸解其惑。於是中原之士，聞而從游者日益衆。

至正四年，以隱士徵至京師，授翰林待制，預修金史。旣畢，辭歸。已而復起爲江西廉訪僉事，數月，以病免。及還，四方之來學者，至千餘人。蓋其爲學專事講解，而務眞知力踐，不屑事舉子詞章，而必期措諸實用。士出其門，不問知其爲伯顏氏學者；至於異端之徒，亦往往棄其學而學焉。

十八年，河南賊蔓延河北，伯顏言於省臣，將結其鄉民爲什伍以自保，而賊兵大至，伯顏乃渡漳北行，邦人從之者數十萬家。至磁與賊遇，賊知伯顏名士，生劫之以見賊將，誘以富貴，伯顏罵不屈，引頸受刃，與妻子俱死之，年六十有四。

旣死，人或剖其腹，見其心數孔，曰：「古稱聖人心有七竅，此非賢士乎！」乃納心其腹中，覆牆而揜之。有司上其事，贈奉議大夫、僉太常禮儀院事，謚文節。太常謚議曰：「以城守論之，伯顏無城守之責而死，可與江州守李黼一律；以風紀論之，伯顏無在官之責而死，可與西臺御史張桓並駕。以平生有用之學，成臨義不奪之節，乃古之所謂君子人者。」時以爲確論。伯顏平生，修輯六經，多所著述，皆燬于兵。

瞻思字得之，其先大食國人。國既內附，大父魯坤，乃東遷豐州。太宗時，以材授眞定、濟南等路監榷課稅使，因家眞定。父斡直，始從儒先生問學，輕財重義，不干仕進。瞻思生九歲，日記古經傳至千言。比弱冠，以所業就正于翰林學士承旨王思廉之門，由是博極羣籍，汪洋茂衍，見諸踐履，皆篤實之學，故其年雖少，已爲鄉邦所推重。延祐初，詔以科第取士，有勸其就試者，瞻思笑而不應。既而侍御史郭思貞、翰林學士承旨劉賡、參知政事王士熙，交章論薦之。泰定三年，詔以遺逸徵至上都，見帝于龍虎臺，眷遇優渥。時倒剌沙柄國，西域人多附焉，瞻思獨不往見，倒剌沙屢使人招致之，即以養親辭歸。

天曆三年，召入爲應奉翰林文字，賜對奎章閣，文宗問曰：「卿有所著述否？」明日，進所著帝王心法，文宗稱善。詔預修經世大典，以論議不合求去，命奎章閣侍書學士虞集諭留之，瞻思堅以母老辭，遂賜幣遣之。復命集傳旨曰：「卿且暫還，行召卿矣。」至順四年，除國子博士，丁內艱，不赴。

後至元二年，拜陝西行臺監察御史，卽上封事十條，曰：法祖宗，攬權綱，敦宗室，禮勳舊，惜名器，開言路，復科舉，罷數軍，一刑章，寬禁網。時姦臣變亂成憲，帝方虛己以聽，贍思所言，皆一時羣臣所不敢言者。侍御史趙承慶見之，嘆曰：「御史言及此，天下福也。」戚里有執政陝西行省者，恣爲非道，贍思發其罪而按之，輒棄職夜遁，會有詔勿逮問，然猶杖其私人。及分巡雲南，按省臣之不法者，其人卽解印以去，遠藩爲之震悚。

襄、漢流民，聚居宋之紹熙府故地，至數千戶，私開鹽井，自相部署，往往劫囚徒，殺巡卒，贍思乃擒其魁，而釋其黨。復上言：「紹熙土饒利厚，流戶日增，若以其人散還本籍，恐爲邊患，宜設官府以撫定之。」詔卽其地置紹熙宣撫司。

三年，除僉浙西肅政廉訪司事，卽按問都轉運鹽使、海道都萬戶、行宣政院等官贓罪，浙右郡縣，無敢爲貪墨者。復以浙右諸僧寺，私蔽猾民，有所謂道人、道民、行童者，類皆瀆常倫，隱徭役，使民力日耗，契勘嘉興一路，爲數已二千七百，乃建議請勒歸本族，俾供王賦，庶以少寬民力。朝廷是之，卽著以爲令。四年，改僉浙東肅政廉訪司事，以病免歸。

贍思歷官臺憲，所至以理冤澤物爲己任，平反大辟之獄，先後甚衆，然未嘗故出人罪，以市私恩。嘗與五府官決獄咸寧，有婦宋娥者，與鄰人通，鄰人謂娥曰：「我將殺而夫。」娥曰：「張子文行且殺之。」明日，夫果死，跡盜數日，娥始以張子文告其姑，五府官以爲非共殺，且既經赦宥，宜釋之，瞻思曰：「張子文以爲娥固許之矣。且娥夫死及旬，乃始言之，是娥與張同謀，度不能終隱，故發之也，豈赦可釋哉？」樞密判官曰：「平反活人，陰德也。御史勿執常法。」瞻思曰：「是謂故出人罪，非平反也。且公欲種陰德於生者，奈死者何！」乃獨上議刑部，卒正娥罪。其審刑當罪多類此。

至正四年，除江東肅政廉訪副使。十年，召爲祕書少監，議治河事，皆辭疾不赴。十一年，卒于家，年七十有四。二十五年，皇太子撫軍冀寧，承制封拜，贈嘉議大夫、禮部尙書、上輕車都尉，追封恒山郡侯，謚曰文孝。

瞻思邃於經，而易學尤深，至於天文、地理、鍾律、算數、水利，旁及外國之書，皆究極之。家貧，饘粥或不繼，其考訂經傳，常自樂也。所著述有四書闕疑、五經思問、奇偶陰陽消息圖、老莊精詣、鎭陽風土記、續東陽志、重訂河防通議、西國圖經、西域異人傳、金哀宗記、正大諸臣列傳、審聽要訣，及文集三十卷，藏于家。

校勘記

〔一〕俾盡〔通〕〔逮〕其黨置於法　據宋文憲集卷一〇胡長孺傳改。

〔二〕敎授建〔寧〕〔康〕府　據淸容集卷二八戴表元墓誌銘改。同集卷三三先君子師友淵源錄作「金陵教授」。按戴表元任建康敎授，與福建建寧無涉。

〔三〕於詩（文）尤有法　從道光本刪。

〔四〕所著周易〔集傳〕多發前儒之（之）所未發　從道光本補、刪。按四庫提要引吉安府志，稱龍仁夫著周易集傳十八卷，存八卷。

〔五〕詩音釋至郡志　按黃金華集卷三二韓性墓誌銘，詩音釋作詩釋音，郡志作續郡志；疑此處「音釋」二字誤倒，「郡志」上脫「續」字。

〔六〕明體（適）〔達〕用　據黃金華集卷三三程端禮墓誌銘改。類編已校。

〔七〕登至治辛酉進士第　考異云：「案端學以泰定甲子登第，見歐陽原功所譔墓志。史誤。」

〔八〕持敬致（和）〔知〕　據吳禮部集附吳師道墓表改。類編已校。

元史卷一百九十一

列傳第七十八

良吏一

自古國家上有寬厚之君，然後爲政者得以盡其愛民之術，而良吏興焉。班固有曰：「漢興，與民休息，凡事簡易，禁罔疏闊，以寬厚淸靜爲天下先，故文、景以後，循吏輩出。」其言蓋識當時之治體矣。

元初風氣質實，與漢初相似。世祖始立各道勸農使，又用五事課守令，以勸農繫其銜。故當是時，良吏班班可見，亦寬厚之效也。然自中世以後，循良之政，史氏缺於紀載。今據其事蹟之可取者，作良吏傳。

譚澄字彥淸，〔一〕德興懷來人。父資榮，〔二〕金末爲交城令。國兵下河朔，乃以縣來附，賜金符，爲元帥左都監，仍兼交城令。未幾，賜虎符，行元帥府事，從攻汴有功。年四十，移病，舉弟資用自代。資用卒，澄襲職。

澄幼穎敏，爲交城令時年十九。有文谷水，分溉交城田，文陽郭帥專其利而堰之，訟者累歲，莫能直，澄折以理，令決水，均其利於民。豪民有持吏短長爲奸者，察得其主名，皆以法治之。歲乙未，籍民戶，有司多以浮客占籍，及征賦，逃竄殆盡，官爲稱貸，積息數倍，民無以償。澄入覲，因中書耶律楚材，面陳其害，太宗惻然，爲免其逋，其私負者，年雖多，息取倍而止；亡民能歸者，復三年。詔下，公私便之。壬子，復大籍其民，澄盡削交城之不土著者，賦以時集。

甲寅，世祖還自大理，澄進見，留藩府，凡遣使，必以澄偕，而以其弟山〔阜〕爲交城令。〔三〕時世祖以皇弟開藩京兆，總天下兵。歲丁巳，有間之者，憲宗疑之，遂解兵柄。遣阿藍答兒往京兆，大集官吏，置計局百四十二條以考覈之，罪者甚衆，世祖每遣左丞闊闊，與澄周旋其間，以彌縫其缺，及親入朝，事乃釋。

中統元年，世祖卽位，擢懷孟路總管，俄賜金符，換金虎符。歲旱，令民鑿唐溫渠，引沁水以溉田，民用不饑。敎之種植，地無遺利。至元二年，遷河南路總管，改平灤路總管。七年，入爲司農少卿，俄出爲京兆總管。居一年，改陝西四川道提刑按察使，建言：「不孝有三，無後爲大。宜令民年四十無子聽取妾，以爲宗祀計。」朝廷從之，遂著爲令。

四川僉省嚴忠範守成都，爲宋將昝萬壽所敗，退保子城，世祖命澄代之。至則葬暴骸，修焚室，賑饑貧，集逋亡，民心稍安。會西南夷羅羅斯內附，帝以撫新國宜擇文武全才，遂以澄爲副都元帥，同知宣慰使司事。比至，以疾卒，年五十八。

世祖嘗與太保劉秉忠論一時牧守，秉忠曰：「若邢之張耕，懷之譚澄，何憂不治哉！」游顯宣撫大名，嘗爲諸路總管求虎符宣麻，澄至中書辭曰：「皇上不識譚澄耶？乃爲顯所舉！」中書特爲去之。其介如此。

子克修，歷湖北、河南、陝西三道提刑按察使。

許維禎字周卿，遂州人。至元十五年，爲淮安總管府判官。屬縣鹽城及丁溪場，有二虎爲害，維禎默禱于神祠，一虎去，一虎死祠前。境內旱蝗，維禎禱而雨，蝗亦息。是年冬，無雪，父老言于維禎曰：「冬無雪，民多疾，奈何！」維禎曰：「吾當爲爾禱。」已而雪深三尺。朝廷聞其事，方欲用之而卒，年四十四。子殷。

許楫字公度，太原忻州人。幼從元裕學，年十五，以儒生中詞賦選，河東宣撫司又舉楫賢良方正孝廉。楫至京師，平章王文統命爲中書省掾，以不任簿書辭，改知印。丞相安童、左丞許衡深器重之。一日，從省臣立殿下，世祖見其美髯魁偉，問曰：「汝秀才耶？」楫頓首曰：「臣學秀才耳，未敢自謂秀才也。」帝善其對，授中書省架閣庫管勾，兼承發司事。

未幾，立大司農司，以楫爲勸農副使。時商挺爲安西王相，遇於途，楫因言：「京兆之西，荒野數千頃，宋、金皆嘗置屯，如募民立屯田，歲可得穀，給王府之需。」挺以其言入奏，從之。三年，屯成，果獲其利。尋佩金符，爲陝西道勸農使。

至元十三年，宋平，帝命平章廉希憲行中書於荆南府，以楫爲左右司員外郎。荆南父老與金帛求見，楫曰：「汝等已爲大元民矣，今置吏以撫字汝輩，奚用金帛以求見！」明年，擢嶺北湖南提刑按察副使，武岡富民有毆死出征軍人者，陰以家財之半誘其佃者，代己款伏，楫審得其情，釋佃者，繫富民，人服其明。改江西道提刑按察副使，行省命招討郭昂討叛賊董旗，兵士俘掠甚衆，楫詢究得良民六百口，遣還鄉里。

二十三年，授中議大夫、徽州總管。桑哥立尚書，會計天下錢糧，參知政事忻都、戶部尚書王巨濟，倚勢刻剝，遣吏徵徽州民鈔，多輸二千錠，巨濟怒其少，欲更益千錠，楫詣巨濟曰：「公欲百姓死耶、生耶？如欲其死，雖萬錠可徵也。」巨濟怒解，徽州賴以免。楫考滿去。徽之績溪、歙縣民柯三八、汪千十等，因歲饑阻險爲寇。行省右丞敎化以兵捕之，相拒七月，乃使人諭之。三八等曰：「但得許總管來，我等皆降矣。」行省爲驛召楫至，命往招之。楫單騎趨賊壘，衆見楫來，皆拜曰：「我公既來，請署牓以付我。」楫白敎化，請退軍一舍，聽其來降。不聽。會以參政高興代敎化，楫復以前言告之，興從其計，賊果降。

二十四年，授太中大夫、東平總管，謝事二年卒，壽七十。十一子：餘慶，重慶，崇慶，餘失其名。

田滋字榮甫，開封人。至元二年，由汴梁路總管府知事，入爲御史臺掾。十二年，拜監察御史。十三年，宋平，滋建言：「江南新附，民情未安，加以官吏侵漁，宜立行御史臺以鎭之。」詔從其言。遂超拜行御史臺侍御史。歷兩淮鹽運使、河南路總管。

大德二年，遷浙西廉訪使。有縣尹張彧者，被誣以贓，獄成，滋審之，但俛首泣而不語。滋以爲疑，明日齋沐，詣城隍祠禱曰：「張彧坐事有寃狀，願神相滋，明其誣。」守廟道士進曰：「曩有王成等五人，同持誓狀到祠焚禱，火未盡而去之，燼中得其遺藁，今藏於壁間，豈其人耶？」視之，果然，明日，詣憲司詰成等，不服。因出所得火中誓狀示之，皆驚愕伏辜，張彧得釋。

十年，改濟南路總管，尋拜陝西行省參知政事。時陝西不雨三年，道過西嶽，因禱曰：

「滋奉命來參省事，而安西不雨者三年，民饑而死，滋將何歸！願神降甘澤，以福黎庶。」到官，果大雨。滋卽開倉，以麥五千餘石給小民之無種者，俾來歲收成以償官，民大悅。未幾，以疾卒于位。贈通奉大夫、河南行省參知政事，追封開封郡公，謚莊肅。

卜天璋字君璋，洛陽人。父世昌，仕金爲河南孔目官。憲宗南征，率衆款附，授鎭撫，統民兵二千戶；陞眞定路管民萬戶。憲宗六年，籍河北民徙河南者三千餘人，俾專領之，遂家汴。

天璋幼穎悟，長負直氣，讀書史，識成敗大體。至元中，爲南京府史。時河北饑民數萬人，集河上欲南徙，有詔令民復業，勿渡，衆洶洶不肯還。天璋慮其生變，勸總管張國寶聽其渡，國寶從之，遂以無事。河南按察副使程思廉察其賢，辟爲憲史，聲聞益著。後爲中臺掾，有侍御史倚勢貪財，御史發其贓，天璋主文牘，未及奏，顧爲所譖，俱拘內廷，御史對食悲哽，天璋問故，御史曰：「吾老，唯一女，心憐之，聞吾縶，不食數日矣，是以悲耳。」天璋曰：「死職，義也，奈何爲兒女子泣耶！」御史慚謝。俄見原免。丞相順德王當國，擢掾中書，爲提控，事有可否必力辯，他相怒，天璋言不置，王竟從其議，且曰：「掾能如是，吾復何憂！」

大德四年，爲工部主事。蔚州有劉帥者，豪奪民產，吏不敢決，省檄天璋往訊之，帥服，田竟歸民。大德五年，以樞密大臣闊伯薦，授都事，贊其府。引見，賜錦衣、鞍轡、弓刀。後以扈從勞，加奉訓大夫，賜侍燕服二襲。秩滿當代，樞密臣奏留之，特以其代爲增員。

武宗時，遷宗正府郎中。尚書省立，遷刑部郎中。適盜賊充斥，時議犯者幷家屬咸服青衣巾，以別民伍。天璋曰：「赭衣塞路，秦弊也，尚足法耶！」相悟而止。有告諸侯王謀不軌者，勑天璋訊正之，賞賚優渥。尚書省臣得罪，仁宗召天璋入見，時興聖太后在座，帝指曰：「此不貪賄卜天璋也。」因問今何官，天璋對曰：「臣待罪刑部郎中。」復問誰所薦者，對曰：「臣不才，誤蒙擢用。」帝曰：「先朝以謝仲和爲尚書，卿爲郎中，皆朕親薦也。汝宜奉職勿怠！」卽以中書刑部印章付之。旣視事，入覲，賜酒隆福宮，及錦衣三襲。後被命治反獄，帝顧左右曰：「君璋，廉愼人也，必得其情。」天璋承命，獄賴不寃。

皇慶初，天璋爲歸德知府，劭農興學，復河渠，河患遂弭。時羣盜據要津，商旅不通，天璋擒百數人，悉磔以徇，盜爲止息。陞浙西道廉訪副使，到任閱月，以更田制，改授饒州路總管，天璋旣至，聽民自實，事無苛擾，民大悅，版籍爲淸。時省臣董田事，妄作威福，郡縣爭賂之，覬免譴，饒獨無有，省臣銜之，將中以危法，求其罪無所得。縣以饑告，天璋卽發廩賑之，僚佐持不可，天璋曰：「民饑如是，必俟得請而後賑，民且死矣。失申之責，吾獨任之，不以累諸君也。」竟發藏以賑之，民賴全活。其臨事無所顧慮若此。火延饒之東門，天璋具衣冠，向火拜，勢遂熄。鳴山有虎爲暴，天璋移文山神，立捕獲之。以治行第一聞。陞廣東廉訪使。先是，豪民瀕海堰，〔四〕專商舶以射利，累政以賂置不問，天璋至，發卒決去之。嶺南地素無冰，天璋至，始有冰，人謂天璋政化所致云。尋乞致事。

天曆二年，蜀兵起，荊楚大震，復拜山南廉訪使。人謂公老，必不行矣。天璋曰：「國步方艱，吾年八十，恒懼弗獲死所耳，敢避難乎！」遂行。至則厲風紀，淸吏治，州郡肅然。是時，穀價翔湧，乃下令勿損穀價，聽民自便，於是舟車爭集，米價頓減。復止憲司贓罰庫緡錢不輸于臺，留用賑饑，御史至，民遮道稱頌。會詔三品官言時政得失，因列上二十事，凡萬餘言，目之曰中興濟治策，皆中時病。因自引去。旣歸汴，以餘祿施其族黨，家無甔儲，天璋處之，晏如也。至順二年卒。贈通議大夫、禮部尙書、上輕車都尉、河南郡侯，謚正獻。

校勘記

〔一〕譚澄　疑「譚」當作「覃」，見卷一六七校勘記〔一〇〕。

〔二〕父資榮　本證云：「案資榮自有傳，此贅。」譚資榮傳見卷一六七。

〔三〕其弟山〔阜〕　道光本與本書卷一六七譚資榮傳及牧庵集卷二四譚澄神道碑合，從補。

〔四〕瀕海堰　此處當有脫文，道光本從類編作「瀕海築堰」。

元史卷一百九十二

列傳第七十九

良吏二

耶律伯堅字壽之，桓州人。氣豪俠，喜與名士游。用薦舉入官，爲工部主事。至元九年，轉保定路清苑縣尹。

初，安肅州苦徐水之害，訴於大司農司，大司農司欲奪水故道，導水使東。東則清苑境也，地勢不利，果導之，則清苑被其害，而水亦必反故道爲災。伯堅陳其形勢，圖其利害，要大司農司官及郡守行視可否，事遂得已。

縣西有塘水，漑民田甚廣，勢家據以爲磑，民以失利來訴。伯堅命毁磑，決其水而注之田，許以漑田之餘月，乃得堰水置磑。仍以其事聞于省部，著爲定制。

縣居南北之衝，歲爲親王大官治供帳於縣西，限以十月成，至明年復撤而新之，吏得並緣侵漁，其費不貲。伯堅命築公館，以代供帳，其弊遂絕。凡郡府賦役，於縣有重於他縣者，輒曰：「寧得罪於上，不可得罪於下。」必詣府力爭之。

在淸苑四年，民親戴之如父母，比去而猶思之，立石頌其德焉。擢爲恩州同知。

段直字正卿，澤州晉城人。至元十一年，〔一〕河北、河東、山東盜賊充斥，直聚其鄉黨族屬，結壘自保。世祖命大將略地晉城，〔二〕直以其衆歸之，幕府承制，署直潞州元帥府右監軍。其後論功行賞，分土世守，命直佩金符，爲澤州長官。

澤民多避兵未還者，直命籍其田廬於親戚鄰人之戶，且約曰：「俟業主至，當析而歸之。」逃民聞之，多來還者，命歸其田廬如約，民得安業。素無產者，則出粟賑之；爲他郡所俘掠者，出財購之；以兵死而暴露者，收而瘞之。

未幾，澤爲樂土。大修孔子廟，割田千畝，置書萬卷，迎儒士李俊民爲師，以招延四方來學者，不五六年，學之士子，以通經被選者，百二十有二人。在官二十年，多有惠政。朝廷特命提舉本州學校事，未拜而卒。

諳都剌字瑞芝，凱烈氏。祖阿思蘭，嘗從大將阿朮伐宋，仕至冀寧路達魯花赤，子孫因其名蘭，遂以蘭爲氏。

諳都剌通經史，兼習諸國語。成宗時，爲翰林院札爾里赤，職書制誥。會有旨命書藩王添力聖旨，諳都剌曰：「此旨非惟有虧國體，行且爲民殃矣。」帝聞之，謂近臣曰：「小吏如此，眞難得也。」事乃止。尋授應奉翰林文字，凡蒙古傳記，多所校正。陞待制。時方選守令，除遼州達魯花赤，以最聞，賜上尊名幣，除集賢直學士。

至順元年，遷襄陽路達魯花赤。山西大饑，河南行省恐流民入境爲變，檄守武關，諳都剌驗其良民，輒聽其度關，吏曰：「得無違上命乎？」諳都剌曰：「吾防姦耳，非仇良民也，可不開其生路耶！」既又煮粥以食之，所活數萬人。又城臨漢水，歲有水患，爲築堤城外，遂以無虞。

元統二年，除益都路總管。俗頗悍黠，而諳都剌務興學校，以平易治之。有上馬賊白晝劫人，久不能捕，諳都剌生擒之，其黨賂宣慰使羅鍋，誣以枉勘，縱其賊，已而賊劫河間，復被獲，乃盡輸其情，而諳都剌之誣始白，俾再任一考。親王買奴鎭益都，其府屬病民，諳都剌裁抑之，民以無擾。至正六年卒，年七十。

子爕徹堅，同知新喩州事，以孝稱。

楊景行字賢可，吉安太和州人。登延祐二年進士第，授贛州路會昌州判官。會昌民素不知井飲，汲于河流，故多疾癘；不知陶瓦，以茅覆屋，故多火災。景行教民穿井以飲，陶瓦以代茅茨，民始免於疾癘火災。豪民十人，號十虎，干政害民，悉捕置之法。乃創學舍，禮師儒，勸民斥腴田以饍士，弦誦之聲遂盛。

調永新州判官，奉郡府命，覈民田租，除剗宿弊，奸欺不容，細民賴焉。改江西行省照磨，轉撫州路宜黃縣尹，理白冤獄之不決者數十事。陞撫州路總管府推官，發擿奸伏，郡無冤獄。金溪縣民陶甲，厚積而兇險，嘗屢誣陷其縣長吏罷去之，由是官吏畏其人，不敢詰治，陶遂暴橫於一郡。景行至，以法痛繩之，徙五百里外。金溪豪僧雲住，發人冢墓取財物，事覺，官吏受賄，緩其獄，景行急按之，僧以賄動之，不聽，乃賂當道者，以危語撼之，一不顧，卒治之如法。由是豪猾屏迹，良民獲安。轉湖州路歸安縣尹，奉行省命，理荒田租，民無欺弊。

景行所歷州縣，皆有惠政；所去，民皆立石頌之。以翰林待制、朝列大夫致仕，年七十四卒。

林興祖字宗起，福州羅源人。至治二年，〔三〕登進士第，授承事郎、同知黃巖州事，三遷而知鉛山州。鉛山素多造僞鈔者，豪民吳友文爲之魁，遠至江淮、燕薊，莫不行使。友文奸黠悍鷙，因僞造致富，乃分遣惡少四五十人，爲吏於有司，伺有欲告之者，輒先事戕之，前後殺人甚衆，奪人妻女十一人爲妾，民罹其害，銜寃不敢訴者十餘年。興祖至官，曰：「此害不除，何以牧民！」卽張牓禁僞造者，且立賞募民首告，俄有告者至，佯以不實斥去；又有告獲僞造二人幷贓者，乃鞫之，款成。友文自至官，爲之營救，興祖命併執之，須臾，來訴友文者百餘人，擇其重罪一二事鞫之，獄立具，逮捕其黨二百餘人，悉置之法。民害既去，政聲籍甚。江浙行省丞相別兒怯不花薦諸朝，陞南陽知府，改建德路同知，俱未任。

至正八年，特旨遷爲道州路總管，行至城外，擾賊已迫其後，相去僅二十里。時湖南副使哈剌帖木兒屯兵城外，聞賊至，以乏軍需，欲退兵，興祖聞，卽夜詣說留之。哈剌帖木兒曰：「明日得鈔五千錠、桐盾五百，乃可破賊。」興祖許之，明日甫入城視事，卽以恩信勸諭鹽商，貸鈔五千錠，且取郡樓舊桐板爲盾，日中皆備。哈剌帖木兒得鈔、盾，大喜，遂留，爲禦賊計。賊聞新總管至，一日具五百盾，以爲大軍且至，中夕遁去。永明縣洞徭屢竊發爲民害，興祖以手牓諭之。皆曰：「林總管廉而愛民，不可犯也。」三年不入境。春旱，蟲食麥苗，興祖爲文禱之，大雨三日，蟲死而麥稔。已而罷興作，賑貧乏，輕徭薄斂，郡中大治，憲司考課，以道州爲最。以年老致仕，終于家。

觀音奴字志能，唐兀人氏，居新州。登泰定四年進士第。由戶部主事，再轉而知歸德府。廉明剛斷，發擿如神。民有銜冤不直者，雖數十年前事，皆千里奔走來訴，觀音奴立爲剖決，旬日悉淸。

彰德富商任甲，抵睢陽，驢斃，令郄乙剖之，任以怒毆郄，經宿而死。郄有妻王氏、妾孫氏，孫訴于官，官吏納任賄，謂郄非傷死，反抵孫罪，置之獄。王來訴冤，觀音奴立破械出孫于獄，呼府胥語之曰：「吾爲文具香幣，若爲吾以郄事禱諸城隍神，令神顯於吾。」有睢陽小吏，亦預郄事，畏觀音奴嚴明，且懼神顯其事，乃以任所賂鈔陳首曰：「郄實傷死，任賂上下匿其實，吾亦得賂，敢以首。」於是罪任商而釋孫妾。

寧陵豪民楊甲，夙嗜王乙田三頃，不能得。值王以饑攜其妻就食淮南，而王得疾死，其妻還，則田爲楊據矣。王妻訴之官，楊行賄，僞作文憑，曰：「王在時已售我。」觀音奴令王妻挽楊，同就崔府君神祠質之，楊懼神之靈，先期以羊酒浼巫囑神勿泄其事，及王與楊詣祠質之，果無所顯明。觀音奴疑之，召巫詰問，巫吐其實曰：「楊以羊酒浼我囑神曰：『我實據王田，幸神勿泄也。』」觀音奴因訊得其實，坐楊罪，歸其田王氏，責神而撤其祠。

亳州有蝗食民禾，觀音奴以事至亳，民以蝗訴，立取蝗向天祝之，以水研碎而飲，是歲蝗不爲災。後陞爲都水監官。

周自强字剛善，臨江路新喩州人。好學能文，練於吏事，以文法推擇爲吏。泰定間，廣西洞猺反，自强往見猺酋，說以禍福，中其要害，猺酋立爲罷兵，貢方物，納款請命。事聞于朝，特旨超授廣西兩江道宣慰司都事。轉饒州路經歷，遷婺州路義烏縣尹。周知民情，而性度寬厚，不爲刻深。民有以爭訟訴于庭者，一見卽能知其曲直，然未遽加以刑責，必取經典中語，反覆開譬之，令其誦讀講解。若能悔悟首實，則原其罪；若迷謬怙惡不悛，然後繩之以法不少貸。民畏且愛，獄訟頓息。民間田稅之籍多失實，以故差徭不平，自强出令履畝覈之，民不能欺，文簿井井可考，於是賦役平均，貧富樂業。其聽訟決獄，物無遁情，黠吏欲以片言欺惑之不可得。由是政治大行，聲譽籍甚。部使者數以廉能舉于朝，選授撫州路金溪縣尹，階奉議大夫，政績愈著。以亞中大夫、江州路總管致仕。

白景亮字明甫，南陽人。明法律，善書算。由征東行省譯史有勞，超遷南恩知州，陞沔陽府尹，奏最于朝，特授衢州路總管。

先是，爲郡者於民間徭役，不盡校田畝以爲則，吏得並緣高下其手，富民或優有餘力，而貧弱不能勝者，多至破産失業。景亮深知其弊，乃始覈驗田畝以均之，役之輕重，一視田之多寡，大小家各使得宜，咸便安之，由是民不勞而事易集，他郡邑皆取以爲法。郡學之政久弛，從祀諸賢無塑像，諸生無廩餼，祭服樂器有缺，景亮皆爲備之，儒風大振，縉紳稱頌焉。

景亮性廉介勤苦，自奉甚薄，妻尤儉約，惟以脫粟對飯而已。部使者嘗上其事，特詔褒美，賜以宮錦，改授台州路總管。卒于官。

王艮字止善，紹興諸暨人。尚氣節，讀書務明理以致用，不苟事言說。淮東廉訪司辟爲書吏，遷淮西。會例革南士，就爲吏於兩淮都轉運鹽使司，以歲月及格，授廬州錄事判官。淮東宣慰司辟爲令史，以廉能稱。再調峽州總管府知事，又辟江浙行省掾史。會朝廷復立諸市舶司，艮從省官至泉州，建言：「若買舊有之船以付舶商，則費省而工易集，且可絕官吏侵欺掊克之弊。」中書省報如艮言。凡爲船六艘，省官錢五十餘萬緡。

歷建德縣尹，除兩浙都轉運鹽使司經歷。紹興路總管王克敬，以計口食鹽不便，嘗言於行省，未報，而克敬爲轉運使，集議欲稍損其額，以紓民力。沮之者以爲有成籍不可改，艮毅然曰：「民實寡而強賦多民之錢，今死、徙已衆矣，顧重改（民）〔成〕籍而輕棄民命乎！〔四〕且浙右之郡，商賈輻輳，未嘗以口計也。移其所賦，散於商旅之所聚，實爲良法。」於是議歲減紹興食鹽五千六百引。尋有復排前議者，艮欲辭職去，丞相聞之，亟遣留艮，而議遂定。

遷海道漕運都萬戶府經歷。紹興之官糧入海運者十萬石，城距海十八里，歲令有司拘民船以備短送，吏胥得並緣以虐民，及至海次，主運者又不卽受，有折缺之患。艮執言曰：「運戶既有官賦之直，何復爲是紛紛也！」乃責運戶自載糧入運船。運船爲風所敗者，當覈實除其數，移文往返，連數歲不絕，艮取吏牘披閱，卽除其糧五萬二千八百石、〔五〕鈔二百五十萬緡，運戶乃免於破家。

遷江浙行省檢校官。有詣中書訴松江富民包隱田土，爲糧一百七十餘萬石；沙蕩，爲鈔五百餘萬緡；宜立官府糾察收追之。中書移行省議，遣官驗視，而松江獨當十九。艮至松江，條陳曲折，以破其誑妄，言其「不過欲竦朝廷之聽而報宿怨，且冀創立衙門，爲徼名爵計耳。萬一民心動搖，患生不測，豈國家培養根本之策哉」。艮言上，事遂寢。

除江西行省左右司員外郎。吉之安福有小吏，誣民欺隱詭寄田租九千餘石，初止八家，前後數十年，株連至千家，行省數遣官按問，吏已伏其虛誑，而有司喜功生事者，復勸其民報合徵糧六百餘石，憲司援詔條革去，終莫能止。艮到官，首言：「是州之糧，比元經理已增一千一百餘石，豈復有欺隱詭寄者乎？准憲司所擬可也。」行省用艮言，悉蠲之。艮在任歲餘，以中憲大夫、淮東道宣慰副使致仕。卒年七十一。

盧琦字希韓，惠安人，登至正二年進士第。十二年，稍遷至永春縣尹。始至，賑饑饉，止横斂，均賦役，減口鹽一百餘引，蠲包銀榷鐵之無徵者。已而訟息民安，乃新學宮，延師儒課子弟，月書季考，文風翕然。

鄰邑仙遊盜發，琦適在邑境，盜遙見之，迎拜曰：「此永春大夫也。爲大夫百姓者，何幸之大乎！吾邑長乃以暴毒驅我，故至此耳。」琦因立馬喻以禍福，衆皆投刃槊，請縛其酋以自新，琦許之，酋至，琦械送帥府，自是威惠行於境外。

十三年，泉郡大饑，死者相枕籍。其能行者，皆老幼扶攜，就食永春。琦命分諸浮屠及大家使食之，所存活不可勝計。

十四年，安溪寇數萬人，來襲永春。琦聞，召邑民喻之曰：「汝等能戰，則與之戰；不能，則我當獨死之爾。」衆皆感憤，曰：「使君何言也！使君父母，我民赤子，其忍以父母畀賊邪！且彼寇方將虜掠我妻子，焚毀我室廬，乃一邑深仇也。今日之事，有進無退，使君其勿以爲憂。」因踴躍爭奮，琦率以攻賊，大破之。明日，賊復傾巢而至，又破之。大小三十餘戰，斬獲一千二百餘人，而邑民無死傷者，賊大衂，遂遁去。時兵革四起，列郡皆洶洶不寧，獨永春晏然，無異承平時。

十六年，改調寧德縣尹而去。

鄒伯顏字從吉，高唐人。爲建寧崇安縣尹。崇安之爲邑，區別其土田，名之曰都者五十，五十都之田上送官者，爲糧六千石。其大家以五十餘家，而兼五千石；細民以四百餘家，而合一千石。大家之田，連跨數都，而細民之糧，或僅升合。有司常以四百之細民，配五十大家之役，故貧者受役旬日，而家已破。伯顏曰：「貧弱之受困，一至此乎！」乃取其糧籍而分計從，有糧一石者，受一石之役，有糧升斗者，受升斗之役。田多者受數都之役而不可辭，田少者稱其所出而無倖免。貧困無告之民，始得以休息。崇安賦役之均，遂爲四方最。

邑有宋趙抃所鑿溝，漑民田數千畝。歲久，溝湮而田廢。伯顏修長溝十里，繞楓樹陂，累石以爲固，溝悉復抃遺跡，而田爲常稔，民賴其利。

安慶路嘗得造僞鈔者，遣卒械其囚至崇安，求其黨而執之，囚與卒結謀，望風入良民家肆虐。伯顏捕訊得其狀，即執而歸諸安慶，自是僞造之連逮無濫及崇安者。於是行省帥府、御史憲府咸舉其能。選調漳州路判官。

劉秉直字淸臣，大都武淸人。至正八年，來爲衞輝路總管，平徭役，興教化，敦四民之業，崇五土之利，養鰥寡，恤孤獨。

賊劫汲縣民張聚鈔一千二百錠而殺之，賊不獲，秉直具詞致禱城隍祠，而使人伺于死所，忽有村民阿蓮者，戰怖仆地，具言賊之姓名及所在，乃命尉襲之，果得賊于汴，遂正其罪。

秋七月，蟲螟生，民患之，秉直禱于八蜡祠，蟲皆自死。歲大饑，人相食，死者過半，秉直出俸米，倡富民分粟，餒者食之，病者與藥，死者與棺以葬。天不雨，禾且槁，秉直詣城北太行之蒼峪神祠，具詞祈祝，有靑蛇蜿蜒而出，觀者異之，辭神而還，行及數里，雷雨大至。秩滿，以親老，去官侍養。

許義夫，碭山人。爲夏邑縣尹，每親詣鄕社，敎民稼穡。見民勤謹者，出己俸賞之，怠惰者罰之。三年之間，境內豐足。

後爲封丘縣尹，値至正四年大饑，盜賊羣起，抄掠州縣。義夫聞賊至近境，乃單馬出郊十里外迎之，見賊數百人，義夫力言：「封丘縣小民貧，皆已驚惶逃竄，幸無入吾境也。」言辭愿款，賊遂他往。封丘之民，得免於難。

校勘記

〔一〕至元十一年　考異云：「今澤州鳳臺縣有劉因所撰直墓碑。」「傳所書年代，與碑大相剌謬。碑云甲戌之秋，南北分裂，河北、河東、山東郡縣盡廢。甲戌者，元太祖之九年，金貞祐二年也。」「而傳乃云至元十一年，河北、河東、山東盜賊充斥，以其歲亦在甲戌也。曾不思至元之初，境內寧謐，河北諸路安有寇盜充斥之患乎？」「蓋由史臣不學，誤仞甲戌爲至元之甲戌，相差一甲子而不悟也。」

〔二〕世祖命大將略地晉城　考異云：「碑又云：天子命太師以王爵領諸將來略地，公遂以衆歸之。謂太師，國王木華黎承制時也。而傳乃云世祖命大將略地晉城。曾不思世祖時晉城久入版圖，安得有命將略地之事乎？碑作于世祖朝，其文云：今上在潛邸，命提舉本州學校，未拜而卒。然則直卒于憲宗朝，未嘗事世祖矣。」

〔三〕至治二年　考異云：「案至治二年壬戌，非科舉之歲，當有誤。」按元制，三年一舉。本書卷八一選舉志有「至治元年春三月廷試進士」，此云「二年」，有誤。

〔四〕顧重改（民）〔成〕籍而輕棄民命乎　據黃金華集卷三四王艮墓誌銘改。按上文有「成籍不可改」。

〔五〕五萬二千八百石　按黃金華集卷三四王艮墓誌銘作「二十五萬二千八百餘石」。此處疑有脫文。

元史卷一百九十三

列傳第八十

忠義一

李伯溫，守賢之孫，瑴之子也。〔一〕長兄惟則，懷遠大將軍、平陽征行萬戶；次伯通。歲甲戌，錦州張致叛，國王木華黎命擊之，大戰城北，伯通死焉。伯溫行平陽元帥府事，鎭青龍堡，專任東征。知平陽已陷，弟守忠被執，選驍勇拒守，久之，金人盡銳來攻，守卒夜多遁去，李成開水門導敵入，伯溫登堞樓，謂左右曰：「吾兄弟仗節擁麾，受方面之寄，今不幸失利，當以死報國。吾弟已被執，我不可再辱，汝等宜自逃生。」士卒皆猶豫不忍去，伯溫卽拔劍殺家屬，投井中，以刃植柱，刺心而死。金人登樓，見伯溫抱柱如生，無不嗟歎。

子守正，〔二〕自幼時嘗質於木華黎，後爲平陽守，活俘虜甚衆，以功授銀青榮祿大夫、河東南路兵馬都元帥。歲庚寅，上黨、晉陽合兵攻汾州，將陷，守正以義赴援，〔三〕衆寡不敵，別遣老弱百人，曳薪揚塵，多張旗幟，敵懼，遂解去。汾人持牛酒迎犒者，道不絕，且泣謝曰：「幸公完是州，德甚大，願奉是州以從。」關中兵屯吉州，酋領楊鐵槍以數千人叛，守正出兵擒之。軒成據隰州，守正往擊之，中矢傷足，及歸，瘡甚，會金人完顏合達攻平陽，守正裹瘡戰歿。大帥以其兄守忠代之。

守忠官至銀青榮祿大夫、河東南路兵馬都元帥，兼知平陽府事。壬午冬，平陽公胡景山以青龍堡降。嘗從攻益都，北還，軍將彭智孫，乘間據義州叛，守忠聞之，長驅抵城下，力戰，復之。丁亥夏四月，金紇石烈眞襲擊平陽行營招討使權國王按察兒於洪洞，守忠出援之，會於高梁，師潰入城。平陽副帥夾谷常德潛獻東門以納金兵，城遂陷。金人執守忠至汴，誘以高爵，使降，守（中）〔忠〕罵之，〔四〕語惡，金人怒，置守忠鐵籠中，火炙死。

石珪，泰安新泰人，宋徂徠先生守道之裔孫也，世以讀書力田爲業。體貌魁偉，膂力過人，倜儻不羈。金貞祐南渡，兵戈四起，珪率少壯，負險自保，與滕陽陳敬宗聚兵山東，破張都統、李霸王兵於龜蒙山。宋將鄭元龍以兵迎敵，珪敗之於亳陽，〔五〕遂乘勝引兵入盱眙。會宋賈涉誘殺（連）〔漣〕水忠義軍統轄季先，〔六〕人情不安，衆迎珪爲帥，呼爲太尉。

歲戊寅，太祖使葛葛不罕與宋議和。己卯，珪令麾下劉順直抵尋斯干城，入覲，太祖慰勞順，且敕珪曰：「如宋和議不成，吾與爾永結一家，吾必榮汝。」順還告珪，珪心感服，日夜思降。庚辰，宋果渝盟，珪棄其妻孔氏、子金山，杖劍渡淮，宋將追之曰：「太尉迴，完汝妻子。」珪不顧，宋將沉珪妻子於淮。遂率順及李溫，因孛里海歸木華黎。木華黎悅之，謂曰：「若得東平、南京，授汝判之。」

辛巳，木華黎承制授珪光祿大夫、濟兗單三州兵馬都總管、山東路行元帥，佩金虎符，便宜從事。後金棄東平，珪與嚴實分據，收輯濟、兗、沂、滕、單諸州。癸未，太祖詔曰：「石珪棄妻子，提兵歸順，戰勝攻取，加授金紫光祿大夫、東平兵馬都總管、山東諸路都元帥，餘如故。」

秋七月，珪領兵破曹州，與金將鄭從宜連戰數晝夜，糧絕，援兵不至，軍無叛意，珪臨陣馬仆被擒。四至汴，金主壯其爲人，誘以名爵，欲使揖，珪憤然曰：「吾身事大朝，官至光祿，復能受封他國耶！假我一朝，當縛爾以獻。」金主大怒，蒸殺于市，珪怡然就死，色不變。其麾下立祀兗州祀焉。

攸哈剌拔都，渤海人。初名興哥，世農家，善射，以武斷鄉井。金末，避地大寧。國兵至，出保高州富庶寨，射獵以食。屢奪大營孳畜，又射死其追者。國王木華黎率兵攻寨，寨破，奔高州，國兵圍城，下令曰：「能斬攸興哥首以降，則城中居民皆獲生。」守者召謂曰：「汝奇男子，吾寧忍斷汝首以獻，汝其往降乎！不然，吾一城生靈，無噍類矣。」興哥乃折矢出降。諸將怒，欲殺之，木華黎曰：「壯士也，留之為吾用。」俾隸麾下。從木華黎攻通州，獻計，一夕造砲三十、雲梯數十，附城，州將懼，出寶貨以降。木華黎命興哥恣取之，興哥獨取良馬三，以賞兵士。木華黎以其功聞太祖，賜名哈剌拔都。從木華黎略地燕南，為先鋒，至大名，金將徒單登城督戰，哈剌拔都射之，中左目，其部將開門南奔，追殺將盡。論功，賜金符，充隨營監察。戊寅，授金虎符、龍虎衞上將軍、河東北路兵馬都元帥，鎮太原。

時太原新破，哈剌（剌）拔都修城池，〔七〕繕兵甲，招降屬邑，市肆不改，遠近聞之，皆相率來歸。嘗微服夜出，聞民間語曰：「吾屬父母子女相失矣，死者不可復生，生者無以為贖，奈何！」明日，下令軍中，凡俘獲有親者聽贖，無貲者官為贖之，民得完聚者衆。庚辰二月，金梁知府立西風寨，奪居民耕牛，民羣訴之，哈剌拔都領數騎，追殺梁知府，梟首西門，驅耕牛還。

木華黎由葭州渡河西行，哈剌拔都迎之，道破隰州及縣窯、地洞諸寨。辛巳三月，金兵攻壽陽縣王胡莊，垂破，時左右裨將各分兵守險，城中見卒不滿百，哈剌拔都夜半引甲騎十餘人救之，道三交，見金兵舉烽東、西兩山，哈剌拔都趨之，大戰。天將明，金兵遁去，擣太原之虛，由西門俘獲哈剌拔都家屬。哈剌拔都聞之，徑趨西山，復奪以還。

五月，金趙權府率兵三萬圍太原，哈剌拔都將騎三十，出西門，令騎曳柴揚塵，聲言曰：「國兵三萬至矣。」金兵懼，潰去。癸未，金馬武京來攻太谷縣桑梓寨，哈剌拔都設伏于險，將輕騎衝其陣，伏發，大敗之。時太原諸邑皆平，唯石家昂及盂州陵井寨、忻州清泉寨爲脣齒，皆未下。甲申十月，將兵至陵井，遣卒叩寨門，詐曰納糧芻，守者弗悟，門啓，徑入，蹂踐之，衆潰，其酋長走石家昂，遂平陵井寨。乙酉二月，清泉寨酋長王瑴降，石家昂亦降。

丁亥五月，姦人夜獻太原東門于武仙，仙引兵入，哈剌拔都鏖戰。仙兵大至，諸將自城外呼曰：「攸哈剌拔都，汝當出！」哈剌拔都曰：「眞定史天倪、平陽李守忠、隰州田雄，皆失守矣，我又棄太原，將何面目見主上及國王乎！家屬任公等所俘，哈剌拔都誓與城同存亡。」遂歿于陣。

太祖以其子幼，命其表弟王七十復立太原。己丑，攻鳳翔府，中砲死。哈剌拔都長子忙兀台，嗣鎭太原。

任志，潞州人。歲戊寅，太師、國王木華黎略地至潞州，志首迎降，國王授以虎符，俾充元帥，收輯山寨。數與金兵戰，比有功。金嘗擒其長子如山以招之，曰：「降則爾子得生，不降則死。」志曰：「我爲大朝之帥，豈愛一子！」親射其子殪之。

木華黎嘗召諸將議事，志亦預徵，道經武安，其縣已反爲金，志死之。國王閔之，令其子存襲。庚寅歲，金將武仙攻潞州，存戰死。辛卯正月，有旨潞州元帥任存妻孥家屬，令有司廩給，仍賜第以居之。十一月，以存父子死事，子立尚幼，先官其姪成爲潞州長官，待立長而還授之。成卒，授立潞州長官，佩金符。後歷澤州尹，遷陳州，卒。

耶律忒末，契丹人。父丑哥仕遼爲都統，遼亡，不屈節，夫婦俱死焉。金主憫其忠義，授忒末都統。歲甲戌，國兵至，金徙于汴，忒末及子天祐率衆三萬內附，授帥府監軍，天祐招討使，從元帥史天倪略趙州平棘、欒城、元氏、柏鄉、贊皇、臨城等縣，籍其民五千餘，置吏安輯焉。

歲辛巳，太師木華黎統領諸道兵馬，承制加忒末洛州等路征行元帥，與天祐略邢、洺、磁、相、懷、孟，招花馬劉元帥，有功。木華黎又承制授忒末眞定路安撫使、洺州元帥，進兵臨澤潞，降其民六千餘戶，以功遷河北西路安撫使，兼澤潞元帥府事。壬午，致仕，退居眞定。

天祐襲職，從天倪攻取益都諸城，略滄、棣，得戶七千，兼滄、棣州達魯花赤，佩金符。時金鹽山衞鎭鹽場未下，天祐以計克之，歲運鹽四千席，以佐軍儲。甲申，攻大名，拔之。乙酉，金降將武仙據眞定以叛，殺守將史天倪。忒末父子夜踰城而出，將以聞，會天倪弟天澤還自北京，遇諸滿城，合蒙古諸軍南與賊戰，走武仙，復眞定。朝廷以天澤襲兄爵，而以天祐鎭趙州。

明年，仙復犯眞定，天澤濳師出藁城，忒末與其妻石抹氏，及家孥在眞定者，皆陷焉。仙遣其僕劉攬兒，持書誘天祐曰：「汝能誅趙州官吏以降，當活汝父母，仍授汝元帥；不爾，盡烹之。」忒末密令攬兒語天祐曰：「仙賊狡猾，汝所知也，毋以我故，墮其機穽，以虧忠節。且忠孝難兩全，汝能固守，不失國家大計，我視刀鋸甘如蜜矣。」天祐慟哭承命，馳至藁城，以賊書示天澤。天澤曰：「王陵之事，照耀史册，汝能遵父命，忠誠許國，功不在王陵下。」天祐乃趨還趙壁，率衆殊死戰，仙怒，盡殺忒末家一十八人。戰于欒城、元氏、高邑、柏鄉，仙兵屢挫。監軍張林密搆仙黨，啓關納賊。天祐倉皇巷戰，手殺數十人，身被十餘瘡，斬關出，復收散卒圍城。丁亥，賊棄城走，追至藁城，會天澤兵夾擊，殺林。加奉國上將軍、洺州征行元帥，兼趙州安撫使。以傷憊致仕，居趙，卒。孫世柑，朝列大夫、江西榷茶都轉運使。

伯八，〔兒〕〔晃〕合丹氏。〔八〕祖明里也赤哥，嘗隸太祖帳下。初，怯列王可罕與太祖爲鄰國，誓相親好，既而敗盟，與其子先髡潛謀，欲襲太祖，因遣使通問，許以女妻太祖弟合撒兒。至期，太祖欲往，明里也赤哥疑其詐，諫止之。王可罕知謀泄，遂謀入寇，後爲太祖所滅。父脫倫闍里必，扈從太祖征西域，累立奇功。

世祖卽位，以伯八舊臣子孫，擢爲萬戶，命領諸部軍馬屯守欠欠州。至元十二年，親王昔列吉、脫鐵木兒叛，〔九〕奔海都。伯八以聞，且願提兵往討之，未得命，爲彼所襲，死焉。脫鐵木兒虜其二子八剌、不蘭奚，分置左右，居歲餘，待之頗厚。八剌陰結脫鐵木兒近侍也里伯禿，謀報父仇，後爲也伯里禿家人泄其謀。八剌知事不成，將家族南奔，脫鐵木兒遣騎追之，至一河，八剌馬驚，不能渡，回拒之，射中數人，力窮，兄弟就擒。脫鐵木兒責之曰：「我待汝厚甚，而汝反爲此耶！」八剌曰：「汝背叛君上，害我父，掠我親屬，我誓欲殺汝，以報君父之讎，今力窮被執，從汝所爲！」逼令跪，不屈，以鐵撾碎其膝，終不跪，與弟不闌奚同被害。幼子何都兀赤，〔一〇〕官至河北河南道肅政廉訪使。

合剌普華，岳璘帖木爾子也。幼侍母奧敦氏居益都，嘗歎曰：「幼而不學，有不墮吾宗者乎！」父時以斷事官建牙保定，合剌普華往白其志。父奇之，俾習畏兀書及經史，記誦精斂，出於天性。李瑄畔，其母攜季子脫烈普華避地登、萊間，音問隔絕，號泣徹晝夜。繼從從叔父撒吉思平賊山東，卒奉其母以歸。

撒吉思深加器重，自謂其才不及，言於世祖，召給宿衞。嘗以事至益都，於四脚山下置廣興、商山二冶，以勞授金符，爲商山鐵冶都提舉；未及代，以職讓其弟。時兵南伐，餽運繁興，被選爲行都漕運使，帥諸翼兵萬五千人，從事飛輓。江南平，上疏言：「親肺腑，禮大臣，以存國家之體。興學校，獎名節，以勵天下之士。正名分，嚴考課，以定百官之法。通泉幣，卻貢獻，以厚生民之本。」又言：「江南新附，宜招舊族，力穡通商，弛征薄入，以撫馴其民，不然，恐尙煩宵旰之慮。」帝多采用其言。

屬漕米二十萬，繇邗溝達于河，舟覆，損十之一，而又每斛視都斛虧三升。時阿合馬專政，責償舟人。合剌普華伏闕抗言：「量之踦贏，出於元降，而水道之虞，非人力所及。且彼雖罄其家，不足以償，苟朝廷必不任虧損，臣獨當其辜。」詔勿治。阿合馬憤之，乃出合剌普華爲寧海路達魯花赤，後遷江（南）〔西〕宣慰使，〔二〕未至官，改廣東都轉運鹽使，兼領諸番市舶。

時盜梗鹽法，陳良臣扇東莞、香山、惠州負販之徒萬人爲亂，江西行省命與招討使答失蠻討捕之，先驅斬渠魁，以訊鹹告，躬抵賊巢，招誘餘黨復業，仍條言鹽法之不便者，悉除其害。按察使脫歡大爲姦利，遂奏罷之。羣盜歐南喜僭王號，僞署丞相、招討，衆號十萬。因圖上其山川形勢，及攻取之策三十餘條，遂與都元帥課兒伯海牙、宣慰都元帥白佐、萬戶王守信等，分兵搤之。

未幾，右丞唆都督兵征占城、交阯，屬護餉道。（北）〔比〕至東莞、博羅二界中，〔三〕遇劇賊歐、鍾等，橫絕石灣，其鋒銳甚。合剌普華身先士卒，且戰且行，矢竭馬創，徒步格鬭，殺數十人，勇氣益厲，以衆寡不敵，爲所執。賊欲奉之爲主，不屈，遂遇害于中心岡。是夕，其妻希（召）〔台〕特勒氏，〔三〕夢其來告曰：「吾死矣。」知事張德、劉閏亦夢之，二人相繼死。而軍中往往見其乘騅督戰云。後贈戶部尙書、守忠全節功臣，謚忠愍。

子二人：偰文質，越倫質。偰文質官至吉安路達魯花赤，贈宣惠安遠功臣、禮部尙書，追封雲中郡侯，謚忠襄。子（六）〔五〕人，〔四〕偰玉立、偰直堅、偰哲篤、偰朝吾、偰列篪，皆第進士。偰哲篤官至江西行省右丞，以文學政事稱于時。越倫質子善著，偰哲篤子偰百僚遜，善著子正宗、阿兒思蘭，皆相繼登第。一門世科之盛，當時所希有，君子蓋以爲其忠義之報云。

劉天孚字裕民，大名人。由中書譯史爲東平總管府判官，改都漕運司判官，知冠州，再知許州，所至有治績。

時檢核屯田，臨潁鄧艾口民稻田三百頃，有欲害之者，指爲古屯，陳于中書，請復築之。中書下天孚按實，天孚爲辨其非，章數上，乃止。

襄城與葉縣接壤，其南爲湛河，襄城民食滄鹽，葉縣民食解鹽，刻石河南岸以爲界。葉縣令有貪污者，妄徙石於北二里，誣其民食私鹽，繫治百餘家。兩縣鬭（辦）〔辯〕，〔一五〕葉縣倚陝漕勢以淩襄城。中書遣官察其實，天孚爲考其元界，移石故處，而葉縣令被罪去。

歲大旱，天孚禱即雨。野有蝗，天孚令民出捕，俄羣烏來，啄蝗爲盡。明年麥熟時，有青蟲如蠶，食麥，人無可奈何，忽生大華蟲，盡嚙之。許人立碑頌焉。

轉萬億寶源庫同提舉，遷江西行省左右司郎中，以母老不赴。俄丁母憂。服除，起知河中府，視事始兩月，陝西行省丞相阿思罕爲亂，舉兵至河中。時事起不虞，達魯花赤朶兒只趨晉寧告亂，天孚日夜治戰守具，選丁壯，分守要害。令河東縣達魯花赤脫因都守大慶關津口，盡收船舫東岸。令判官孫伯帖木兒守汾陰，推官程謙守禹門，河東縣尹王文義守風陵等渡。

阿思罕軍列栅河西岸，使來索舟，天孚度不能拒，凡八遣人至晉寧乞援兵，不報。居七日，阿思罕縛栰河上，欲縱火屠城，同知府事鐵哥，與河東廉訪副使明安答見事急，且患城中人偪，乃詣阿思罕軍，阿思罕囚之，而斂船濟兵。兵既入城，阿思罕以扼河渡、鎖舟楫爲天孚罪，欲脅使附己。方坐府治，號令諸軍，天孚佩刀直前，衆遏之，不得進。退謂幕僚王從善等曰：「吾家本微賤，荷朝命至此，今不幸遭大變，吾何忍從之，而負上恩哉！且與其辱於阿思罕之手，吾寧蹈河以死。」遂拂衣出。時天寒，河冰方堅，天孚拔所佩刀斫冰開，北望爲國語若祝謝者，再拜已，脫衣帽岸滸，乃投水中。阿思罕大怒，籍其家。郡人咸哀痛之。事平，詔其弟天惠，給驛以歸其柩，葬于大名。贈推誠秉節功臣、中奉大夫、河東山西道宣慰使、護軍、彭城郡侯，謚忠毅。

蕭景茂，漳州龍溪人也。性剛直孝友。家貧力農。重改至元四年，南勝縣民李智甫作亂，掠龍溪。景茂與兄佑集鄉丁拒之，據觀音山橋險，與賊戰。衆敗，景茂被執。賊脅使從己，景茂罵曰：「狗盜！我生爲大元民，死作隔洲鬼，豈從汝爲逆耶！」隔洲，其所居里也。賊怒，縛景茂於樹，臠其肉，使自啖。景茂益憤罵，賊遂以刀抉其口，至耳傍，景茂罵不絕聲而死。有司上其事，朝廷命褒表之，仍給錢以葬。

校勘記

〔一〕李伯溫守賢之孫㲄之子也　類編云：「按李守賢傳云：金大安初，守賢暨兄庭植，弟守正、守忠，從兄伯通、伯溫，歸款於木華黎。」「是伯溫與守賢、守正皆兄弟。而本傳云伯溫爲守賢之孫，轂之子，且以守正爲伯溫之子，舛謬實甚。卽其年與事考之，有不待辨而自明者。」

〔二〕子守正　見本卷校記〔一〕。

〔三〕歲庚寅上黨晉陽合兵攻汾州將陷守正以義赴援　考異云：「案守忠死於丁亥四月，而守正之戰歿，更在其前。庚寅在丁亥後四年，守正死已久矣。此事有誤。或云當爲庚辰之譌。」

〔四〕守（中）〔忠〕罵之　從北監本改。按前後文作「忠」。

〔五〕亳陽　按本書卷五九地理志，亳州命名始於北周，隋、唐以降，無「亳陽」之稱。蒙史改作「亳州」。

〔六〕（連）〔漣〕水忠義軍統轄季先　按宋史卷四七六李全傳，季先所統忠義軍駐漣水，據改。類編已校。

〔七〕哈剌（剌）拔都　從殿本刪。

〔八〕（兒）〔晃〕合丹氏　考異云：「元祕史載蒙力克額赤格事甚詳，卽此傳之明里也赤哥也。祕史謂其族爲晃合壇氏，丹、壇聲相近，則兒乃晃字之譌。」從改。

〔九〕至元十二年親王昔列吉脫鐵木兒叛　疑「二」當作「三」。本書卷一一七牙忽都傳有「十三年，失列吉叛，遣人誘脅之，牙忽都不從」。雙溪醉隱集卷二後凱歌詞自序有「至元丙子冬，西北藩王弄邊。明年春，詔大將征之」。丙子，即至元十三年，與牙忽都傳合。世祖紀與伯顏傳此事繫於十四年，蓋伯顏出師時追述其原委。蒙史有考。

〔一〇〕何都兀赤　「何」當作「阿」。「阿都兀赤」蒙語，義爲「掌馬羣者」。錢大昕元史氏族表已校。

〔一一〕江（南）〔西〕宣慰使　據圭齋集卷一一高昌偰氏家傳、黃金華集卷二五合剌普華神道碑、至正集卷五四合剌普華墓志銘改。

〔一二〕（北）〔比〕至東莞博羅二界中　據文義改。

〔一三〕希（召）〔台〕特勒氏　據圭齋集卷一一高昌偰氏家傳、黃金華集卷二五合剌普華神道碑、至正集卷五四合剌普華墓志銘改。

〔一四〕子（六）〔五〕人　據圭齋集卷一一高昌偰氏家傳改。按下文列舉偰文質子之名，其數爲五人。黃金華集卷二五合剌普華神道碑、至正集卷五四合剌普華墓志銘列舉其子之名，其數亦皆五。元書已校。

〔一五〕兩縣闕（辦）〔辯〕　道光本與元文類卷一七孛朮魯翀知許州劉侯民愛銘合，從改。